Kieler Studien

Institut für Weltwirtschaft an der Universität Kiel

Herausgegeben von Horst Siebert

255

Claus-Friedrich Laaser, Rüdiger Soltwedel et al.

Europäische Integration und nationale Wirtschaftspolitik

Autoren:
Alfred Boss, Henning Klodt, Claus-Friedrich Laaser,
Harmen Lehment, Jörg-Volker Schrader,
Rüdiger Soltwedel, Jürgen Stehn

J.C.B. MOHR (PAUL SIEBECK) TÜBINGEN

ISSN 0340-6989

Die Deutsche Bibliothek - CIP-Einheitsaufnahme

Europäische Integration und nationale Wirtschaftspolitik /
Claus-Friedrich Laaser ; Rüdiger Soltwedel et al. Autoren:
Alfred Boss ... - Tübingen : Mohr, 1993
(Kieler Studien ; 255)
ISBN 3-16-146162-2 brosch.
ISBN 3-16-146163-0 Gewebe
NE: Laaser, Claus-Friedrich; GT

Schriftleitung: Hubertus Müller-Groeling

Printed in Germany
ISSN 0340-6989

Inhaltsverzeichnis

Tabellenverzeichnis

Verzeichnis der Abkürzungen

ABl.	Amtsblatt der Europäischen Gemeinschaften
BIP	Bruttoinlandsprodukt
BMF	Bundesministerium der Finanzen
BSP	Bruttosozialprodukt
CEPR	Centre for Economic Policy Research
EAGFL	Europäischer Ausgleichs- und Garantiefonds für die Landwirtschaft
ECU	European Currency Unit (Europäische Währungseinheit)
EEA	Einheitliche Europäische Akte
EFRE	Europäischer Fonds für die regionale Entwicklung
EFTA	European Free Trade Association (Europäische Freihandelszone)
EG	Europäische Gemeinschaften
EGV	EG-Vertrag
EGKS	Europäische Gemeinschaft für Kohle und Stahl
EGKSV	Vertrag über die EGKS
ESF	Europäischer Sozialfonds
ESZB	Europäisches System der Zentralbanken
EIB	Europäische Investitionsbank
EWG	Europäische Wirtschaftsgemeinschaft
EWGV	Vertrag über die EWG
EWI	Europäisches Währungsinstitut
EWR	Europäischer Wirtschaftsraum
EWS	Europäisches Währungssystem
EuGH	Europäischer Gerichtshof
EZB	Europäische Zentralbank
EURATOM	Europäische Atomgemeinschaft
EUROFER	Europäischer Stahlverband
EUREKA	Europäische Forschungskoordinierungsagentur
F&E	Forschung und Entwicklung
GA	Gemeinschaftsaufgabe
GATT	General Agreement on Tariffs and Trade
GFK	Gemeinschaftliche Förderkonzepte
GFS	Gemeinsame Forschungsstelle
IMF	International Monetary Fund
IMP	Integriertes Mittelmeerprogramm
JET	Joint European Torus
OECD	Organisation for Economic Co-operation and Development

OEEC	Organisation for European Economic Co-operation
RGW	Rat für gegenseitige Wirtschaftshilfe
UN	United Nations
VGR	Volkswirtschaftliche Gesamtrechnungen
VO	Verordnung
WWU	Wirtschafts- und Währungsunion

Vorwort

Mit dem Vertrag von Maastricht sind in wichtigen Bereichen der Wirtschaftspolitik Zuständigkeiten von den Mitgliedstaaten auf die Ebene der Europäischen Gemeinschaft übertragen worden, so z.B. in der Geld- und Währungspolitik sowie in der Finanzpolitik. Damit werden sich die innergemeinschaftlichen Beziehungen entscheidend vertiefen. Parallel dazu schreitet die europäische Integration auch in räumlicher Hinsicht voran. Die EG hat mit den EFTA-Staaten das Abkommen über den Europäischen Wirtschaftsraum (EWR) abgeschlossen, mit dem das Binnenmarktprogramm der EG auf die EFTA-Staaten ausgedehnt wird. Zugleich haben fast alle EFTA-Staaten einen Antrag auf Vollmitgliedschaft in der Gemeinschaft gestellt. Schließlich möchten auch die mittel- und osteuropäischen Reformstaaten an der europäischen Integration partizipieren; sie streben langfristig ebenfalls die Vollmitgliedschaft in der EG an.

Beide Tendenzen werden weitreichende Auswirkungen sowohl auf die wirtschaftliche Dynamik in Europa als auch auf die Wirtschaftspolitik der Gemeinschaft und der Mitgliedstaaten haben. Um die Konsequenzen der institutionellen Vertiefung der Gemeinschaftsbeziehungen und einer räumlichen Erweiterung der Gemeinschaft für die Wirtschaftspolitik systematisch untersuchen zu lassen, hat der Bundesminister für Wirtschaft dem Institut für Weltwirtschaft einen Forschungsauftrag über die Wechselwirkungen zwischen der Europäischen Integration und der nationalen Wirtschaftspolitik erteilt. Mit der vorliegenden Studie werden die Forschungsergebnisse der Öffentlichkeit vorgestellt.

Die Konsequenzen der Vertiefung und Erweiterung der Gemeinschaft sind für die Bereiche Geld- und Währungspolitik, Finanzpolitik, Handelspolitik, Agrarpolitik, Wettbewerbspolitik, sektorale Struktur- und Industriepolitik, Regionalpolitik, Verkehrspolitik sowie Arbeitsmarkt- und Sozialpolitik untersucht worden. Die Verlagerung von Kompetenzen von den Mitgliedstaaten zur EG-Ebene ist — so zeigt sich — vielfach ökonomisch fragwürdig. Das gilt für alle diejenigen Bereiche, in denen die EG keine ordnungspolitischen sondern vornehmlich prozeßpolitische Aufgaben wahrnimmt. Bei ordnungspolitischen Aufgaben legt das Subsidiaritätsprinzip zentrale Kompetenzen nahe, soweit es dabei um die Formulierung und Durchsetzung von allgemeinen Rahmenregelungen geht. Dagegen sind bei prozeßpolitischen Aufgaben zentrale Politikansätze wegen der größeren Entfernung von den Problemen vor Ort dezentralen Ansätzen meist unterlegen. Hier ist — ebenso wie in jenen Bereichen, in denen die EG eine gemeinschaftsweite Umverteilungspolitik betreibt — zu befürchten, daß eine Erweiterung der Gemeinschaft zu Problemen für die Wirtschaftspolitik führen wird. Aus ökonomischer Sicht wäre eine Korrektur der Überzentralisierung der Kompetenzen angezeigt, damit die Vorteile eines erweiterten Raumes des freien Waren-, Dienstleistungs-, Kapital- und Personenverkehrs in Europa genutzt werden können.

Die Studie ist eine Gemeinschaftsarbeit mit folgender Aufgabenteilung: Alfred Boss hat die Ausführungen zur Finanzpolitik verfaßt, Henning Klodt hat die Abschnitte zur Wettbewerbspolitik und zur sektoralen Strukturpolitik bearbeitet, Claus-Friedrich Laaser war für die Abschnitte über die Regionalpolitik und die Verkehrspolitik sowie für das Referenzsystem des fiskalischen Föderalismus zuständig, von Harmen Lehment stammen die Ausführungen zur Geld- und Währungspolitik, Jörg-Volker Schrader hat zur Agrarpolitik Stellung genommen, Jürgen Stehn hat den Abschnitt über die Handelspolitik verfaßt, und die Erörterungen zur Arbeitsmarkt- und Sozialpolitik stammen von Rüdiger Soltwedel, der auch die Projektleitung hatte.

Die Autoren danken ihren Kollegen, insbesondere Hans R. Krämer, für zahlreiche Hinweise zu früheren Fassungen. Vor allem möchten sie Renate Schramm, Carmen Wessel und Birgit Wolfrath für die Präzision und Geduld bei der technischen Bearbeitung des Manuskripts sowie Bernhard Klein und Sibylle Ruhnke für die redaktionelle Betreuung danken.

Kiel, im Juni 1993 Horst Siebert

A. Einleitung: Herausforderungen einer beschleunigten europäischen Integration

I. Relevanz des Themas

Als die Kommission der Europäischen Gemeinschaften (EG) im Juni 1985 das Weißbuch zur Vollendung des Europäischen Binnenmarktes herausgab, leitete sie damit eine neue Phase der europäischen Integration zwischen den bisherigen Mitgliedstaaten ein. Durch die Einheitliche Europäische Akte (EEA) von 1986 hat die Vollendung des Binnenmarktes zum 1.1.1993 konkrete Formen angenommen, der Gemeinsame Markt hat damit eine neue Qualität gewonnen. Weiter beschleunigt hat sich der Integrationsprozeß durch den Abschluß des Vertrags über die Europäische Union von Maastricht, mit dem sich die institutionelle Integration zwischen den Mitgliedstaaten[1] in Form der politischen und der Wirtschafts- und Währungsunion (WWU) entscheidend vertiefen wird, wenn der Vertrag in allen Mitgliedstaaten angenommen worden ist.

Zugleich zeichnen sich auf mehreren Ebenen Tendenzen zu einer räumlichen Erweiterung der EG ab. Die Staaten der Europäischen Freihandelszone (EFTA, European Free Trade Association) streben eine engere Anbindung an die EG an, die über die 1972 abgeschlossenen Abkommen über den zollfreien Warenverkehr hinausgeht. Entsprechenden Wünschen dieser Staaten auf einen Beitritt zur EG hat man seitens der Kommission das Konzept des Vertrags über die Begründung eines gemeinsamen Europäischen Wirtschaftsraumes (EWR) entgegengesetzt. Dieser Vertrag sollte ursprünglich — nachdem die Schwierigkeiten über die gemeinsame Gerichtsbarkeit beseitigt waren — zum 1.1.1993 in Kraft treten und praktisch das Binnenmarktprogramm auf den EFTA-Raum

---

1 Die institutionelle Integration, bei der politische Kompetenzen auf die supranationale Ebene verlagert werden, ist zu unterscheiden von der marktgelenkten Integration von Volkswirtschaften, die aufgrund des Abbaus von künstlichen Barrieren zwischen Märkten zu einer Nivellierung von Preisunterschieden zwischen Inlands- und Auslandsmärkten führt und sich in einem steigenden Anteil des Außenhandels an der Gesamtheit der wirtschaftlichen Transaktionen äußert [Glismann, Horn, 1990, S. 45; Dicke, 1991, S. 161 f.]. Wenn von der europäischen Integration die Rede ist, meint man meist die institutionelle. Für die Beurteilung der Auswirkungen auf die Wirtschaftspolitik ist aber das zweite Konzept von besonderer Bedeutung. Eine institutionelle Integration kann — muß aber nicht — mit einer marktgelenkten einhergehen, wenn nämlich solche Kompetenzen auf die supranationale Ebene verlagert werden, die gerade zum Abbau von Diskriminierungen und Marktsegmentierungen erforderlich sind.

ausdehnen.[2] Nach dem "Nein" der Schweizer Bevölkerung in der Volksabstimmung Anfang Dezember 1992 wird sich die Verwirklichung des EWR mindestens bis zum 1. Juli 1993 verzögern.[3] Obwohl der EWR-Vertrag einen wichtigen Schritt zu einer Erweiterung des Gemeinsamen Marktes darstellt, haben sich die meisten EFTA-Staaten nicht davon abhalten lassen, einen Antrag auf Vollmitgliedschaft zu stellen.[4]

Mit den Umwälzungen in Osteuropa und dem Zusammenbruch der dortigen kommunistischen Regime stellt sich eine weitere Herausforderung für die europäische Integration. Denn die Staaten, die bisher als Satelliten der ehemaligen Sowjetunion im ebenfalls nicht mehr existierenden Rat für gegenseitige Wirtschaftshilfe (RGW) organisiert und in die sowjetische Arbeitsteilung eingebunden waren, streben nun ebenfalls nach engen Handelsbeziehungen mit Westeuropa. Erste Schritte in Richtung auf eine vorsichtige Öffnung nach Osten hat die EG durch den Abschluß von Assoziierungsabkommen (den sogenannten "Europa-Abkommen") mit Polen, der CSFR[5] und Ungarn Ende 1991 sowie Rumänien und Bulgarien Anfang 1993 getan. Mit den drei baltischen Staaten Estland, Lettland und Litauen wurden im Mai 1992 sogenannte "Abkommen der ersten Generation" abgeschlossen, die als Vorläufer von Assoziierungsabkommen angesehen werden können [Laaser, Schrader, 1992, S. 207]. Gleichwohl verfolgen nahezu alle Reformstaaten als Fernziel eine Vollmitgliedschaft in der Gemeinschaft [Willgerodt, 1992, S. 96]. Sie versprechen sich von einer Teilhabe an der europäischen Integration Vorteile aus dem freien Warenaustausch, aber sicherlich auch Zugang zu den Umverteilungsmechanismen der Gemein-

---

2 Im EWR wird allerdings das EG-Recht Vorrang genießen und die EFTA-Staaten werden darauf verzichten müssen, in die Beschlußfassung über künftige Änderungen einbezogen zu werden.

3 Wenn mindestens ein Vertragsstaat den EWR-Vertrag nicht ratifiziert, sieht die Vereinbarung zwischen EG und EFTA Neuverhandlungen der übrigen Vertragspartner vor. Zum Problem wurde das schweizerische "Nein" vor allem wegen der vorgesehenen Zahlung der EFTA-Staaten an den Kohäsionsfonds der EG in Höhe von 2 Mrd. ECU. Die Schweiz hätte einen Anteil von 27 vH übernehmen sollen. Ende Februar 1993 haben sich die EG und die übrigen EFTA-Staaten darauf geeinigt, daß diese zusätzlich 60 vH des ursprünglichen schweizerischen Beitrags übernehmen. Allerdings muß diese Vereinbarung noch von den Parlamenten aller beteiligten Staaten ratifiziert werden. Spanien hat bereits Widerstand angekündigt [vgl. The Wall Street Journal Europe, 1993].

4 Das betrifft Österreich, Schweden, Finnland und die Schweiz, die bereits Beitrittsgesuche zur EG gestellt haben; in Norwegen sind entsprechende Überlegungen weit fortgeschritten. Island hat gegenwärtig offenbar keine Beitrittsabsichten, und auch in Liechtenstein wird diese Frage sehr kontrovers diskutiert.

5 Das Abkommen mit der CSFR findet nach deren Auflösung in die Tschechische und die Slowakische Republik auf beide neuen Staaten Anwendung. Die Quoten für sensible Produkte sind im Verhältnis 2:1 unter beiden aufgeteilt worden.

schaft und nicht zuletzt eine Stabilisierung der politischen Situation, was ihnen helfen könnte, den marktwirtschaftlichen Transformationsprozeß leichter zu bewältigen.

Die sich abzeichnende weitere europäische Integration hat daher zwei Dimensionen, die institutionelle der Vertiefung (deepening) und die räumliche der Erweiterung (widening). Weder sind beide für sich genommen unumstritten noch kann unterstellt werden, daß sich beide problemlos in Einklang bringen lassen.

Der negative Ausgang des ersten dänischen Referendums zum Vertrag von Maastricht, der nur knappe positive der französischen Volksabstimmung und die Probleme, die man im Vereinigten Königreich mit einer Vertiefung der Gemeinschaft hat, zeigen beispielhaft, daß das Unbehagen in der Bevölkerung vieler Mitgliedstaaten über eine weitere Stärkung der Zuständigkeiten der Gemeinschaft groß ist und daß man befürchtet, in einer vertieften Gemeinschaft an Identität zu verlieren. Dieses Unbehagen setzt sich fort in den Regierungen und Verwaltungen der Mitgliedstaaten, denn die Rahmenbedingungen für die nationale Wirtschaftspolitik können sich nachhaltig verändern, wenn die Kompetenzen nunmehr von der EG-Ebene wahrgenommen werden. Es gilt daher, die Auswirkungen der beschleunigten institutionellen Integration auf die wirtschaftliche Entwicklung und die Wirtschaftspolitik abzugreifen und zu prüfen, ob die Zentralisierung der Kompetenzen zu effizienten Ergebnissen führt.

Auch eine Erweiterung der Gemeinschaft wird von vielen kritisch gesehen, denn eine größere Zahl von Mitgliedern kann die Kosten der Beschlußfassung in der Gemeinschaft erhöhen. Aber auch diejenigen, die einen verstärkten Wettbewerb auf den Märkten der Gemeinschaft und zunehmenden Anpassungsdruck bei einer weiteren Öffnung fürchten, und diejenigen, die Nutznießer der Redistributionsmechanismen der Gemeinschaft sind, sehen einer Erweiterung mit gemischten Gefühlen entgegen. Deren Befürchtungen werden sich vermutlich in Kompensationsforderungen äußern, da die Gemeinschaft im Rahmen der letzten Schritte der Vertiefung mehr Gewicht auf Umverteilung zwischen den Mitgliedstaaten gelegt hat. Dies geschah zum einen sicher deshalb, weil die zuletzt hinzugekommenen Mitgliedstaaten Griechenland, Portugal und Spanien ein deutlich niedrigeres Pro-Kopf-Einkommen aufwiesen als die bisherigen Mitglieder (mit Ausnahme von Spanien gegenüber Irland) und zum anderen deshalb, weil man befürchtete, die fortschreitende Marktintegration werde zu Lasten der ärmeren Regionen der Gemeinschaft gehen. Auch die Ungewißheit über die Auswirkungen einer Erweiterung und die sich daraus ergebenden Herausforderungen für die Wirtschaftspolitik zeigt also, daß eine gründliche Analyse erforderlich ist.

Schließlich kann man — gerade weil die Gemeinschaft mehr ist als eine Instanz, die Diskriminierungen im Gemeinsamen Markt verhindert — nicht unterstellen, daß sich eine mögliche Erweiterung mit allen bisher erfolgten oder durch den Maastrichter Vertrag anvisierten Vertiefungen der institutionellen Integration problemlos in Einklang bringen läßt. Daher müssen die möglichen Konfliktfelder ausgelotet werden, in denen sich ein Trade-off zwischen einer vertieften institutionellen Integration und einer Erweiterung der Gemeinschaft ergeben könnte. Als vertiefte Integration sind dabei nicht nur die durch den Vertrag von Maastricht für die Zukunft geplanten Integrationsschritte zu verstehen, sondern im Grunde genommen alle Verlagerungen von Souveränitätsrechten und Politikzuständigkeiten an die Gemeinschaft, die seit den Römischen Verträgen stattgefunden haben und teils durch die EEA, teils durch den Maastrichter Vertrag sanktioniert wurden. Denn manche Probleme mit der Erweiterung sind vermutlich auf Vertiefungsschritte zurückzuführen, die schon vor Maastricht getan wurden.[6]

Die Gemeinschaftskompetenzen werden durch den Vertrag von Maastricht erneut vertieft, wenn auch zu berücksichtigen ist, daß mit Ausnahme der Geld- und Währungsunion die Mitgliedstaaten die Verantwortung über die Politikbereiche behalten. Die Koordinierung wird es aber der Kommission erlauben, verstärkt Initiativen zu ergreifen. Neu am Vertrag von Maastricht ist, daß in ihm erstmals das Subsidiaritätsprinzip verankert worden ist. Danach soll die Gemeinschaft in den Bereichen, die nicht in ihre ausschließliche Zuständigkeit fallen, nur tätig werden, sofern und soweit die Ziele auf der Ebene der Mitgliedstaaten nicht erreicht werden können. Als ein Bestandteil des Maastrichter Vertrags muß schließlich noch die nach dem Delors-II-Paket vorgesehene erneute starke Aufstockung der Finanzmittel für die Gemeinschaftspolitiken angesehen werden (siehe Abschnitt C.II). Dieser weitere Schritt der institutionellen Integration fällt nun zusammen mit den Beitrittswünschen der EFTA-Staaten und langfristig auch der mittel- und osteuropäischen Reformstaaten.

II. Gang der Untersuchung

Ziel der Studie ist es, (i) die Konsequenzen der institutionellen Vertiefungen der Gemeinschaftsbeziehungen für die nationale Wirtschaftspolitik zu untersuchen, (ii) die wirtschaftlichen Auswirkungen einer weiteren räumlichen Integration im Hinblick auf wichtige Felder der Wirtschaftspolitik abzugreifen und (iii) konsistente Kriterien für die Gestaltung der weiteren europäischen Integra-

---

6 Einen kurzgefaßten Überblick über die Stationen der bisherigen europäischen Integration gibt Anhang 1.

tion zu entwickeln. Entsprechend dieser Fragestellung wird sich die Untersuchung in drei Hauptabschnitte gliedern, in denen nacheinander die Vertiefung und die beiden Erweiterungsoptionen getrennt abgehandelt werden.

Zuvor wird in Kapitel B ein Referenzsystem entwickelt, mit dem zum einen die Effizienz wirtschaftspolitischer Maßnahmen bei Wahrnehmung durch unterschiedliche staatliche Ebenen — hier beschränkt auf Mitgliedstaaten und EG als supranationale Ebene — beurteilt werden kann; zum anderen soll es auch eine Antwort auf die Frage erlauben, in welchen Fällen eine Erweiterung angesichts des durch Maastricht erreichten Standes der Vertiefung zu Problemen und Effizienzeinbußen führen kann. Das Referenzsystem baut auf der Theorie des fiskalischen Föderalismus auf, in der das Subsidiaritätsprinzip und das Prinzip der fiskalischen Äquivalenz eine wichtige Rolle spielen. Effizienz wird dabei als gesamtwirtschaftliche Effizienz verstanden. Dieses Referenzsystem eignet sich auch für die Beurteilung einer Erweiterung und damit grundsätzlich für eine konsistente Gestaltung von Vertiefung und Erweiterung.

In Kapitel C wird dieses Referenzsystem auf die Vertiefung der europäischen Integration zwischen den bisherigen Mitgliedstaaten angewendet. Die Konsequenzen der Vertiefung der gemeinschaftlichen Integration werden in verschiedenen für die europäische Integration wichtigen Politikbereichen analysiert. Der Maastrichter Vertrag bildet dabei die Richtschnur für den (absehbaren) Stand der Integration zwischen den Mitgliedstaaten, es werden also sowohl die durch den Maastrichter Vertrag selbst eingeleiteten Vertiefungsschritte als auch der zuvor durch die Römischen Verträge und die EEA bewirkte Integrationsprozeß untersucht. Dieses Vorgehen entspricht einmal dem universellen Charakter des Subsidiaritätsprinzips als Maßstab für die Zuweisung von Zuständigkeiten an unterschiedliche föderale Ebenen. Auf den Stand der Integration muß zum anderen abgestellt werden, weil Probleme bei einer Erweiterung der Gemeinschaft nicht nur durch die Maastrichter Beschlüsse entstehen können, sondern auch auf der Basis des zuvor erreichten Integrationsstandes. Im zusammenfassenden Abschnitt II von Kapitel C werden dann übergreifende Fragen behandelt. Dazu zählen die Rolle des Subsidiaritätsprinzips im gemeinschaftlichen Integrationsprozeß, die Chancen des Art. 102a EGV für eine marktwirtschaftlich ausgerichtete Wirtschaftspolitik und die Probleme, die sich aufgrund von Interventionsspiralen als Folge der Vertiefung ergeben.

In Kapitel D wird — unter der Maßgabe, daß der Vertrag von Maastricht ratifiziert wird — die räumliche Erweiterung der EG durch Staaten der EFTA behandelt, und zwar zusammenfassend für den EWR-Vertrag und eine mögliche Vollmitgliedschaft. Die einzelnen Politikbereiche sind dabei in unterschiedlichem Maße von beiden Alternativen betroffen.

Im Mittelpunkt von Kapitel E über die Konsequenzen einer Ausweitung der europäischen Integration nach Osten steht die Handelspolitik. Dabei sind einerseits die Assoziierungsabkommen zu würdigen. Andererseits geht es um eine Beurteilung einer vollen handelspolitischen Öffnung der EG gegenüber den Reformstaaten. Diese hätte wiederum Rückwirkungen auf die Agrarpolitik, die an ihre Finanzierungsgrenzen stoßen würde. Weitere Verteilungsfragen würden sich bei einer Vollmitgliedschaft stellen, und zwar bei der Regionalpolitik, bei der Verkehrspolitik und bei der Sozialpolitik sowie bei der Haushalts- und Steuerpolitik. Daher wird sich die Analyse auf die genannten Politikbereiche konzentrieren.

Die Ergebnisse der Untersuchung werden in Kapitel F zusammengefaßt. Hier wird auch eine Antwort auf die Frage zu geben versucht, welche Wege die europäische Integration künftig beschreiten sollte.

B. Effizienzkriterien für die Wirtschaftspolitik

I. Institutionelle Vertiefung der gemeinschaftlichen Integration

Die Vertiefung der institutionellen Integration der Gemeinschaft ist automatisch mit der Aufgabe von nationalen Souveränitätsrechten verbunden. Damit stellen sich zwei Fragen: (i) Welche Auswirkungen hat diese Verlagerung von Kompetenzen zu einer höheren Ebene — hier der supranationalen — auf die Wirtschaftspolitik in der Gemeinschaft — also diejenige der Gemeinschaft selbst sowie diejenige der Mitgliedstaaten? Die Kompetenzverlagerung in einem Aufgabenbereich der Wirtschaftspolitik kann Folgewirkungen auf andere Bereiche haben, es kann zu Zielkonflikten oder Ziel-Mittel-Inkonsistenzen kommen. Wo der EG nur konkurrierende Zuständigkeiten übertragen worden sind (wie etwa in der aktiven Regionalpolitik, in der Verkehrsinfrastrukturpolitik oder in der Arbeitsmarkt- und Sozialpolitik), können sich zusätzliche Reibungsverluste ergeben, wenn supranationale und nationale Ziele nicht übereinstimmen oder sich die eingesetzten Mittel in ihrer Wirkung gegenseitig aufheben. Die zweite Frage lautet: (ii) Ist die vorgenommene Zuordnung von Kompetenzen effizient, kann mithin die EG besseres Recht setzen und dieses Recht besser verwalten als die einzelnen Mitgliedstaaten [Dicke, 1992, S. 28]? Beurteilungsmaßstab für die Effizienz der Wirtschaftspolitik muß die gesamtwirtschaftliche Effizienz sein. Sie ist das Ziel rationaler Wirtschaftspolitik allgemein,[7] und sie ist auch das Ziel der europäischen Integration, wie es in Art. 2 des EWG-Vertrages festgelegt ist. Insofern muß sich auch die Wirtschaftspolitik auf allen Ebenen der Gemeinschaft an der gesamtwirtschaftlichen Effizienz messen lassen. Dabei mag es unterschiedliche Auswirkungen auf die Effizienz haben, je nachdem ob eine Aufgabe von der Gemeinschaft oder von den Mitgliedstaaten wahrgenommen wird. Es bedarf also geeigneter Kriterien, die es gestatten, eine Arbeitsteilung in der Wirtschaftspolitik zwischen der Gemein-

---

[7] Auch in den Bereichen, in denen ein außerökonomisches Verteilungsziel vorgegeben wird, ist zumindest für die Ziel-Mittel-Relation zu fordern, daß diese ebenfalls dem Wirtschaftlichkeitsprinzip unterliegen sollte. Denn geringere Kosten einer Umverteilungsmaßnahme erhöhen die Akzeptanz bei den Gebern; bei gleicher vorgegebener Zahllast der Geber ist die zur Verfügung stehende Umverteilungssumme höher.

schaftsebene, den Mitgliedstaaten und gegebenenfalls wiederum deren föderalen Gliedstaaten vorzunehmen.

Als Referenzsystem für die Frage, welche Aufgaben von der EG, welche von den Mitgliedstaaten und welche gegebenenfalls von nachgeordneten Gebietskörperschaften wahrgenommen werden sollten, bieten sich die Überlegungen an, die im Rahmen der Theorie des fiskalischen Föderalismus angestellt worden sind.[8] Diese Theorie versucht eine Antwort auf die Frage zu geben, welche Ebene in einem föderalistisch verfaßten Gemeinwesen zweckmäßigerweise eine wirtschaftspolitische Aufgabe wahrnehmen sollte, damit die Gesamtwohlfahrt maximiert wird. Diese Theorie ist grundsätzlich auch auf das Verhältnis zwischen Nationalstaaten, gegebenenfalls einschließlich ihrer föderalen Gliederung, und supranationalen Organisationen anwendbar. Dabei ist es unerheblich, ob die oberste Ebene selbst Staatscharakter trägt oder nur einen Zweckverband darstellt, an den begrenzte Hoheitsrechte abgetreten worden sind.[9]

Im Mittelpunkt der Theorie des fiskalischen Föderalismus stehen das Subsidiaritätsprinzip und das Prinzip der fiskalischen Äquivalenz. Grundlage der Aufteilung von wirtschaftspolitischen Kompetenzen auf verschiedene föderale Ebenen[10] ist das *Subsidiaritätsprinzip*. Es besagt, daß es normalerweise effizient ist, wenn die unterste staatliche Ebene (Gebietskörperschaft) mit einer Aufgabe[11] betraut wird, weil die Zentralisierung von Zuständigkeiten im

---

8 Vgl. hierzu Oates [1972]; Wust [1981]; Biehl [1987, S. 57 ff.; 1989, S. 5 ff.]; Waniek [1992, S. 125 ff.]; Klodt, Stehn et al. [1992, S. 8 ff.].

9 Grabitz [1992, S. 34 ff.] ist der Ansicht, daß die EG und mehr noch die künftige Europäische Union aufgrund ihrer Ziele, Kompetenzen und Institutionen über den Charakter eines Zweckverbandes hinausgeht. Demgegenüber betont der Kronberger Kreis, daß die Gemeinschaft auch in der Wirtschafts- und Währungsunion hauptsächlich Koordinierungsfunktionen wahrnehme, daß die Kommission mit Aufgaben betraut sei, die ihr zugewiesen seien, und daß die Entscheidungen der Rat trifft — also die Mitgliedstaaten. Insofern spricht er der EG einen regierungsähnlichen Charakter ab und tendiert mehr zu der Ansicht, sie sei ein Zweckverband [Kronberger Kreis, 1992, S. 16 f.]. Vgl. hierzu auch Abschnitt E.II.

10 Im Gegensatz zur Lesart der EG, wonach entsprechend Art. 3b EGV nur konkurrierende Zuständigkeiten dem Subsidiaritätsprinzip unterliegen und es in diesen Fällen die Ausübung, nicht aber die Zuweisung von Zuständigkeiten regelt, stellt das auf der gesamtwirtschaftlichen Effizienz aufbauende Subsidiaritätsprinzip auf die ursprüngliche Zuweisung ab (vgl. ausführlich Abschnitt C.II).

11 Entsprechend den unterschiedlichen Phasen der Wahrnehmung einer staatlichen Aufgabe können (i) Regelungs-, (ii) Planungs- und Entscheidungs-, (iii) Verwaltungs- und Durchführungs-, (iv) Finanzierungs- sowie (v) Kontrollkompetenzen unterschieden werden [vgl. Waniek, 1992, S. 124 f.]. Dabei entspricht die Zuweisung von Kompetenzen durch den Gesetzgeber an eine föderale Ebene strenggenommen nur dann der ökonomischen Rationalität, wenn der Staat lediglich reine öffentliche Güter, wie es seine eigentliche Aufgabe ist, anbietet (die je nach räumlicher Reichweite auch regionale oder lokale öffentliche Güter sein können), schon

allgemeinen mit Wohlfahrtsverlusten verbunden ist. Begründen läßt sich das Subsidiaritätsprinzip damit, daß (i) vor Ort meist bessere Informationen über den zu regelnden Sachverhalt vorliegen und bessere Möglichkeiten vorhanden sind, bei der Lösung von Problemen örtlichen Besonderheiten Rechnung zu tragen,[12] daß (ii) auf unterer Ebene eher die Präferenzen der Bürger berücksichtigt werden können, daß (iii) der Verwaltungsaufwand und (iv) die Kontrollkosten niedriger sind, wenn die Kommunikationswege möglichst kurz sind und die Zahl der beteiligten Entscheidungsträger möglichst klein ist. Nur wenn bei der Erstellung der öffentlichen Leistung auf einer höheren Ebene Effizienzgewinne auftreten, die die zentralisierungsbedingten Wohlfahrtsverluste überkompensieren, sollte die höhere Ebene die Aufgabe wahrnehmen.

Wirtschaftspolitische Entscheidungen auf höherer Ebene sind zwangsläufig einheitliche Lösungen, die regionale oder lokale Präferenzen nicht berücksichtigen können. Je größer eine Gemeinschaft ist, desto größer werden jedoch die Unterschiede in den Präferenzen der Bürger sein. Kommt es zu Mehrheitsentscheidungen über das Angebot der betreffenden Leistung auf höherer Ebene, so sind Wohlfahrtsverluste zumindest bei der Minderheitsgruppe unausweichlich, und zwar um so mehr, je stärker die Präferenzen der Bürger für die Versorgung mit öffentlichen Leistungen differieren. Wohlfahrtsverluste bei der Minderheit treten entweder dann auf, wenn die Minderheit (i) mehr öffentliche Leistungen konsumieren und über ihre Abgaben finanzieren muß, als es ihrer Nachfrage entspricht, die Bürger also zu "forced riders" werden, oder wenn sie (ii) in einem geringeren als dem gewünschten Maß mit öffentlichen Leistungen versorgt wird und daher — wohlfahrtsökonomisch gesprochen — trotz vorhandener Zahlungsbereitschaft einen Teil ihrer Konsumentenrente nicht realisieren kann. Ergibt die Entscheidung über die öffentliche Leistung auf höherer Ebene einen Kompromiß zwischen stark divergierenden Wünschen der Bürger der verschiedenen beteiligten Gebietskörperschaften, so setzt sich der gesamtwirtschaftliche Nettowohlfahrtsverlust aus beiden Effekten zusammen. Die jeweili-

---

weniger, wenn es sich nur um meritorische Güter handelt, jedoch nicht, wenn — wie es in der Praxis häufig der Fall ist — sogar reine private Güter vom Staat angeboten werden. Konsequent angewendet besagt das Subsidiaritätsprinzip, daß alle diejenigen Aufgaben, die von Privaten ausgeführt werden können, auch tatsächlich privatisiert werden müssen [Paqué, 1986, S. 11].

12 Häufig wird hiergegen argumentiert, auf lokaler Ebene sei nicht der notwendige Sachverstand zur Lösung komplexer und übergreifender Probleme vorhanden. Soweit damit nicht Spillover-Effekte gemeint sind, die bei Problemlösungen einen interregionalen Interessenausgleich verlangen, spricht gegen diese Einwände der Umstand, daß auf höherer Ebene im allgemeinen nur aufgrund der Informationen entschieden werden kann, die von den unteren Gebietskörperschaften nach oben geleitet werden. Im übrigen entbehrt das Argument jeder Grundlage, wenn es um eine Entscheidung über eine Kompetenzzuweisung zwischen nationaler und supranationaler Ebene geht.

gen Wohlfahrtsverluste sind um so höher, je unelastischer die Nachfrage der Bürger nach öffentlichen Leistungen ist, je steiler also die Nachfragekurven nach der öffentlichen Leistung sind. Dies dürfte gerade bei einer zentralen Wahrnehmung der öffentlichen Aufgabe am ehesten zu erwarten sein, weil dann die Kosten der Informationsbeschaffung für die Bürger nachgeordneter Gebietskörperschaften höher sind, und weil vor allem die Finanzierung der entsprechenden Leistungen undurchsichtig wird [Klodt, Stehn et al., 1992, S. 12 f.].

Die ökonomische Interpretation des Subsidiaritätsprinzips gründet sich nicht nur auf diese statischen Wohlfahrtsverluste der Zentralisierung. Auch aus dynamischer Sicht läßt sich eine Überlegenheit einer dezentralen Lösung begründen. Wird eine öffentliche Leistung zentral bereitgestellt, so muß die zentrale Ebene bereits wissen, welche Wirkungsmechanismen die wirtschaftspolitische Maßnahme hat und welche Instrumente am geeignetsten sind. Da sie als zentrale Entscheidungsinstanz gewissermaßen ein Monopol innehat, kann sie sich nicht die Vorteile zunutze machen, die der "Wettbewerb als Entdeckungsverfahren" (Hayek) auch im institutionellen Bereich zu leisten vermag. Institutioneller Wettbewerb der Systeme — zu verstehen als das Verfolgen unterschiedlicher Lösungsansätze für wirtschaftspolitische Fragen in untergeordneten Gebietskörperschaften — erlaubt es, (i) neues Wissen über wirtschaftspolitische Zusammenhänge durch einen "trial-and-error"-Prozeß zu erhalten, das sonst verborgen geblieben wäre, (ii) erfolgreiche Experimente anderer Gebietskörperschaften zu imitieren bzw. Fehlschläge zu vermeiden und (iii) die Folgewirkungen von Fehlschlägen räumlich und sachlich zu begrenzen.[13]

Damit innerhalb einer Gebietskörperschaft eine rationale Entscheidung über das Angebot öffentlicher Leistungen getroffen werden kann, müssen die Nutzen und die Kosten der Leistungen, die sowohl für ihre eigenen Mitglieder als auch für diejenigen anderer Körperschaften entstehen, transparent sein. Entscheidungs- und Finanzierungskompetenzen müssen dabei möglichst deckungsgleich sein, und der Kreis der Nutznießer muß mit demjenigen der Zahler und der Entscheider übereinstimmen. Wenn der Kreis der Zahler, Nutznießer und Entscheider über eine Maßnahme nicht kongruent ist, besteht die Gefahr von Finanzierungsillusionen, von "moral hazard" im Zusammenhang mit einer

---

[13] Der institutionelle Wettbewerb der Systeme steht als Modell auch hinter dem Ursprungslandprinzip, das Bestandteil des Binnenmarktprogramms ist. Wenn unterschiedliche Regulierungsmechanismen Standortvor- und -nachteile begründen, so kann der Wettbewerb der Standorte zu einer Harmonisierung ex-post durch Imitation erfolgreicher Experimente führen und die administrative Harmonisierung exante überflüssig machen, bei der die beste Lösung zuvor bekannt sein muß, wenn sie nicht zu Wohlfahrtsverlusten führen soll [vgl. Giersch, 1988; 1989; Siebert, 1990; Siebert, Koop, 1990].

Mischfinanzierung[14] und einer Fehllenkung bzw. Verschwendung öffentlicher Mittel. Damit ineffiziente Kompromißlösungen bei Konflikten zwischen Nutznießern und Zahlern — möglicherweise auf Kosten Dritter — vermieden werden, muß sich eine Kompetenzverteilung am *Prinzip der fiskalischen Äquivalenz* orientieren, es muß also ein Verbund von Zahlern, Nutzern und Entscheidern vorhanden sein [Recktenwald, 1980]. Im Zusammenwirken mit dem Subsidiaritätsprinzip würde das bedeuten, daß neben den Aufgaben- und Ausgabekompetenzen auch die Einnahmekompetenzen möglichst dezentral anzusiedeln sind. Gleichwohl kann es Fälle geben, in denen die Äquivalenz zwischen Zahlern, Nutznießern und Entscheidern nicht gewährleistet ist. Das ist insbesondere dann der Fall, wenn die Streuung der Nutzen oder der Kosten sich nicht mit den Grenzen einer Gebietskörperschaft deckt und die räumliche Kongruenz zwischen Nutzen und Kosten nicht gewahrt ist.

In engem Zusammenhang mit dem Prinzip der fiskalischen Äquivalenz steht deshalb das *räumliche Kongruenzprinzip.* Jedes öffentlich angebotene Gut hat eine bestimmte räumliche Reichweite. Stimmt diese nicht mit dem Kompetenzgebiet der Körperschaft überein, die das Gut anbietet, dann kann diese entweder Nachteile ihres Tuns auf benachbarte Körperschaften abwälzen, Vorteile aus den Aktivitäten anderer Körperschaften ziehen oder Nachteile dadurch erleiden, daß gebietsfremde Nutznießer keinen Deckungsbeitrag leisten.[15] Es kommt dann zu nicht-pekuniären räumlichen externen Effekten oder Spillovers. Derartige Spillover-Effekte können für eine Zentralisierung von Zuständigkeiten sprechen. Dabei ist aber zu unterscheiden zwischen Regelungskompetenzen sowie Planungs-, Entscheidungs- und Durchführungskompetenzen. Denn räumliche Externalitäten bei öffentlichen Leistungen zwischen benachbarten Gebietskörperschaften können normalerweise auch in spontanen Verhandlungen beseitigt werden, weil aufgrund der meist geringen Zahl von Beteiligten die Transaktionskosten überschaubar sind und damit aufgrund des Coase-Theorems mittels "privater" Verhandlungen die externen Effekte internalisiert werden können. In diesem Fall ist bei der nächsthöheren Körperschaft zumindest für Regeln zu sorgen, die es ermöglichen, daß sich die betroffenen Körperschaften

---

[14] Hier lohnt es sich für die Vertreter nachgeordneter Gebietskörperschaften häufig geradezu, möglichst viel für ihre Region aus den anonym finanzierten zentralen "Töpfen" herauszuholen [van Suntum, 1984, S. 124] und damit Lasten auf andere Körperschaften abzuwälzen, ohne daß in jedem Fall überprüft würde, ob der Gesamtnutzen einer Fördermaßnahme die Gesamtkosten auch tatsächlich übersteigt.

[15] Dies wäre beispielsweise denkbar im Falle von Universitäten, auf denen auch zahlreiche Studenten aus Nachbarländern ihre Ausbildung erhalten, oder bei einem Verkehrsweg, der zugleich die Anbindung einer anderen Gebietskörperschaft verbessert oder überregionalen Verkehrsbedürfnissen dient.

über die Internalisierung im Wege horizontaler Kooperation einigen können.[16] Sind diese Spillovers so groß, daß sie das Gebiet der nächsthöheren Körperschaft völlig abdecken — die Bürger aller gleichrangigen Körperschaften können in diesem Fall das Gut zu Grenzkosten von Null nutzen —, dann handelt es sich um ein öffentliches Gut auf der Ebene der nächsthöheren Gebietskörperschaft, bei dem ein Angebot durch diese Körperschaft gerechtfertigt ist. Je nach Reichweite des jeweiligen öffentlichen Gutes kann auch eine nationale oder sogar eine supranationale Kompetenzzuweisung angezeigt sein.

In der Produktion öffentlicher Leistungen sind technische Gegebenheiten zu berücksichtigen. Dabei geht es um eine Optimierung der Kompetenzausstattung und -differenzierung auf der Ebene jeder Gebietskörperschaft [Waniek, 1992, S. 127 f.]. So kann es *Skalenerträge* bei der Erledigung der Aufgabe geben, es können auf höherer Ebene möglicherweise *Verbundvorteile* genutzt werden, insbesondere im Zusammenhang mit Koordinierungsaufgaben. Skalenerträge mögen sich beispielsweise ergeben, wenn bei der Produktion öffentlicher Leistungen Unteilbarkeiten auftreten oder durch die Wiederholung gleichartiger Produktionsabläufe eine Bewegung auf der Lernkurve nach unten stattfindet [Klodt, Stehn et al., 1992, S. 17]. Verbundvorteile auf zentraler Ebene wären denkbar, wenn mehrere Politikbereiche koordiniert werden müssen, weil zwischen ihren Zielen oder Instrumenten Interdependenzen bestehen.

Solche Skalenerträge und Verbundvorteile in der Produktion öffentlicher Leistungen können bei einer dezentralen Wahrnehmung nicht immer genutzt werden. Wenn sie die Wohlfahrtsverluste einer Zentralisierung übersteigen, dann würde das für eine Zuweisung der Zuständigkeit an die Ebene sprechen, auf der sie genutzt werden können.

Insgesamt verdichten sich diese Überlegungen zu einem Kriterienkatalog für eine gesamtwirtschaftlich optimale Kompetenzzuweisung an unterschiedliche föderale Ebenen. Die Basis bildet das Subsidiaritätsprinzip mit der aus ihm ableitbaren grundsätzlichen Zuweisung der Kompetenz an die unterste Ebene aufgrund von wohlfahrtstheoretischen Überlegungen. Die These, daß eine Zentralisierung normalerweise mit Wohlfahrtsverlusten verbunden ist, stellt die ökonomische Basis des Subsidiaritätsprinzips dar. Die übrigen Prinzipien begründen, warum in Einzelfällen von einer dezentralen Aufgabenwahrnehmung zugunsten einer Zuweisung von Zuständigkeiten an höhere Ebenen abgewichen werden muß. Abweichungen von einer möglichst dezentralen Kompetenzzuweisung mögen sich dabei ergeben, wenn

---

16 Solche Regeln könnten etwa in einem Gebot bestehen, bei nachweisbaren räumlichen Externalitäten Zweckverbände zu gründen.

— auf der unteren Ebene das Prinzip der fiskalischen Äquivalenz (Verbund zwischen Zahlern, Nutzern und Entscheidern) nicht zu realisieren ist, insbesondere wenn die Streuung der Reichweite einer wirtschaftspolitischen Aufgabenwahrnehmung über das Gebiet einer Gebietskörperschaft hinausgeht (räumliche externe Effekte, Spillover-Effekte),
— zentrale öffentliche Güter bereitgestellt werden müssen oder
— produktionstechnische Zusammenhänge bei der Wahrnehmung der wirtschaftspolitischen Aufgabe (wie Skalenerträge, Verbundvorteile, Unteilbarkeiten oder Koordinierungszwänge) eine zentralere Kompetenzzuweisung zweckmäßig erscheinen lassen.

Eine wirtschaftspolitische Zuweisung von Aufgaben zur EG-Ebene kann danach nur in Bereichen effizient sein, "in denen die nationale Wirtschaftspolitik entweder die Marktintegration der Gemeinschaft behindert oder technologische externe Wirkungen in anderen Mitgliedsländern erzeugt oder aber Skalenerträge in der Produktion nationaler oder lokaler öffentlicher Güter zuläßt" [Vaubel, 1992, S. 31]. Die Beweislast für die Abweichungen liegt — weil die dezentrale Kompetenzzuweisung normalerweise gesamtwirtschaftlich effizient ist — bei denen, die eine stärkere Zentralisierung befürworten [Paqué, 1986, S. 11].

Bei der Anwendung des Kriterienkatalogs ist es zweckmäßig, zwischen den verschiedenen Arten von Kompetenzen (vgl. Fußnote 11 auf S. 8) zu unterscheiden. Bei Regelungskompetenzen sind die Vorteile einer supranationalen Aufgabenwahrnehmung vermutlich am größten. Bei Planungs- und Entscheidungskompetenzen sowie in stärkerem Maße noch bei Verwaltungs- und Durchführungskompetenzen treten dagegen die Vorteile dezentraler Aufgabenwahrnehmung mehr in den Vordergrund. Das Prinzip der fiskalischen Äquivalenz legt fest, wie die entsprechenden Finanzierungskompetenzen ausgestattet sein müssen. Welcher Ebene Kontrollkompetenzen obliegen, hängt davon ab, was zu kontrollieren ist: ob es Freifahrereffekte gibt oder ob die Durchführung nach den Regeln sparsamer Haushaltsführung erfolgt. Im ersten Fall wäre eine zentrale Kontrollkompetenz gegeben, im zweiten genügt eine dezentrale. Für einzelne wirtschaftspolitische Aufgaben können dabei die unterschiedlichen Kompetenzen verschiedenen Ebenen zugeordnet sein. Auf diese Weise lassen sich Wohlfahrtsgewinne aus einer dezentralen Aufgabenwahrnehmung und Kostenvorteile einer zentralen Produktion gleichzeitig realisieren [Klodt, Stehn et al., 1992, S. 18].

Staatliche Tätigkeit richtet sich nicht nur auf allokative Ziele, sondern auch auf *Umverteilungsziele*. Hierbei ist die Frage, welche Ebene in einem mehrstufigen staatlichen Gebilde diese Aufgabe übernehmen sollte, viel schwieriger zu beurteilen als bei Allokationszielen. Ein Umverteilungsziel als solches entzieht sich einer ökonomischen Beurteilung. Es unterliegt statt dessen ethischen Prinzipien. Die ökonomische Perspektive kann aber dazu beitragen, eine effiziente Umverteilungspolitik zu umreißen. Effizient im Sinne von erfolgreich wird eine Umverteilungspolitik sein, wenn sie ein Ziel verfolgt, für das ein breiter ethischer Konsens besteht sowohl hinsichtlich des Empfängerkreises als auch des Ausmaßes der Unterstützung. Denn dieser Konsens ist erforderlich, damit die Mitglieder eines Gemeinwesens akzeptieren, gegebenenfalls Nettozahler zu sein, sei es, daß sie reine Altruisten sind, daß sie eine moralische Pflicht dazu empfinden oder daß sie Umverteilung als eine Art Versicherung betrachten, bei der sie vielleicht auch einmal Nettoempfänger sein könnten [Vaubel, 1986, S. 68 f.].

Fehlt dagegen ein Konsens, so ist das Verfolgen eines von außen vorgegebenen Umverteilungsziels mit Zwang für die Geber verbunden mit der Folge, daß sie sich der Zahllast zu entziehen trachten und entweder gegen die Umverteilung opponieren oder in ein anderes Gemeinwesen auswandern ("voice" und "exit" im Sinne von Hirschman [1970]).[17] Ein solcher Konsens sowohl über den Empfängerkreis, das Ausmaß der Umverteilung als auch die moralische Rechtfertigung der Umverteilung ist in jedem Gemeinwesen nur schwierig zu finden. Vielmehr ist jedes staatliche Gebilde durch eine differenzierte "Landkarte des ethischen Pluralismus" gekennzeichnet [Paqué, 1986, S. 111 ff.], die sich allerdings regional und je nach Anzahl der Mitglieder des Gemeinwesens stark unterscheiden dürfte [ibid., S. 109]. Eine Zentralisierung von Kompetenzen zur Umverteilung impliziert, daß entweder der Kreis der potentiellen Zahler oder der potentiellen Nutznießer zunimmt. Das kann bedeuten, daß es (bei mehr Zahlern) schwieriger wird, überhaupt einen neuen Konsens herbeizuführen, oder daß (bei mehr Empfängern) der bisherige Konsens überstrapaziert wird. Zentral verfolgte Umverteilungsziele haben es daher schwerer, akzeptiert zu werden. Bei dezentraler Wahrnehmung mag etwa ein Konsens leichter herstellbar sein, wenn man Umverteilungsmaßnahmen als lokales öffentliches Gut ansieht wie Pauly [1973], bei dem die Bewohner einer lokalen Gebietskörperschaft einen direkten Nutzen daraus ziehen, daß armutsbezogene negative externe Effekte, wie etwa die Kriminalitätsrate, in Grenzen gehalten werden.

Eine effiziente Umverteilungspolitik erfordert aber auch, daß die Umverteilung transitiv ist, daß die Umverteilungsmaßnahmen also den Bedürftigsten nutzen. Das ist etwa bei einer auf der Rawlsschen Verteilungsethik basierenden

---

17 Bei zentraler Wahrnehmung eines Umverteilungsziels äußert sich das darin, daß die Zahler zwar kaum mehr physisch auswandern können, dafür aber in die "innere Emigration" gehen und auf Schwarzmärkte abwandern, in ihren Anstrengungen, Einkommen zu erzielen, nachlassen oder eine Kompensation fordern (im Rahmen der EG etwa einen neuen Strukturfonds). Auf dezentraler Ebene mag dagegen der direkte Einfluß oder das Auswandern überwiegen.

Umverteilung der Fall [Paqué, 1986, S. 56 ff.]. Umverteilungsziele, deren Empfängerkreis außerhalb der betreffenden Gebietskörperschaft liegt, sind aber auf dezentraler Ebene viel schwieriger zu verfolgen. Sind die Mitglieder anderer Gebietskörperschaften wesentlich bedürftiger als die der eigenen, wäre eine dezentrale Umverteilungspolitik einer zentralen unter Umständen unterlegen, weil diese Politik gerade die Forderung nach Transitivität verletzen kann. Ist auf dezentraler Ebene dennoch ein Konsens hinsichtlich einer Umverteilung an Mitglieder anderer Körperschaften zu erzielen, so kann die dezentrale Wahrnehmung auch in diesem Fall weniger wirkungsvoll sein als eine zentrale, wenn andere Körperschaften einen Nutzen daraus ziehen, daß bereits eine andere Körperschaft die Umverteilung vornimmt, also Trittbrettfahrereffekte auftreten [Dicke, Stehn, 1987].[18] Unter diesen Umständen kann die zentrale Wahrnehmung von Umverteilungszielen Vorteile versprechen.

Allerdings unterliegen auch diese staatlichen Aktivitäten dem *Wirtschaftlichkeitsprinzip*. Es stellt sich daher stets die Frage, ob die gesetzten Ziele nicht auch zu geringeren Kosten im Wege des *ungebundenen Finanzausgleichs* statt durch eine zentral angesiedelte Umverteilungsbürokratie wahrgenommen werden können. Probleme könnte ein ungebundener Finanzausgleich dann aufwerfen, wenn im Extremfall die ärmeren Bürger einer reichen Region Transfers an die wohlhabenden Bürger einer armen Region leisten müßten. Hier wäre aber abzuwägen zwischen solchen Inkonsistenzen und den Verlusten an Umverteilungssumme, die sich ergeben, wenn eine zentrale Bürokratie die Umverteilung in gebundener Form durchführt. Gerade weil sie von den Verhältnissen vor Ort weiter entfernt wäre, könnten sich bei gebundenen Zuschüssen solche Personen, die nach einem zentralen Umverteilungsmaßstab gar nicht gefördert werden sollen, viel eher Vorteile verschaffen. Damit spielt das Subsidiaritätsprinzip auch bei redistributiven Maßnahmen eine Rolle. Denn bei einem ungebundenen Finanzausgleich legt die zentrale Ebene nur fest, welche Summe wohlhabendere an ärmere Regionen abführen müssen. Die Verwendung der Mittel geschieht dann aber in der Verantwortung der unteren Gebietskörperschaften [Lammers, 1992].

Für die Beurteilung der institutionellen Vertiefung der EG ist somit das Subsidiaritätsprinzip von entscheidender Bedeutung. Insofern ist es als Fortschritt anzusehen, daß das Subsidiaritätsprinzip über den Vertrag von Maastricht in Art. 3b EGV 1992 aufgenommen worden ist. Gleichwohl ist das Subsidiaritätsprinzip in Art. 3b EGV 1992 derzeit wohl kein justiziabler Rechtsbegriff und trägt eher den Charakter einer Leerformel [Grimm, 1992]. Vor allem be-

---

[18] Das wird dann der Fall sein, wenn die Mitglieder der anderen Körperschaften dem Abbau von Armut generell einen Wert beimessen, selbst wenn sie selbst nicht dazu beigetragen haben [vgl. Paqué, 1986, S. 40 ff.].

schränkt sich sein Anwendungsbereich nach dieser Bestimmung nur auf die Bereiche mit konkurrierenden Kompetenzen der EG, während die durch den EWG-Vertrag, die Einheitliche Europäische Akte und den Vertrag von Maastricht der EG ausschließlich zugewiesenen Kompetenzen nicht der Überprüfung unterliegen.[19] Das Subsidiaritätsprinzip wird damit im EGV 1992 lediglich als Prinzip zur *Ausübung* bereits übertragener Zuständigkeiten ausgelegt. Dies deckt sich nicht mit der ökonomischen Interpretation. Diese fragt nach der zweckmäßigen *Zuweisung* von Zuständigkeiten und stellt damit auch im Vertragswege bereits erfolgte Kompetenzverschiebungen zur EG-Ebene in Frage.[20] Bei der Anwendung des Kriterienkatalogs auf die verschiedenen Politikbereiche in Kapitel C wird entsprechend der ökonomischen Interpretation vorgegangen.

II. Erweiterung der Gemeinschaft

Die im Abschnitt I dieses Kapitels vorgestellten Kriterien sind grundsätzlich auch hilfreich dafür, eine Antwort auf die Frage zu suchen, wie die Vertiefung der institutionellen Integration und die Erweiterung der Gemeinschaft miteinander harmonieren. Ausgangspunkt ist wiederum das Ziel der EG nach Art. 2 EWG-Vertrag, nämlich eine beschleunigte Hebung des Lebensstandards durch die Errichtung eines Gemeinsamen Marktes mit sich annähernder Wirtschaftspolitik der Mitgliedstaaten, letztlich durch die Garantie der vier Freiheiten, wie sie in Art. 3 EWG-Vertrag niedergelegt sind (Freiheit des Waren-, Personen-, Dienstleistungs- und Kapitalverkehrs).

Wo die Theorie des fiskalischen Föderalismus zentrale Kompetenzen als effizient erscheinen läßt, handelt es sich entweder um weitreichende externe Effekte oder supranationale öffentliche Güter. Dort sind Spillover-Effekte gewissermaßen allumfassend. Wenn das der Fall ist, spricht wenig dafür, daß das für diese Eigenschaft entscheidende Kriterium — alle Bürger der Gemeinschaft

19 Zu den praktischen Problemen im Zusammenhang mit der Anwendung des Subsidiaritätsprinzips siehe Abschnitt C.II.

20 Grundsätzlich ist der Kriterienkatalog der Theorie des fiskalischen Föderalismus auf alle Ebenen anwendbar. Wenn die Analyse ergibt, daß die EG-Kompetenz in einem Politikbereich nicht zweckmäßig ist, heißt das nicht, daß sie statt dessen auf Bundesebene anzusiedeln sei. Möglicherweise wäre eine Länder- oder Kommunalkompetenz angemessener. Gerade dieser Punkt dürfte es den nicht föderal verfaßten anderen Mitgliedstaaten so schwer machen, sich mit dem Subsidiaritätsprinzip abzufinden.

können die Leistung ohne Grenzkosten nutzen — just jenseits der bisherigen Außengrenze der EG nicht mehr gilt. Vielmehr kann man annehmen, daß die Spillover-Effekte auch auf die bisherigen Nicht-Mitgliedstaaten einwirken. Eine zentrale Kompetenz bei der EG-Ebene würde sich in diesen Bereichen mit einer räumlichen Erweiterung nicht nur gut vereinbaren lassen, sondern sie sogar erforderlich machen, damit die gesamtwirtschaftliche Wohlfahrt in Europa maximiert wird. Das wird üblicherweise dort der Fall sein, wo die zentrale Instanz ordnungspolitische Aufgaben[21] wahrnimmt und Rahmenbedingungen setzt. Das trifft etwa auf die Garantie der Offenheit der Märkte zu, wie sie in den vier Freiheiten des EWG-Vertrags niedergelegt ist. Denn die Offenheit der Märkte nützt allen EG-Bürgern: Die Spezialisierungsvorteile der Arbeitsteilung, die Kostenvorteile der Massenproduktion und die dynamischen Anreizwirkungen des verstärkten Wettbewerbs führen zu einer Wohlstandssteigerung, von der alle Bürger als Konsumenten profitieren können, sofern die zentrale Aufgabe, Diskriminierungen jeder Art zu verhindern, von der EG auf supranationaler Ebene tatsächlich wirksam wahrgenommen wird. In dynamischer Sicht profitieren auch Verlierer des Strukturwandels unter den Anbietern von der Offenheit. Denn dann sind auch die Möglichkeiten größer, alternative Beschäftigungsmöglichkeiten zu finden [v. Weizsäcker, 1983]. Wenn die Offenheit der Märkte auch für bisher nicht zur EG gehörende Europäer gewährleistet würde, wären die gesamtwirtschaftlichen Wohlfahrtsgewinne aus Handel und Arbeitsteilung entsprechend größer. In diesem Bereich zentraler Kompetenz ist die bereits erfolgte Vertiefung der Integration mit einer räumlichen Erweiterung im Hinblick auf die gesamtwirtschaftliche Effizienz in Einklang zu bringen [Dicke, 1992, S. 30 f.].[22] Auch in manchen Bereichen der Prozeßpolitik mag sich ergeben, daß eine zentrale Kompetenz ökonomisch gerechtfertigt ist, etwa wenn Skalenerträge eine Rolle spielen. Hier kommt es dann im Einzelfall darauf an, welche Reichweite die entsprechende öffentliche Leistung hat, welche Spillover-Effekte sich mithin ergeben. Je größer die Reichweite ist, desto eher dürften Vertiefung und Erweiterung vereinbar sein.

In den Politikbereichen, in denen das Subsidiaritätsprinzip uneingeschränkt eine dezentrale Kompetenz nahelegt, hängt es dagegen von den zu beobachtenden Unterschieden zwischen tatsächlicher Kompetenzverteilung und Referenzsystem ab, wie sich Vertiefung und Erweiterung zueinander verhalten. Dort wo die Gemeinschaft weder ausschließliche noch komplementäre Aufgaben wahr-

---

21 Hier wird in Anlehnung an Walter Eucken die Einteilung der Wirtschaftspolitik in Ordnungspolitik (Gestaltung der Rahmenbedingungen), in Prozeßpolitik (Gestaltung des Wirtschaftsablaufs) und in Umverteilungspolitik verwendet.

22 Das schließt nicht aus, daß sich im politischen Bereich Probleme aufgrund des Drucks organisierter Interessengruppen ergeben könnten.

nimmt und die öffentlichen Leistungen weiterhin auf der Ebene der Mitgliedstaaten oder ihrer untergeordneten Gebietskörperschaften angeboten werden, würde eine Erweiterung der Gemeinschaft keine Probleme bereiten. Denn Integration hieße hier ja nur, daß Märkte zusammenwachsen und lediglich Diskriminierungen gegenüber ausländischen Produzenten, Arbeitnehmern und Erzeugnissen im nationalen Recht beseitigt werden müßten, ansonsten aber ein Wettbewerb der nationalen Wirtschaftspolitiken möglich wäre.

Ein Trade-off zwischen einer Vertiefung und einer Erweiterung der EG wäre allerdings in den Bereichen der Wirtschaftspolitik denkbar, in denen die Theorie des fiskalischen Föderalismus eine möglichst dezentrale Aufgabenwahrnehmung nahelegen würde, in denen aber eine Vertiefung stattgefunden hat oder durch den Maastrichter Vertrag eingeleitet worden ist. Dies folgt aus der ökonomischen Begründung der dezentralen Kompetenz anhand des Subsidiaritätsprinzips, den Wohlfahrtsverlusten der Zentralisierung: Wenn die Zahl der Mitgliedstaaten zunimmt, dann dürften auch die Divergenzen der nationalen Präferenzen hinsichtlich der Versorgung mit staatlichen Leistungen zunehmen[23] und damit auch die entsprechenden Wohlfahrtsverluste, wenn sich eine Gruppe mit ihren Präferenzen durchsetzt, oder wenn ein Kompromiß geschlossen wird. Darüber hinaus dürften allein schon die Transaktionskosten, einen solchen Kompromiß herbeizuführen, mit der Zahl der beteiligten Mitgliedstaaten steigen.[24] Da auch die Durchführungs- und Kontrollkosten bei zentraler Aufgabenwahrnehmung höher sind, als wenn die entsprechenden Aktivitäten "vor Ort" erledigt werden, würde eine größere Zahl von Mitgliedstaaten auch bei der Durchführung und Kontrolle der Maßnahmen höhere Kosten bedeuten.

Eine Erweiterung der Gemeinschaft wäre in diesem Fall demzufolge mit zusätzlichen Kosten der Wirtschaftspolitik verbunden. Dabei ist aber zu beachten, daß diese dadurch entstehen, daß in dem betreffenden Politikbereich aus ökonomischer Sicht eine Überzentralisierung der Zuständigkeiten stattgefunden hat oder anvisiert worden ist. Dies betrifft in erster Linie diejenigen Politikbereiche, deren Inhalt prozeßpolitischer Natur ist. Denn ordnungspolitische Aktivitäten fallen im allgemeinen wegen der mit ihnen verbundenen weitreichenden Spillover-Effekte in die Kategorie der zentral wahrzunehmenden staatlichen Aufgaben. Probleme hinsichtlich der Vereinbarkeit von Vertiefung und Erweiterung sind daher in all denjenigen Bereichen zu erwarten, in denen die Ge-

---

23 Vgl. Kronberger Kreis [1992, S. 26 ff.]. Dies gilt um so mehr, als auch innerhalb neuer Mitgliedstaaten die Vorstellungen darüber, "wieviel Staat es geben solle", auseinandergehen können.

24 Mit der Größe des Beschlußgremiums nimmt im allgemeinen die Intensität der Suche nach der besten Lösung ab [Dicke, 1992, S. 28].

meinschaftsebene prozeßpolitische Zuständigkeiten an sich gezogen hat und auch ausübt, ohne daß davon Spillover-Effekte ausgehen.

Einen besonderen Fall stellt die Umverteilungpolitik (Kohäsionspolitik) dar. Eine ganze Reihe von EG-Politiken wie die Regionalpolitik fallen in diese Kategorie. Eine Erweiterung der Gemeinschaft würde zuallererst die Verteilungsschlüssel von Geber- und Nehmerländern ändern. Neue Mitglieder würden auch an den Umverteilungsmechanismen teilhaben wollen oder sogar neue Maßnahmen zu ihren Gunsten anstreben.[25] Neu hinzukommende Länder mit starken regionalen Einkommensdisparitäten und Beitrittskandidaten mit deutlich niedrigerem Pro-Kopf-Einkommen würden das bisherige Zahler-Empfänger-Gefüge nachhaltig verändern. Daher könnte ein Konflikt zwischen den Erwartungen der bisherigen Mitglieder auf bestimmte Anteile an der Umverteilungsmasse und der Bereitschaft, neue Mitglieder aufzunehmen, entstehen. Im Bereich der von der EG durchgeführten Umverteilungspolitiken würde sich ein Trade-off zwischen institutioneller Integration und räumlicher Erweiterung vornehmlich als Verteilungsfrage stellen [CEPR, 1992].

Da bei den Umverteilungsmaßnahmen die EG-Kommission häufig parallele Durchführungs- und Verwaltungskompetenzen wahrnimmt, verschärft sich der Trade-off noch hinsichtlich der Transaktionskosten der jeweiligen Politik. Denn mit jedem neuen potentiellen Empfänger erhöhen sich die Informations-, Entscheidungs-, Durchführungs- und Kontrollkosten der Umverteilungsmaßnahme.

Als unvereinbar könnten sich eine Vertiefung der Integration und eine Erweiterung der Gemeinschaft daher letztlich in den Bereichen erweisen, in denen

— die EG-Ebene prozeßpolitische Kompetenzen zugewiesen erhalten hat, die effizienter von den Mitgliedstaaten oder sogar deren untergeordneten Gebietskörperschaften wahrgenommen werden könnten, oder
— das Geber-Nehmer-Verhältnis bei Umverteilungsmaßnahmen nachhaltig verändert wird.

Dort wo die Prozeßpolitik auf EG-Ebene zu gesamtwirtschaftlichen Wohlfahrtsverlusten führt, würde der Ausweg aus dem Dilemma in einem Rückverlagern von Kompetenzen auf die Ebene der Mitgliedstaaten bestehen. Eine Erweiterung der Gemeinschaft wäre dann wieder möglich. Bei der Umverteilungspolitik wäre eine politische Entscheidung über deren Ausmaß wohl unerläßlich. Hier wäre abzuwägen zwischen den Nettovorteilen, die diese Politiken

---

25 In der Tat hat jede Erweiterung dazu geführt, daß neue Fonds eingerichtet oder neue Aufgaben innerhalb der Fonds formuliert worden sind, der Europäische Fonds für regionale Entwicklung (EFRE) etwa bei der Norderweiterung, das Integrierte Mittelmeerprogramm (IMP) bei der Süderweiterung.

in der alten Gemeinschaft bisher gegebenenfalls erbracht haben, und den Vorteilen, die eine Erweiterung für die wirtschaftliche Entwicklung in Europa hätte [CEPR, 1992].

C. Vertiefung der innergemeinschaftlichen Integration

I. Zu den einzelnen Politikbereichen

1. Geld- und Währungspolitik

a. Die Beschlüsse von Maastricht

Die Geld- und Wechselkurspolitik liegt derzeit im Zuständigkeitsbereich der einzelnen EG-Mitgliedsländer, wobei allerdings Rücksicht zu nehmen ist auf die Statuten des Internationalen Währungsfonds und auf die Vereinbarungen im Rahmen des Europäischen Währungssystems, an dessen Wechselkursmechanismus derzeit alle EG-Staaten mit Ausnahme Griechenlands, des Vereinigten Königreichs und Italiens teilnehmen.

Auf ihrem Treffen in Maastricht am 9./10. Dezember 1991 haben die Staats- und Regierungschefs der EG-Mitgliedsländer den Übergang zu einer Wirtschafts- und Währungsunion (WWU) beschlossen. Kernstück der Währungsunion sind

- die unwiderrufliche Fixierung der Wechselkurse zwischen den Mitgliedswährungen im Hinblick auf die Einführung einer Einheitswährung, den ECU;
- eine einheitliche, vorrangig dem Ziel der Geldwertstabilität verpflichtete Geld- und Währungspolitik.

Der Übergang zur Währungsunion soll in folgenden Schritten ablaufen: Zunächst wurden die Beschlüsse von Maastricht den nationalen Parlamenten zur Ratifizierung vorgelegt. Außerdem sollten die Staats- und Regierungschefs einvernehmlich über den Sitz der künftigen Europäischen Zentralbank (EZB) entscheiden. Bis Ende 1993 sollen die Mitgliedsländer — soweit nicht schon geschehen — alle Kapitalverkehrsbeschränkungen abgebaut haben.

Am 1. Januar 1994 tritt die zweite Stufe auf dem Weg zur Währungsunion in Kraft. Zu diesem Zeitpunkt wird das neugegründete europäische Währungsinstitut (EWI) seine Arbeit aufnehmen. Seine Aufgabe besteht unter anderem in einer verstärkten stabilitätsgerechten Koordinierung der nationalen Geldpolitiken und in der instrumentellen Vorbereitung einer einheitlichen Geldpolitik in der Endphase der Währungsunion. Während der zweiten Stufe verbleibt die Zuständigkeit für die Geldpolitik bei den nationalen Notenbanken.

Mit dem Eintritt in die dritte Stufe werden die Wechselkurse zwischen den Währungen der WWU-Mitgliedsländer unwiderruflich fixiert und die Zuständigkeit für die Geldpolitik an das Europäische System der Zentralbanken (ESZB) übertragen, das aus der Europäischen Zentralbank und den jeweiligen nationalen Zentralbanken besteht. Die Zuständigkeit für die Wechselkurspolitik geht auf den Europäischen Rat über. Der Beginn der dritten Stufe wird gemäß den vorliegenden Beschlüssen frühestens im Verlauf des Jahres 1997, spätestens aber am 1. Januar 1999 erfolgen. Allerdings ist es möglich, daß zunächst nicht alle EG-Staaten an der Währungsunion teilnehmen. Im Abstand von jeweils höchstens zwei Jahren nach dem Inkrafttreten der WWU soll darüber entschieden werden, ob weitere EG-Länder der Währungsunion beitreten.

Über den Zeitpunkt für den Eintritt in die dritte Stufe der WWU entscheiden die Staats- und Regierungschefs der EG-Mitgliedstaaten. Dabei sollen sie sich von den im Vertrag genannten und in den dazugehörigen Protokollen präzisierten Konvergenzkriterien leiten lassen. Im einzelnen lauten diese wie folgt:

— Ein Mitgliedsland muß eine "anhaltende Preisstabilität" aufweisen; im letzten Jahr vor der Prüfung darf die Inflationsrate — gemessen als Veränderung eines vergleichbaren Verbraucherpreisindex — nicht um mehr als 1,5 Prozentpunkte über dem Durchschnitt der drei Mitgliedstaaten mit dem niedrigsten Preisanstieg liegen.
— Die Zinssätze langfristiger Staatsschuldverschreibungen eines Mitgliedslandes dürfen im Verlauf des Jahres vor der Prüfung höchstens zwei Prozentpunkte höher sein als in den drei Mitgliedstaaten mit der niedrigsten Inflationsrate.
— Eine Teilnahme am Wechselkursmechanismus des europäischen Währungssystems (EWS) ist erforderlich. Dabei müssen die normalen Bandbreiten innerhalb des EWS über zwei Jahre ohne starke Spannungen eingehalten worden sein. Ein Land darf seine Währung in dieser Zeit nicht auf eigene Initiative hin abgewertet haben.
— Hinsichtlich der öffentlichen Finanzen beziehen sich die Kriterien auf den gesamten Staatshaushalt (d.h. alle Gebietskörperschaften einschließlich der Sozialversicherungseinrichtungen). Die Haushaltslage muß auf Dauer tragbar sein. Sie ist es laut Vertrag nicht, wenn die Budgetdefizite 3 vH des nominalen Bruttoinlandsprodukts überschreiten oder wenn die Bruttogesamtverschuldung mehr als 60 vH des nominalen Bruttoinlandsprodukts beträgt und eine hinreichende Annäherung an die Referenzwerte nicht zu erkennen ist.

Die Konvergenzkriterien sind recht präzise formuliert. Offen ist allerdings, welche Inflationsrate die drei erfolgreichsten Länder zum Referenzzeitpunkt aufweisen werden, an der dann die Inflationsrate und die Zinssätze der übrigen Länder gemessen werden. Dabei ist nicht sicher, ob alle drei Länder auf jeden Fall in die dritte Stufe eintreten können; denn es ist möglich, daß ein Land mit sehr niedriger Inflationsrate eine unzureichende Lage der öffentlichen Finanzen aufweist und von daher für diese Phase nicht qualifiziert ist. Gegenwärtig würde dies z.B. für Irland zutreffen.

Wenn die Referenzwerte strikt angewendet werden, erfüllten Mitte 1992 nur zwei Länder, nämlich Frankreich und Luxemburg alle Kriterien (Tabelle 1).

Tabelle 1 — Konvergenzindikatoren für die europäische Währungsunion (Stand 1992)[a]

	Inflationsrate	langfristiger Zins (Juni 1992)[b]	Haushaltsdefizit[c]	Staatsverschuldung[c]	Wechselkurskritierium
	vH	%	vH des BIP		
Belgien	2,9	8,9	5,5	133	ja
Dänemark	2,2	9,6	2,1	62	ja
Bundesrepublik Deutschland	4,2	8,3	3,4	44	ja
Frankreich	2,8	8,7	2,4	49	ja
Griechenland	15,2	20,8	14,6	87	nein
Irland	3,6	8,9	1,9	109	ja
Italien	5,3	10,7	11,3	108	nein
Luxemburg	3,6	7,9	–1,9	7	ja
Niederlande	3,1	8,3	3,5	80	ja
Portugal	9,0	13,3	5,4	65	nein
Spanien	5,9	11,7	4,9	48	nein
Vereinigtes Königreich	5,6	9,2	4,6	39	nein
Obergrenze für Erfüllung der Konvergenzkriterien	4,1	11,1	3,0	60	—
nachrichtlich: EFTA-Länder					
Finnland	3,8	13,7	7,7	28	—
Norwegen	2,6	9,6	3,0	46	—
Österreich	4,0	8,6	1,9	53	—
Schweden	3,2	9,6	4,2	50	—
Schweiz	4,3	7,0	1,0	14	—

[a]Werte teilweise geschätzt. — [b]Griechenland: 1991; Portugal: Januar 1992; Finnland: Geldmarktsatz. — [c]Luxemburg, Portugal, Schweiz: Stand 1991. — [d]November 1992.

Quelle: OECD [c]; IMF [1992]; Angaben der EG-Kommission.

Die geringsten Hindernisse bereitet bislang das Kriterium der Zinsen, das von neun Ländern erfüllt wird. Das Inflationskriterium wird von sechs und das Wechselkurskritierum von sieben Ländern erfüllt. Als besonders restriktiv erweisen sich die Kriterien für die öffentlichen Finanzen, die bislang lediglich von zwei Ländern eingehalten werden. Allerdings ist zu berücksichtigen, daß die Kriterien so formuliert sind, daß auch Länder, die sich genügend rasch der Referenz nähern, noch akzeptiert werden können.

Der dabei bestehende Ermessensspielraum könnte insbesondere für die Entscheidung über den Beitritt von Belgien, Irland und Italien bedeutsam werden.

b. Europäische Währungsunion: Pro und Contra

Die Verlagerung der geld- und wechselkurspolitischen Kompetenz auf eine supranationale Ebene wird mit den erheblichen Effizienzgewinnen begründet, die sich aus dem Wegfall der mit der Verwendung unterschiedlicher Währungen verbundenen Transaktionskosten ergeben. Die dadurch möglichen Kostenersparnisse werden auf bis zu 2 vH des Bruttosozialprodukts der Europäischen Gemeinschaft veranschlagt. Aus ordnungspolitischer Sicht wird ins Feld geführt, daß der Übergang zu einem "Geld, das die Nationalstaaten selbst nicht herstellen können" [Sievert, 1992], die Voraussetzungen für eine stabilitätsgerechte Lohn- und Finanzpolitik in Europa insgesamt verbessert. Liegt die Zuständigkeit für die Währungspolitik beim Europäischen System der Zentralbanken — so das Argument —, dann könnten Regierungen und Tarifparteien nicht mehr darauf setzen, daß ein Fehlverhalten bei der Finanz- und Lohnpolitik über eine expansive Geldpolitik korrigiert wird. Entsprechend sind sie stärker als bisher gezwungen, Fehlentwicklungen von vornherein zu vermeiden. Von politischer Seite wird ein Vorzug auch darin gesehen, daß eine einheitliche Währung symbolisch zum Zusammenwachsen Europas beiträgt.

Auf der anderen Seite sind mit der Zentralisierung der Geld- und Währungspolitik auch Nachteile verbunden. Diese bestehen darin, daß besondere stabilitätspolitische Interessen einzelner Mitgliedsländer nach dem Übergang zur Währungsunion nicht in dem gleichen Maße berücksichtigt werden können, wie es derzeit der Fall ist.

Von Bedeutung ist dies zum einen für die Preisentwicklung in den Mitgliedstaaten. Im EWS ist die Bundesbank im Prinzip in der Lage, die Geldentwertung auf mittlere Sicht auf das von ihr normativ vorgegebene Maß von maximal 2 vH pro Jahr zu begrenzen. Falls andere Mitgliedsländer einem solchen strikten Stabilitätskurs nicht folgen wollen, so können sie sich ihm durch gelegentliche Abwertungen entziehen. In der Währungsunion entscheidet der Rat der Europäischen Zentralbank darüber, was unter Preisstabilität zu verstehen ist. Dabei ist nicht sichergestellt, daß er einen ebenso strengen Maßstab anlegt wie die Bundesbank. Zwar ist das Ziel der Geldwertstabilität ebenso wie die Unabhängigkeit der Zentralbank im Vertrag von Maastricht formal sogar stärker verankert als im Bundesbankgesetz. Eine quantitative Formulierung des Begriffs Geldwertstabilität gibt es jedoch nicht (präzisiert ist lediglich ein relatives Kriterium für den Übergang zur WWU); insofern besteht für den Rat der EZB — ebenso wie auch für den Zentralbankrat der Deutschen Bundesbank — ein erheblicher Ermessensspielraum. Ist die Mehrheit im Rat dafür, Inflationsraten zuzulassen, die der traditionell strikten deutschen Stabilitätsauffassung zuwiderlaufen, so vermag die Bundesrepublik hiergegen wenig zu unternehmen. Ein überdurchschnittliches Stabilitätsinteresse kann in der WWU nicht berücksichtigt werden. Gleichwohl bestehen Zweifel daran, daß die Europäische Zentralbank eine ebenso strikte Geldpolitik verfolgen wird wie die Deutsche Bundesbank — vor allem deswegen, weil der Wert der Preisniveaustabilität in anderen EG-Ländern offenbar nicht so hoch veranschlagt wird wie in der Bundesrepublik. Dies gilt insbesondere für die Mittelmeerländer. Zwar hat es in den letzten Jahren eine Konvergenz der Inflationsraten in Richtung auf das bundesdeutsche Niveau gegeben. In einigen EG-Ländern ist die Inflationsrate sogar inzwischen niedriger als in Deutschland. Hieraus kann man jedoch nicht schließen, daß die betreffenden Länder (und die von ihnen in den europäischen Rat der Zentralbanken entsandten Personen) sich auch in Zukunft stabilitätsorientiert verhalten werden. Denn die beobachtete Konvergenz ist nicht zuletzt das Ergebnis des institutionellen Zwangs, der vom Europäischen Währungssystems ausgeht und in dem die Bundesbank die Ankerfunktion innehat. Daher stellt die Tatsache, daß Konvergenz vorliegt, nicht sicher, daß sich die Länder auch unter den neuen institutionellen Bedingungen der Europäischen Währungsunion so verhalten, daß sich monetäre Stabilität in Europa ergibt. Eine Rolle spielt dabei auch, daß die persönliche Unabhängigkeit der Gouverneure von nationalen Regierungen durch die im Vertrag von Maastricht vorgesehenen Regelungen nicht vollständig gewährleistet werden kann [Kronberger Kreis, 1992, S. 12 f.]. Darüber hinaus besteht das Problem, daß die EZB nicht über die Wechselkurskompetenz verfügt und eine stabilitätsorientierte Geldpolitik möglicherweise von daher — wie schon im Bretton-Woods-System — unterlaufen werden kann [Siebert, 1992a].

Stabilitätspolitisch bedenkliche Auswirkungen hat die Zentralisierung der Geld- und Wechselkurspolitik auch dann, wenn sie zum Anlaß für eine europaweite Nivellierung der Lohnpolitik genommen wird [Stahl, 1974]. Nicht zuletzt die Erfahrungen mit der deutschen Währungsunion weisen darauf hin, daß die Einführung einer Einheitswährung den Druck der Gewerkschaften in Richtung auf eine weitgehende Lohnangleichung innerhalb des Währungsraums verstärkt.[26] Eine rasche Lohnangleichung ohne gebührende Rücksicht auf die in Europa bestehenden Produktivitätsunterschiede würde in den peripheren EG-Regionen zu einem Anstieg der Arbeitslosigkeit führen, zumal der Verlust an Wettbewerbsfähigkeit dann auch nicht mehr über eine Währungsabwertung kompensiert werden kann, wie es derzeit im EWS noch möglich ist. Nachteile ergeben sich auch für die reicheren EG-Länder. Denn der zu erwartende Anstieg der Arbeitslosigkeit in den peripheren Regionen verstärkt den Druck in Richtung auf einen weitgehenden Finanzausgleich zwischen den EG-Ländern. Die zusammen mit der Währungsunion beschlossene Einrichtung eines "Kohäsionsfonds", über den zunächst rund 3 Mrd. DM pro Jahr an die ärmeren EG-Länder transferiert werden sollen, ist ein erster Schritt in diese Richtung. Zusätzliche Transfers aber bedeuten für die reicheren EG-Länder mehr Steuern und eine entsprechende Minderung von Leistungsanreizen. Damit besteht die Gefahr von Wachstumsverlusten, die auf Dauer stärker sind als die mit der Einheitswährung verbundenen Gewinne. Im Extremfall kann es zu einem Mezzogiorno-Problem in europäischem Maßstab kommen: eine durch produktivitätswidrige Lohnsteigerungen bedingte hohe Arbeitslosigkeit im Süden, die durch Dauertransfers aus dem Norden alimentiert wird.

Die hier aufgeführten Bedenken gelten in erster Linie gegen die Errichtung einer Währungsunion, die auch die wirtschaftlich weniger entwickelten EG-Länder einschließt. Bei einer Währungsunion zwischen EG-Ländern mit ähnlichem Pro-Kopf-Einkommen (wie beispielsweise die Bundesrepublik Deutschland, Frankreich, die Benelux-Staaten und Dänemark) sind die genannten Einwände weniger relevant.

Diese Ländergruppe ist auch unter den von der Theorie des optimalen Währungsraumes entwickelten Kriterien für eine Währungsunion besser geeignet als die Gesamtheit der EG-Länder. Wie Vaubel [1978] gezeigt hat, können die verschiedenen Kriterien in einer Größe, nämlich dem Kriterium der realen Wechselkursänderungen, zusammengefaßt werden. Danach ist eine Währungsunion umso vorteilhafter, je geringer der Bedarf an realen Wechselkursänderungen zwischen den beteiligten Staaten ist. Empirische Untersuchungen [Lehment, 1984] zeigen, daß die realen Wechselkursänderungen innerhalb der hier genannten Ländergruppe in der Vergangenheit deutlich niedriger ausfielen als in der EG insgesamt.

---

[26] Der Druck auf eine Lohnangleichung innerhalb von Europa dürfte allerdings nicht so stark sein wie der Druck auf eine Lohnangleichung in Deutschland, da — wie auch Sievert [1992] betont — ein Tariflohnkartell in Europa (anders als in Deutschland) derzeit nicht besteht.

c. *Auswirkungen auf die Wirtschaftspolitik in der Übergangsphase*

Unabhängig von der Einschätzung der Vor- und Nachteile der EWU ist zu konstatieren, daß der Vertrag von Maastricht, wenn er rechtskräftig wird, den nationalen Politikspielraum erheblich einengt. Mit dem Beschluß, daß die Währungsunion spätestens am 1.1.1999 in Kraft treten wird, ist eine definitive Entscheidung getroffen worden, die von einem einzelnen Land nicht mehr revidiert werden kann. Diejenigen Länder, die von der erforderlichen Mehrheit der Staats- und Regierungschefs als Mitglieder der Währungsunion bestimmt werden, müssen hieran auch teilnehmen. Dies gilt selbst dann, wenn es sich herausstellen sollte, daß Länder in die Währungsunion aufgenommen werden, die die im Vertrag genannten Konvergenzbedingungen nicht einhalten. Denn im Vertrag wird den Staats- und Regierungschefs eindeutig die Möglichkeit offengelassen, Staaten auch dann aufzunehmen, wenn diese die Kriterien nicht erfüllen.[27] Dies bedeutet auch: Die Bundesregierung kann ein "Aufweichen" der Konvergenzbedingungen allein nicht verhindern, sondern nur dann, wenn es ihr gelingt, die erforderliche politische Mehrheit der Mitgliedstaaten für eine strikte Anwendung der Konvergenzkriterien zu gewinnen. Verbesserungen des Regelwerks von Maastricht lassen sich sogar nur noch erreichen, wenn alle anderen Mitglieder zustimmen.

Der Spielraum für die nationale Geld- und Wechselkurspolitik dürfte — auch wenn die entsprechende Kompetenz bis zum Eintritt in die Währungsunion noch bei den Institutionen der einzelnen Staaten liegt — schon vorher in verschiedener Hinsicht vermindert werden [Lehment, Scheide, 1992]:

- Der Spielraum für Wechselkursänderungen wird bereits zwei Jahre vor der Entscheidung über den Eintritt in die Währungsunion insoweit geringer, als Länder, die danach auf eigenen Wunsch abwerten, eines der Kriterien für den Übergang zur Währungsunion nicht mehr erfüllen würden;
- der Übergang zur Währungsunion erfordert bereits im Vorfeld eine Harmonisierung der geldpolitischen Instrumente und eine entsprechende Begrenzung bei der Wahl der nationalen Steuerungsmechanismen;
- im Vertrag von Maastricht wird ein hohes Maß an Preisstabilität auch dann noch als gegeben angesehen, wenn die Inflationsrate um 1,5 Prozentpunkte über dem Wert der drei Länder mit dem niedrigsten Preisanstieg liegt. Will die Bundesbank ihre Auffassung von Preisniveaustabilität in die Währungsunion einbringen, so kann sie es — da das Ziel der

[27] Dabei könnte der Umstand eine Rolle spielen, daß die für die Fiskalpolitik formulierten Kriterien aus wirtschaftswissenschaftlicher Sicht umstritten sind; vgl. hierzu die Ausführungen im nachfolgenden Teil.

Preisniveaustabilität im Vertrag nicht quantifiziert ist — nur tun, indem sie durch eine besonders straffe Geldpolitik dafür sorgt, daß die Konvergenzbedingungen für die Inflationsrate so streng ausfallen, daß Länder mit einer Inflationsrate von deutlich mehr als 2 vH das Kriterium nicht erreichen. Würden auch Länder mit beispielsweise 4 vH Inflation das Kriterium eines hohen Grads an Preisstabilität erfüllen, so könnte es sein, daß die EZB fortan diese Marke als Orientierungsgröße nimmt. Die Obergrenze für die noch zulässige Preissteigerungsrate würde dann nicht mehr 2 vH — wie nach Bundesbankauffassung — sondern 4 vH betragen. Das Ziel, die Stabilitätsvorstellungen der Bundesbank auf die EZB zu übertragen, wäre dann gescheitert. Daher ist zu erwarten, daß die Bundesbank versucht, die normative Inflationsrate auf nahe Null zu drücken.[28] Damit nehmen auch die Stabilisierungsanforderungen für die Länder mit bislang hoher Inflation erheblich zu.

Die dritte Stufe der Wirtschafts- und Währungsunion wird, selbst wenn die Regeln für die Konvergenzkriterien großzügig ausgelegt würden, nicht mit allen Ländern, die zur EG gehören, beginnen. Zumindest Griechenland ist bei den meisten Indikatoren so weit von den Referenzwerten entfernt, daß es in absehbarer Zeit wohl nicht zu den übrigen Ländern aufschließen kann (Tabelle 1). Möglicherweise treten auch andere Länder nicht sofort bei oder werden nicht akzeptiert. Damit wird die WWU nicht in einem großen Schritt zu einem Währungsraum, der lange Zeit unverändert bleibt; vielmehr kann er fortlaufend ausgedehnt werden. Die Möglichkeit für die Erweiterung der EG um die EFTA-Länder, von denen Finnland, Österreich und Schweden bereits den Antrag auf EG-Mitgliedschaft gestellt haben, und schließlich auch um europäische Staaten im Osten wird insofern im Regelwerk bereits berücksichtigt.[29]

Für eine einheitliche Geldpolitik können durch einen Beitritt in mehreren Schüben Probleme entstehen, sofern sich Indikatoren, die für die geldpolitische Strategie wichtig sind, bei der Ausweitung des Währungsraums ändern. Dies dürfte aber nur in geringem Ausmaß der Fall sein, wenn die EZB eine Geldmengensteuerung gemäß der potentialorientierten Politik betreibt und die Geld-

---

[28] Hierfür spricht auch die Äußerung von Bundesbankpräsident Schlesinger auf der Pressekonferenz nach der Zentralbankratssitzung der Deutschen Bundesbank am 16. Juli 1992: "Was wir im Hinblick auf die Europäische Währungsunion jedoch einmal brauchen, das ist eine Preissteigerung bei uns in Deutschland in der Nähe von Null, damit das Kriterium, wonach die Inflation eines teilnahmewilligen Landes den Durchschnitt der drei besten 'Performer' um nicht mehr als 1,5 Prozentpunkte übersteigen darf, auf einem möglichst niedrigen Sockel aufbaut."

[29] Wie aus Tabelle 1 hervorgeht, sind die aufgeführten EFTA-Länder hinsichtlich der Erfüllung der Konvergenzkriterien in einer günstigeren Position als einige der EG-Länder.

nachfrage in dem neu hinzukommenden Gebiet verläßlich abgeschätzt werden kann. Von daher ist es wichtig, daß jedes Land, das der WWU beitreten will, für die eigene Geldpolitik bestimmte Prinzipien einhält. Erstens sollte dasselbe geldpolitische Instrumentarium bestehen und eingesetzt werden wie in der WWU, damit der Übergang nicht zu einer zusätzlichen Unsicherheit hinsichtlich der Schätzung der Geldnachfrage innerhalb der WWU führt. Zweitens sollte sich eine hinreichende Stabilität in der Geldnachfrage dadurch einstellen, daß eine ähnliche Orientierung in der Geldpolitik erfolgt wie innerhalb der WWU. Dies wäre z.B. dadurch gewährleistet, daß ein Land, das einen Beitritt in der Zukunft wünscht, seinen Wechselkurs zuvor für einige Zeit an den ECU koppelt.

2. Finanzpolitik

a. Finanzpolitik und Währungsunion

Eine Harmonisierung der Finanzpolitik wird häufig als Voraussetzung für die Europäische Währungsunion angesehen [vgl. z.B. Kommission, c]. Insbesondere werden bei Verwirklichung der WWU Regeln für nötig erachtet, die das Budgetdefizit des Staates und die öffentliche Verschuldung begrenzen. Hohe Budgetdefizite eines Mitgliedslandes hätten nämlich negative Auswirkungen auf die anderen Mitgliedsländer und die Gemeinschaft insgesamt:

— In einer Währungsunion mit einem einheitlichen Kapitalmarkt — so wird argumentiert — treibe die Verschuldung eines Landes die Zinsen auch in den anderen Ländern hoch, mit negativen Folgen vor allem für die Investitionstätigkeit in anderen Ländern.

— Aus der Sicht des sich zusätzlich verschuldenden Landes sei der Zinsanstieg kleiner als bei getrennten Kapitalmärkten und eigenen Währungen. So entstehe in einer Währungsunion ein Anreiz zu exzessiver Schuldenpolitik; die Kosten einer schlechten Politik würden zum Teil auf andere Länder abgewälzt, wenn es keine Budgetregeln gebe.

— Zudem könne aus der Ausweitung des Budgetdefizits eines Landes eine Lockerung der gemeinsamen Geldpolitik mit inflationären Wirkungen resultieren. Dazu könne es auf verschiedenen Wegen kommen. Gebe es keine Regeln zur Disziplinierung der Finanzpolitik, so könne bei übermäßiger Verschuldung die gemeinsame Zentralbank politisch bedrängt werden, den Realwert der staatlichen Schulden durch eine unerwartete Inflationspolitik zu senken. Auch wäre die Finanzpolitik bei hoher Verschuldung des Staates — aufgrund fehlender Budgetregeln — weniger

flexibel bei der Reaktion auf negative externe Schocks für das Wirtschaftsleben; der Druck zu politischem Aktivismus könnte dann die Zentralbank zu einer expansiven Politik zwingen.
— Schließlich — so die Befürworter der Budgetregeln — drohten bei fehlenden Regeln aufgrund hoher Schulden disziplinloser Mitglieder der Währungsunion verstärkte Forderungen nach Umverteilung zu deren Gunsten, Forderungen, denen schließlich nachgegeben werde. Das Ergebnis wären höhere Steuern zur Finanzierung der Umverteilung — mit negativen Folgen für das Wirtschaftswachstum.

Wohl im Sinne dieser Argumentationsmuster verbietet der Vertrag von Maastricht der Europäischen Zentralbank nicht nur jedwede direkte Finanzierung öffentlicher Defizite. Er beinhaltet darüber hinaus flankierende Einflußnahmen zur Begrenzung der Budgetdefizite sowie den Ausschluß der Haftung der Gemeinschaft für nationale Verbindlichkeiten: Ein "bailing-out" hochverschuldeter Länder soll es nicht geben (Art. 104b EGV). Zusätzlich sind das Budgetdefizit- und das Verschuldungskriterium in die Regeln zur Gestaltung der Haushaltspolitik und in die Reihe der Kriterien aufgenommen worden, die erfüllt sein sollen, wenn ein EG-Mitgliedsland der Europäischen Währungsunion angehören will.

Es ist zu prüfen, inwieweit Absprachen der Finanzpolitik, im Extremfall bindende Regeln für die Höhe und die Entwicklung der Budgetdefizite, wirklich erforderlich sind. Hier wird die Position vertreten, daß es für die finanzpolitische Solidität ganz entscheidend darauf ankommt, daß sich die Gemeinschaft und die Mitgliedstaaten strikt an die "no-bail-out"-Klausel aus Art. 104b EGV halten, daß demgegenüber Budgetregeln nur ein unvollständiges Substitut darstellen. Dies soll im Folgenden erläutert werden.

Das erste Argument zugunsten von Budgetregeln — steigende Zinsen in der Gemeinschaft wegen zusätzlicher Verschuldung eines Mitgliedslandes — hat dabei das geringste Gewicht. Denn steigende Zinsen bei zusätzlicher Kapitalnachfrage in einem Mitgliedstaat sind nur ein Ausdruck für die Interdependenz der Märkte oder — wohlfahrtstheoretisch ausgedrückt — eine pekuniäre Externalität wie jede andere Preiserhöhung oder -senkung auch. Demnach sind sie kein Anlaß zu einem wirtschaftspolitischen Eingriff.

Die übrigen drei Argumente haben demgegenüber mehr Bedeutung. In ihrer Essenz drücken sie freilich ernste Zweifel daran aus, daß die "no-bail-out"-Klausel aus Art. 104b EGV strikt angewendet wird. Denn ein striktes Befolgen dieses Grundsatzes würde ausreichen, um für finanzpolitische Disziplin in der Gemeinschaft zu sorgen: In einer Währungsunion hat jeder Staat seine Schulden in einem Geld aufzunehmen und zu bedienen, das er nicht selbst bereitstellt. Er verliert die Möglichkeit, Budgetdefizite durch die Notenpresse zu finanzieren. Dies wird in den Ländern, in denen die Zentralbank (noch) abhängig von der Regierung ist, tendenziell zu Ausgaben- und Verschuldungsdisziplin führen. Es gibt also in einer Währungsunion, in der die gemeinsame Zentralbank unbeirrt einen Stabilitätskurs steuert, einen Anreiz zu solider Politik. Länder, die sich als Mitglieder einer Währungsunion dennoch relativ hoch verschulden, werden eine Risikoprämie in Form eines gegenüber den anderen Mitgliedstaaten erhöhten Zinses zahlen müssen; diese wird bei anhaltender Verschuldung steigen. Es kommt also zu Sanktionen durch den Markt, wenn ein Mitgliedsland durch hohe Budgetdefizite seine Verschuldung in die Höhe treibt. Eine Risikoprämie werden im übrigen schon bei Eintritt in die Währungsunion alle Länder bieten müssen, deren Verschuldung vergleichsweise hoch ist. Die Sanktionen durch den Markt werden in der Währungsunion um so mehr deshalb eintreten, weil es Kapitalverkehrsbeschränkungen nicht geben soll. Regeln für die Finanzpolitik sind demnach nicht erforderlich, wenn jeder Mitgliedstaat für seine Schulden die alleinige Verantwortung trägt.

Der Markt erzwingt Budgetdisziplin allerdings dann nicht, wenn ein hochverschuldetes Land mit der Hilfe anderer Länder rechnen kann; moral-hazard-Verhalten ist programmiert, wenn von vornherein entsprechende Hilfestellung, sei es auch nur temporäre Hilfe, nicht ausgeschlossen wird. Wenn es möglich ist, daß eine durch Überschuldung ausgelöste Zahlungsunfähigkeit eines EG-Landes dazu führt, daß andere Mitgliedsländer (oder die Europäische Zentralbank) einen Teil der Verbindlichkeiten übernehmen müssen, so ist es angemessen, daß die Gemeinschaft eine solche Situation durch präventive Maßnahmen wie die Vorgabe von Schuldenobergrenzen zu verhindern sucht.

Selbst wenn vereinbart wird, daß die Gemeinschaft den Staatsbankrott eines einzelnen Mitgliedslandes gegebenenfalls hinzunehmen bereit ist, dann ist es gleichwohl möglich, daß die Marktteilnehmer damit rechnen, die anderen Mitgliedsländer würden entgegen ihrer Ankündigung im Notfall doch stützend eingreifen.[30] Ein solches Eingreifen ist besonders dann wahrscheinlich, wenn die Schuldtitel des zahlungsunfähigen Mitgliedslandes zu einem erheblichen Teil von Banken gehalten werden. Denn in diesem Fall besteht die Gefahr, daß sich die Zahlungsunfähigkeit eines Landes zu einer EG-weiten Bankenkrise entwickelt, bei der die EG oder die Europäische Zentralbank als "lender of last resort" letztlich einschreiten müßten [Siebert, 1992a].

Die Auslegung und Handhabung der "no-bail-out"-Klausel, nach der die Gemeinschaft nicht für die Verbindlichkeiten der Regierungen von Mitgliedsstaaten und einzelne Mitgliedsstaaten nicht für Verbindlichkeiten der Regierun-

---

[30] Dieses Phänomen der Zweifel an der Glaubwürdigkeit der Politik ist in der Literatur als Problem der Zeitinkonsistenz bekannt; Beispiele für zeitinkonsistentes Handeln finden sich bei Kydland und Prescott [1977].

gen anderer Mitgliedsstaaten haften, ist demnach von entscheidender Bedeutung bei der Antwort auf die Frage nach der Zweckmäßigkeit von Regeln für die Haushaltspolitik. Budgetregeln wären in der Tat sinnvoll, wenn die "no-bail-out"-Klausel nicht glaubhaft durchgesetzt würde, bildlich gesprochen als eine Art zweiter Anker, wenn die erste Ankerkette reißt. Freilich sind sie nicht problemlos durchzusetzen. Zu berücksichtigen ist etwa, daß gerade die Tatsache, daß eine gemeinsame Regel für die Budgetpolitik vereinbart wird, dazu führt, daß bei Haushaltsproblemen Beistand anderer Länder eingefordert werden wird, sei es Beistand über Transfers, sei es Beistand in der Weise, daß die Geldpolitik der Europäischen Zentralbank gelockert wird.

Wenn — aus welchen Gründen auch immer — Budgetregeln für nötig gehalten werden, dann entsteht weiterhin die Frage, wie Umgehungsmöglichkeiten verhindert werden sollen und zu welchen Sanktionen es bei Verstößen kommen soll. Art. 104c EGV sieht dafür einen Mechanismus vor. Inwieweit er allerdings zur Anwendung kommt, wenn es bereits nicht möglich ist, die "no-bail-out"Klausel aus Art. 104b EGV wirksam werden zu lassen, erscheint zweifelhaft. Weiterhin ist beispielsweise eindeutig zu regeln, wie Sonderhaushalte behandelt werden sollen. Hinzu kommt, daß die in Maastricht festgelegten Obergrenzen für das Defizit und die Verschuldung den Gesamtstaat betreffen. Aufgrund der föderativen Ordnung der Bundesrepublik Deutschland gibt es jedoch keine Institution, die für das Gesamtdefizit zuständig ist. So könnten Maßnahmen des Bundes zur Defizitreduzierung durch eine Defizitausweitung der — in dieser Hinsicht autonomen — Bundesländer kompensiert werden. Offen bleibt, in welcher Weise neben dem Bund auch die anderen Gebietskörperschaften in die in Maastricht beschlossene Einschränkung der finanzpolitischen Handlungsfreiheit eingebunden werden sollen. Spätestens bei dem Versuch der praktischen Umsetzung von Budgetregeln erweist sich damit die Forderung nach Disziplinierung als problematisch.

Niedrige Haushaltsdefizite und ein niedriger Schuldenstand sind nicht Voraussetzung für niedrige Inflationsraten. Dies zeigt sich beispielsweise in den Vereinigten Staaten, wo die Inflationsrate in der ersten Hälfte der achtziger Jahre deutlich sank, obwohl das Defizit stark zunahm, und in Italien, wo die Inflationsrate trotz dauerhaft hoher Defizite in den achtziger Jahren um mehr als zehn Prozentpunkte zurückging. Dagegen beschleunigte sich die Inflation im Vereinigten Königreich erheblich, obwohl dieses Land zeitweise sogar Haushaltsüberschüsse und eine abnehmende Verschuldungsquote aufwies (Tabelle 2). Entscheidend für die Inflationsentwicklung war in allen Fällen der Kurs der Geldpolitik, nicht das Ausmaß oder die Veränderung der Staatsverschuldung oder des Budgetsaldos.

Tabelle 2 — Budgetsaldo[a,b] und öffentliche Verschuldung[b] ausgewählter Industrieländer 1980–1991

	1980	1985	1989	1990	1991
			Budgetsaldo		
Bundesrepublik Deutschland	–2,9	–1,1	0,2	–1,9	–2,8
Vereinigtes Königreich	–3,3	–2,7	1,2	–0,7	–1,7
Italien	–8,6	–12,6	–9,9	–10,9	–10,2
Vereinigte Staaten von Amerika	–1,3	–3,1	–1,6	–2,5	–3,0
			Öffentliche Verschuldung		
Bundesrepublik Deutschland	32,5	41,1	41,2	43,3	41,5
Vereinigtes Königreich	54,6	53,1	37,2	34,9	35,4
Italien	58,5	84,3	98,0	100,5	102,9
Vereinigte Staaten von Amerika	37,9	48,6	53,7	56,4	58,4

[a]Abgrenzung der VGR. — [b]vH des BIP/BSP.

Quelle: BMF [1992, S. 313].

Abschließend soll eine mögliche Inkonsistenz zwischen den im Vertrag von Maastricht vereinbarten Regeln zur Haushaltsdisziplin und den Vereinbarungen zur Umverteilungspolitik angesprochen werden. Es besteht die Gefahr, daß die angestrebte Disziplinierung der Finanzpolitik im Rahmen des Vertrages über die Wirtschafts- und Währungsunion durch entgegenstehende Bestimmungen im Vertrag zur Europäischen Union verhindert wird [Issing, 1992]. Im Protokoll über den wirtschaftlichen und sozialen Zusammenhalt, das dem Vertrag über die Europäische Union beigefügt ist, bekunden nämlich die Vertragsparteien "ihre Bereitschaft, die Höhe der Gemeinschaftsbeteiligung an Programmen und Vorhaben im Rahmen der Strukturfonds zu differenzieren, um einen übermäßigen Anstieg der Haushaltsausgaben in den weniger wohlhabenden Mitgliedstaaten zu vermeiden" [Rat der Europäischen Gemeinschaften, c, S. 203]. Man könnte daraus folgern, "daß Länder, deren Regierungen Schwierigkeiten bei der Finanzierung hoher Ausgaben haben, einen gewissen Anspruch auf die Unterstützung bzw. auf einen Finanzausgleich der reicheren Mitglieder erheben können. Der Konflikt mit den Regeln zur Disziplinierung der Finanzpolitik wäre dann offenkundig" [Issing, 1992, S. 6].

Das Fazit lautet daher: Wenn die "no-bail-out"Klausel konsequent verfolgt wird und die Mitgliedstaaten nicht damit rechnen können, von der Gemeinschaft oder anderen Mitgliedstaaten im Falle einer Überschuldung unterstützt zu werden, dann sind Budgetregeln redundant. Werden sie aber als Notanker gebraucht, so ist es zweifelhaft, ob sie diese Rolle tatsächlich auf Dauer spielen können.

b. Zur Harmonisierung der indirekten Steuern

Eine wirtschaftspolitische Zentralisierung kann nur in den Bereichen effizient sein, "in denen die nationale Wirtschaftspolitik entweder die Marktintegration der Gemeinschaft behindert oder technologische externe Wirkungen in anderen Mitgliedsländern erzeugt oder aber Skalenerträge in der Produktion nationaler oder lokaler öffentlicher Güter zuläßt" [Vaubel, 1993]. Fraglich ist, ob in Teilbereichen der Haushalts- und Steuerpolitik eine dieser Bedingungen vorliegt.[31] Externe Effekte nationaler Politiken als Rechtfertigungsgründe für eine wirtschaftspolitische Zentralisierung spielen in dem Bereich Haushalts- und Steuerpolitik — anders als bei der Umweltpolitik — keine Rolle. Sie können eine Zentralisierung nicht rechtfertigen. Skalenerträge als Rechtfertigungsgründe für eine Zentralisierung sind in den hier interessierenden Teilbereichen der Haushalts- und Steuerpolitik ebenfalls ohne Bedeutung. Es bleibt zu untersuchen, ob bei fehlender Zentralisierung die Marktintegration behindert wird bzw. der Wettbewerb "verzerrt" wird.

So wird behauptet, daß es bei den indirekten Steuern, und zwar insbesondere bei der Mehrwertsteuer, im Hinblick auf die Errichtung und das Funktionieren des Binnenmarktes einer weitgehenden Harmonisierung des Steuerrechts bedarf. Hier wird eine konträre Position vertreten: Unterschiedliche Steuersätze — beispielsweise bei der Umsatzsteuer — behindern die Marktintegration nicht. Sie sind unproblematisch, weil sie bei Gültigkeit des Ursprungslandprinzips, was die Niveauunterschiede betrifft, durch eine Anpassung des realen Wechselkurses ausgeglichen werden [Feldstein, Krugman, 1990; Krause-Junk, 1991/92]. Für die EG bedeutet dies, daß das Ursprungslandprinzip (mit der Vorumsatzabzugsmethode bei der Steuerberechnung) eingeführt werden sollte. Bei dem Übergang zum Ursprungslandprinzip sind Wechselkursanpassungen (beispielsweise durch das vorübergehende Zulassen flexibler Kurse der EWS-Währungen) erforderlich. Dies soll im folgenden erläutert werden.

Die Abschaffung der Steuergrenzen bedeutete den Übergang zum Ursprungslandprinzip, wenn bei der Berechnung der Umsatzsteuerschuld statt der Vorsteuerabzugsmethode die Vorumsatzabzugsmethode eingeführt würde. Dies würde bei Fortbestehen zwischenstaatlicher Unterschiede im durchschnittlichen (gewogenen) Niveau der Mehrwertsteuersätze und bei flexiblen Wechselkursen zu Kursänderungen führen. Währungen von Ländern mit relativ niedrigem

[31] Die haushaltsrelevanten Bereiche Umverteilungspolitik ("Kohäsion") und Sozialpolitik werden in den Abschnitten C.I.7 u. 9 behandelt.

durchschnittlichen Mehrwertsteuersatz würden aufwerten, weil die Exporte dieser Länder für die Abnehmer im Ausland, das bei Verzicht auf Harmonisierung weiterhin relativ hoch besteuerte, billiger würden; die unterbleibende Belastung durch die relativ hohe ausländische Steuer (Steuer des Importlandes) wäre größer als die nicht mehr erfolgende Entlastung von der heimischen Mehrwertsteuer (Steuer des Exportlandes). Zugleich würden Importe aus dem Ausland wegen der dort höheren Mehrwertsteuer teurer, weil sie bei fehlenden Steuergrenzen relativ hoch belastet blieben. Währungen von Ländern mit vergleichsweise hohem Mehrwertsteuersatz würden abwerten. Die relativen Wettbewerbspositionen im Warenverkehr würden sich trotz der Unterschiede im Niveau der Mehrwertsteuersätze wegen der Wechselkursanpassung nicht verändern. Einen Bedarf an Harmonisierung der Steuersätze gibt es demnach nicht. In der EG wäre es allerdings erforderlich, mit der Beseitigung der Steuergrenzen die Wechselkurse im EWS zeitweise freizugeben.

Mit einer Abschaffung der Steuergrenzen gäbe es bei bestimmten Dienstleistungen Änderungen der Wettbewerbsposition als Folge der beschriebenen Wechselkursanpassungen. Der Kauf von Dienstleistungen etwa auf Urlaubsreisen wird nämlich schon im gegenwärtigen System gemäß dem Ursprungslandprinzip besteuert; Steuergrenzen existieren hier nicht. Bei Abschaffung der Steuergrenzen würde für den Warenverkehr hergestellt, was für Teile des Dienstleistungsverkehrs (und für Direktimporte innerhalb enger Grenzen im Rahmen des "kleinen Grenzverkehrs") ohnehin gilt. Eine Angleichung der Mehrwertsteuersätze läßt sich durch den Verweis auf die wechselkursbedingte Änderung der Wettbewerbsposition bei bestimmten Dienstleistungen nicht begründen.

Alternativ zu einer Korrektur der Wechselkurse können die unterschiedlichen Niveaus der Mehrwertsteuersätze durch Anpassung der Preise und Löhne ausgeglichen werden. Dies setzt Flexibilität der Preise und Löhne voraus. Probleme könnte es — institutionell bedingt — in den Ländern geben, für die eine Anpassung nach unten erforderlich ist. Prinzipiell ergäbe sich bei festen (nominalen) Wechselkursen durch die Preis- und Lohnflexibilität dieselbe Korrektur des realen Wechselkurses wie im Fall der beschriebenen Änderung der nominalen Wechselkurse.

Ist die WWU erst einmal geschaffen, so ist eine Änderung der nominalen Wechselkurse bei Änderungen der Mehrwertsteuerbelastung in einzelnen Ländern nicht mehr möglich; die Anpassung der Volkswirtschaften muß dann über Änderungen der Nominaleinkommen erfolgen (zur Notwendigkeit der Harmonisierung von Steuern vgl. auch Salin [1990]).

Neben den Unterschieden im Niveau der (gewogenen) Mehrwertsteuersätze gibt es Unterschiede in der Struktur der Sätze. Die Zahl der Steuersätze (einschließlich des Satzes von Null) ist in den einzelnen EG-Ländern ebenso verschieden wie das Verhältnis der Sätze zueinander. Auch sind es nicht durchweg die gleichen Gütergruppen, die nicht oder — gemessen am Regelsatz — niedrig belastet werden. Bleiben die Unterschiede bei Abschaffung der Steuergrenzen und Einführung des Vorumsatzabzugs bestehen, so bedeutet dies, daß Anbieter in Ländern mit hohen Sätzen diskriminiert und Anbieter in Niedrigsatzländern begünstigt werden. Dies wäre anders, wenn den Unterschieden in der Steuerbelastung im Sinne des Äquivalenzprinzips Unterschiede im Ausmaß der staatlichen Leistungen für die betreffenden Anbieter entsprächen. Dies dürfte aber in der Regel nicht der Fall sein.

Daraus läßt sich aber nicht schließen, daß eine Harmonisierung der Steuersatzstruktur notwendig ist. Fielen die Steuergrenzen, so gäbe es nämlich automatisch Rückwirkungen auf die nationale Steuerpolitik. Länder mit hohen Steuersätzen hätten Einbußen an Steuereinnahmen hinzunehmen, sei es (bei Vorumsatzabzug) über geringere Umsätze der heimischen Unternehmen, sei es über höhere Direktimporte der Konsumenten. Sie würden daraufhin im eigenen Interesse ihre Sätze senken. Umgekehrt verhielte es sich in Ländern mit Null- oder Niedrigsätzen; sie erhielten bei steigender Nachfrage Spielraum für Satzanhebungen. Letztlich ergäbe sich eine Angleichung der Steuersätze im Wettbewerb (oder aber mehr Äquivalenz von Steuersatz und staatlicher Leistung in den einzelnen Ländern bei unterschiedlichen Steuersätzen). Zunächst vorhandene Diskriminierungen und Begünstigungen würden tendenziell beseitigt. Dies gilt in gleicher Weise für Verzerrungen infolge von Unterschieden bei den spezifischen Verbrauchsteuern.

Es ist wichtig, daß das Niveau der Steuersätze relativ niedrig wäre. Eine — gemessen an den Präferenzen der Bürger — zu hohe Besteuerung kann angesichts des Expansionsstrebens der Bürokratie und des Subventionsstrebens von Interessengruppen nur verhindert werden, wenn die nationalen Politiken im Wettbewerb stehen. Nur dann ist zu erwarten, daß Steuer und staatliches Angebot an Leistungen für die Privaten in einem adäquaten Verhältnis stehen und die Staatsquote niedrig ist. Administrative Steuerharmonisierung verhindert diesen Wettbewerb. Sie bedeutet vielmehr die Einführung eines Politik-Kartells.

Unterschiedliche Steuersätze und Steuersysteme sind nicht nur unproblematisch, sondern auch effizient. Nach der Theorie der optimalen Besteuerung hängt die optimale Struktur des Steuersystems von den Angebots- und Nachfrageelastizitäten auf den einzelnen Märkten ab. Weil diese aber von Land zu Land wohl verschieden sind, entstehen Effizienzverluste für einzelne Länder und für die Gesamtheit aller Länder, wenn die Steuersysteme vereinheitlicht werden.

c. *Zur Finanzverfassung der EG*

Die Ausgaben der EG werden — auch in Zukunft — ganz durch eigene Einnahmen finanziert (Artikel 201 EGV). Der Rat legt auf Vorschlag der Kommission und nach Anhörung des Europäischen Parlaments die Einzelheiten fest, die dann den Mitgliedstaaten zur Entscheidung vorgelegt werden (Artikel 201 EGV)[32]. Die Einnahmen der EG sollen — wie bisher — aus vier Quellen stammen.[33]

Nach dem — durch die Maastricht-Beschlüsse geprägten — Haushaltsvorschlag der EG-Kommission für die Jahre 1993-1997 (Delors-Paket II) sollen die EG-Ausgaben von 66,5 Mrd. ECU 1992 auf 87,5 Mrd. ECU 1997 steigen [Kommission, 1992b]; von den geplanten Mehrausgaben sollen rund 50 vH für strukturpolitische Maßnahmen verwendet werden (Tabelle 3). Zur Finanzierung soll der Plafond für die Eigeneinnahmen der EG von 1,2 auf 1,37 vH des Bruttoinlandsprodukts der EG erhöht werden. Zudem soll die relative Bedeutung der vier Finanzquellen geändert werden. Die von der Höhe des Bruttosozialprodukts abhängigen Mittel sollen relativ erhöht werden. Die Bedeutung der Anteile am Umsatzsteueraufkommen soll abnehmen; statt 1,4 vH der vereinheitlichten Bemessungsgrundlage der Mehrwertsteuer sollen die "armen" Mitgliedsländer nur noch 1 vH einzahlen müssen. Dies bedeutete im Ergebnis einen Schritt in Richtung auf eine progressive Besteuerung. Das Europäische Parlament hält sogar die Einführung einer EG-Steuer für unabweisbar (Stellungnahme zum Delors-II-Paket im Handelsblatt vom 4.6.1992).

Im Rahmen der normativen Analyse der Vertiefung der Integration stellt sich die Frage, wie die Finanzverfassung in der EG aussehen sollte und wie die Aufgaben, die vernünftigerweise von der EG wahrgenommen werden sollten, finanziert werden sollen.

---

32 Für die nationale Finanzpolitik bedeuten die in Maastricht vereinbarten Regelungen, daß in einzelnen Bereichen (Außen- und Sicherheitspolitik) Ausgaben entfallen, daß aber höhere Zuschüsse an die EG erforderlich werden. Per saldo werden die Aufwendungen für öffentliche Aufgaben wohl zunehmen. Dies gilt um so mehr, als neue Ausgaben beispielsweise im Bereich der Arbeitsmarkt- und der Technologiepolitik fällig werden. Eine Finanzierung der Mehrausgaben über Verschuldung wird aufgrund der Maastricht-Vereinbarungen aber nicht leichter; denn die Mitgliedstaaten sind verpflichtet, "übermäßige öffentliche Defizite" zu vermeiden (Artikel 104c EGV).

33 Agrarabschöpfungen und Zuckerabgaben (Soll 1992: 2,3 Mrd. ECU), Zölle (11,6 Mrd. ECU), Mehrwertsteuer-Eigenmittel (34,7 Mrd. ECU), BSP-Eigenmittel (11,3 Mrd. ECU) [vgl. BMF, 1992, S. 150].

Tabelle 3 — Haushalt der EG und finanzielle Vorausschau nach Ausgabekategorien — Verpflichtungsermächtigungen in Mrd. ECU

	1987	1992	1997[a]
Gemeinsame Agrarpolitik	32,7	35,3	39,6
Strukturpolitische Maßnahmen	9,1	18,6	26,8[b]
Interne Politikbereiche	1,9	4,0	6,9
Maßnahmen im Außenbereich	1,4	3,6	6,3
Erstattungen und Verwaltung	5,9	4,0	4,0
Reserven	0,0	1,0	1,4
Zusammen	51,0	66,5	85,0
Kohäsionsfonds	.	.	2,5
Insgesamt	51,0	66,5	87,5

[a]ECU des Jahres 1992. — [b]Ohne Kohäsionsfonds.

Quelle: Kommission [k].

Es ist durch institutionelle Vorkehrungen dafür zu sorgen, daß die Wechselbeziehungen zwischen staatlichem Angebot, individuellem Vorteil und individuellen Kosten klar erkennbar sind. Die staatlichen Ebenen sollten selbst für die Aufbringung der Einnahmen zur Finanzierung ihrer Ausgaben verantwortlich sein. Dabei ist ihnen freizustellen, auf welche Steuerquellen sie zurückgreifen. Die Erfahrung mit föderativen Staaten gibt keinen Anlaß zu erwarten, daß Steuerwettbewerb zu einer Unterversorgung mit Gütern führt, die zweckmäßigerweise die öffentliche Hand bereitstellt, also mit öffentlichen Gütern im eigentlichen Sinne. Bei Gütern, die häufig vom Staat bereitgestellt werden, obwohl eine private Versorgung möglich ist, ist eine Privatisierung angezeigt.

Im Zusammenhang mit der EG-Finanzierung stellt sich die Frage nach einer EG-eigenen Steuer. Wenn diese für notwendig gehalten wird, dann ist fraglich, welche Steuer geeignet ist. Zur Finanzierung ihrer Ausgaben müßte der EG eine eigene Steuer zugeordnet werden, wenn sie wirklich der Zentralstaat im Bundesstaat Europa wäre. Dies ist aber nicht der Fall. Denn der Maastrichter Vertrag ist kein Schritt in Richtung auf einen Bundesstaat Europa, sondern lediglich eine Vereinbarung über die stärkere Zusammenarbeit souveräner Staaten [Kronberger Kreis, 1992, S. 16]. Die Ausgaben der EG sollten daher durch (Matrikular-)Beiträge der Mitgliedstaaten finanziert werden. Soll die EG dennoch eine eigene Steuer erhalten, so dürfte diese auf keinen Fall progressiv ausgestaltet sein. Eine progressive Steuer für die Gemeinschaft würde die Zentralisierungstendenz in der Union stärken. Denn die finanzielle Ausstattung der Gemeinschaft würde sich im Zeitablauf bessern, weil die Einnahmen aus einer solchen Steuer im Zuge des Wirtschaftswachstums — oder gar nur inflationsbedingt — überproportional stiegen. Aller Erfahrung nach würde dies aber nicht zu Steuersenkungen, sondern zu zusätzlichen Ausgaben führen, beispielsweise dazu, daß die zentrale Instanz die Kompetenzen der unteren Instanzen aushöhlt, sei es dadurch, daß sie Aufgaben vollständig an sich zieht, sei es dadurch, daß sie durch Mitfinanzierung in die Aufgabenwahrnehmung unterer Ebenen hineinregiert (wie bei der Mischfinanzierung in Deutschland). Zu bedenken ist auch, daß progressive Steuern stärker als Proportionalsteuern (oder eine Kopfsteuer) die Leistungsanreize und die Investitionsbereitschaft schwächen.

Generell geht es darum, daß ein Oberverband wie die EG weniger im Wettbewerb steht als die Mitgliedstaaten oder gar steuerpolitisch autonome Gebietskörperschaften, wie es die Bundesländer sein könnten. Der Erhebung progressiver Steuern in einzelnen Bundesländern sind durch die Faktormobilität Grenzen gesetzt; die Länder stehen im Standortwettbewerb untereinander. Für die Zentralregierung eines großen "Landes" — wie der potentiellen Europäischen Union — sind diese Grenzen weniger offensichtlich, so daß die Gefahr groß ist, daß die Steuerschraube zu stark angezogen wird. Überdies besteht erfahrungsgemäß die Neigung (und für die Zentralregierung meist auch die Möglichkeit), bei negativen Rückwirkungen einer hohen Besteuerung nicht-tarifäre Handelsbeschränkungen zu ergreifen.

Weder Aufgabenwahrnehmung noch Aufteilung der Steuerquellen sind in auch nur einem Mitgliedsland der Gemeinschaft in einem föderativen Sinne effizient geregelt. Harmonisierung und Zentralisierung sind überall weit stärker, als es aufgrund ökonomischer Kriterien gerechtfertigt wäre. Nirgendwo sind Steuerquellen und Steuerkraft auch nur einigermaßen befriedigend zugeordnet, und wenn vermehrter Aufgabenbedarf gesehen wird, wird er zumeist durch Steuererhöhungen finanziert und nicht z.B. durch Kürzungen von Subventionen. Es wäre verfehlt, ineffiziente nationale Regelungen der Finanzverfassung supranational (im Verhältnis der EG zu den Mitgliedsländern) zu implementieren.

3. Handelspolitik

Aus der Sicht der ökonomischen Theorie des Föderalismus fällt die Handelspolitik in einer Gemeinschaft sowohl nach dem Subsidiaritätsprinzip als auch nach dem Prinzip der fiskalischen Äquivalenz in die Kompetenz der zentralen Politikebene. Denn die Liberalisierung des Handels zwischen den Mitgliedstaaten einer Gemeinschaft ist ein supranationales öffentliches Gut, also ein Gut, von dessen Konsum kein Bewohner der Mitgliedsländer ausgeschlossen werden kann. Auch wenn im Hinblick auf die Freiheit des Handels unterschiedliche Präferenzen in den Regionen der EG vorherrschen mögen und daher nach dem Subsidiaritätsprinzip eine dezentrale Aufgabenkompetenz angezeigt wäre, ist im Falle supranationaler öffentlicher Güter wie der Handelsliberalisierung eine zentrale Produktion und somit ein Kompromiß zwischen den verschiedenen Gruppen von Nachfragern unvermeidlich, da die Konsumenten unter diesen Bedingungen ihre wahren Präferenzen nicht enthüllen und ein Trittbrettfahren vorziehen würden. Auch das Prinzip der fiskalischen Äquivalenz fordert eine zentrale Leistungserstellung, da der Nutzen eines freien Handels von allen Bürgern der Gemeinschaft in Anspruch genommen werden kann.

Allerdings verletzen auch eine regionale Zollunion wie die EG und eine regionale Freihandelszone wie die EFTA die Effizienzkriterien der ökonomischen Theorie des Föderalismus. Denn grenzüberschreitende externe Effekte einer Liberalisierung des Handels können aus weltwirtschaftlicher Perspektive nur durch eine Welthandelsordnung vermieden werden. Dies haben die Gründungsväter des General Agreement on Tariffs and Trade (GATT) berücksichtigt, als sie die unbedingte Meistbegünstigung und die strikte Reziprozität zu den Grundprinzipien des weltweiten Abbaus von Handelsbeschränkungen erhoben haben. Das Prinzip der unbedingten Meistbegünstigung wird jedoch sowohl durch eine Zollunion als auch durch eine Freihandelszone verletzt, da Drittländer gegenüber den Mitgliedsländern diskriminiert werden. Art. XXIV des GATT sieht zwar Ausnahmen von den Grundprinzipien für Zollunionen und Freihandelszonen vor, es ist aber umstritten und bis heute formell ungeklärt, ob die EG tatsächlich eine Zollunion im Sinne des GATT darstellt. Es kann daher als eine Verpflichtung der EG angesehen werden, denjenigen Ländern den Beitritt zur Zollunion zu ermöglichen, die die Klubregeln anerkennen und bereit sind, zu einem multilateralen Abbau von Handelsschranken beizutragen. Eine handelspolitische Verantwortung der EG über die Grenzen der Gemeinschaft hinaus erkennt auch der EWG-Vertrag an.[34]

Der bisherige handelspolitische Integrationsprozeß in Europa verdeutlicht, daß der zentrale Druck in Richtung auf eine innergemeinschaftliche Handelsliberalisierung, der im Rahmen einer Zollunion oder einer Freihandelszone auf die Regierungen der Mitgliedstaaten ausgeübt wird, einen Gegendruck von ökonomischen Interessengruppen provoziert, der auf eine Erhöhung der Handelsschranken gegenüber Drittländern hinwirkt. Der Gegendruck dürfte um so stärker ausfallen, je weiter die innergemeinschaftliche Liberalisierung voranschreitet. Insofern ist unter politökonomischen Gesichtspunkten nicht auszu-

---

34 "Durch die Schaffung einer Zollunion beabsichtigen die Mitgliedstaaten, im gemeinsamen Interesse zur harmonischen Entwicklung des Welthandels, zur schrittweisen Beseitigung der Handelsbeschränkungen im internationalen Handelsverkehr und zum Abbau der Zollschranken beizutragen" (aus Art. 110 EWGV).

schließen, daß eine Vertiefung der Gemeinschaftsbeziehungen im Handelsbereich einer Erweiterung der handelspolitischen Integration in Richtung auf dritte Länder zuwiderläuft.[35]

Betrachtet man die Protektionsstruktur der Bundesrepublik stellvertretend für die aller anderen Mitgliedsländer der EG,[36] so wird deutlich, daß der innergemeinschaftliche Integrationsprozeß in der Tat mit einer selektiven Abschottung gegenüber Drittländern einhergeht (Tabelle 4). Überdurchschnittlich hoch sind die Handelsbarrieren in "sensiblen" Wirtschaftszweigen wie der Landwirtschaft, der Lebensmittelverarbeitung, der Eisen- und Stahlindustrie, der Lederwarenherstellung oder der Textil- und Bekleidungsindustrie, also in Wirtschaftsbereichen, die sich aufgrund des Konkurrenzdrucks aus Drittländern — insbesondere aus den ostasiatischen Schwellenländern — erheblichen Anpassungszwängen ausgesetzt sehen.

Eine selektive Abschottung gegenüber Drittländern erlaubt auch Art. 115 EWGV, der Abweichungen von der gemeinsamen Außenhandelspolitik der EG legalisiert. Einzelstaatliche Protektionsmaßnahmen sind jedoch nur dann wirksam, wenn materielle Grenzkontrollen oder technische Handelshemmnisse zwischen den Mitgliedstaaten bestehen. Eine wirksame Anwendung des Art. 115 EWGV steht daher im Widerspruch zu den Zielen des Binnenmarktprogramms. Auch aus fiskalföderalistischer Sicht erscheint eine Streichung des Art. 115 angezeigt, denn in einer Zollunion fällt die handelspolitische Kompetenz der zentralen Politikebene zu. Es wäre daher folgerichtig gewesen, im Vertrag von Maastricht eine handelspolitische Vertiefung der Gemeinschaftsbeziehungen anzustreben. Hierfür hätten die einzelstaatlichen Protektionsinteressen harmonisiert und in den Entscheidungsprozeß über die gemeinschaftliche Außenhandelspolitik eingebracht werden müssen. Bestrebungen der EG-Kommission in diese Richtung scheiterten jedoch am Widerstand Italiens und Frankreichs [Scherpenberg, 1992, S. 54], die im überdurchschnittlichen Ausmaß von mengenmäßigen Beschränkungen im Rahmen des Art. 115 EWGV Gebrauch machen (vgl. Tabelle 5).[37]

---

[35] "Es kann nicht der Zweck des gemeinsamen Wirtschaftsraumes sein, unsere Binnenmärkte der Konkurrenz von außen preiszugeben" [Delors, 1988, S. 9].

[36] Bisher sind Berechnungen der relevanten effektiven Protektionsraten lediglich für die Bundesrepublik durchgeführt worden.

[37] Die Bundesregierung hat sich möglicherweise deswegen nicht stärker dafür eingesetzt, Art. 115 zu streichen, weil deutsche Unternehmen durch verbesserte Absatzmöglichkeiten auf den gegenüber Drittländern besonders geschützten Märkten anderer Mitgliedstaaten durchaus von ihm profitieren [Scherpenberg, 1992].

Tabelle 4 — Effektive Protektion in der Bundesrepublik Deutschland 1985

	Effektive Protektionsrate (vH)
Land- und Forstwirtschaft, Fischerei	149,0
Verarbeitendes Gewerbe	
Zwischenprodukte	
Chemikalien	8,6
Ölverarbeitung	10,7
Gummiprodukte	7,0
Steine und Erden	4,9
Eisen und Stahl	40,8
Nicht-Eisen-Metalle	9,4
Gießereien	4,4
Holz	15,7
Pappe, Papier	13,1
Investitionsgüter	
Maschinenbau	0,6
EDV-Ausrüstung	9,1
Straßenfahrzeugbau	10,7
Schiffbau	–4,7
Flugzeugbau	14,1
Elektronikgüter	4,8
Feinmechanik, Optik	5,1
Konsumgüter	
Kunststoffprodukte	6,5
Präzisionskeramiken	5,5
Glas und Glasprodukte	7,6
Musikinstrumente, Spielzeuge, Sportartikel, Schmuck	8,5
Holzerzeugnisse	5,7
Papiererzeugnisse	19,5
Druckerzeugnisse	0,8
Leder, Lederprodukte, Schuhe	6,8
Textilien	48,0
Bekleidung	71,0
Lebensmittel und Getränke	31,2
Tabakwaren	124,0

Quelle: Weiss et al. [1988, S. 26, Tabelle 8].

Tabelle 5 — Anzahl der mengenmäßigen Handelsbeschränkungen im Verarbeitenden Gewerbe einzelner EG-Länder 1991

	Anzahl		Anzahl
Beneluxstaaten	15	Griechenland	45
Bundesrepublik Deutschland	0	Irland	30
Dänemark	31	Italien	386
Frankreich	312	Vereinigtes Königreich	0

Quelle: ABl. [1991].

Die selektive Wirkung der Bestimmungen des Art. 115 EWGV ist zum Teil beträchtlich. Bereits die von der EG veröffentlichte Liste der Waren, die auf einzelstaatlicher Ebene mengenmäßigen Beschränkungen unterliegen, vermittelt einen Eindruck der differierenden protektionistischen Interessen der Mitgliedstaaten (Tabelle 5). Tendenzielle Aussagen über die Wirksamkeit der einzelstaatlichen Protektionsmaßnahmen lassen sich aus dem Anteil ausländischer Anbieter an der inländischen Versorgung mit Industriegütern ("import penetration ratio") ableiten (Tabelle 6).[38] Auffallend ist zunächst, daß, gemessen an den Unterschieden in den "import penetration ratios", einzelstaatliche Protektionsmaßnahmen gegenüber anderen EG-Mitgliedsländern im Verarbeitenden Gewerbe insgesamt kaum eine Rolle spielen. Ein anderes Bild bietet sich im Hinblick auf die Marktanteile japanischer Anbieter im Verarbeitenden Gewerbe einzelner Mitgliedsländer. In der relativ liberalen Bundesrepublik ist der Anteil japanischer Exporteure am inländischen Verbrauch dreieinhalbmal so hoch wie in Italien, das seine Märkte insbesondere in Richtung Japan abschottet. Auch der französische Importanteil weist auf relativ restriktive Handelspraktiken gegenüber japanischen Anbietern hin. Sehr unterschiedlich sind auch die Marktanteile der asiatischen Schwellenländer (Hongkong, Südkorea, Singapur und Taiwan) in den einzelnen Mitgliedstaaten der EG. Die Bundesrepublik und das Vereinigte Königreich erlauben dieser Ländergruppe eine weitaus intensivere Marktdurchdringung als Italien und Frankreich. Noch ausgeprägter sind die Unterschiede in den Handelspraktiken der EG-Mitgliedsländer gegenüber den asiatischen Schwellenländern in der Textil-, Bekleidungs- und Lederindustrie. Ihr Anteil am inländischen Verbrauch fällt in der Bundesrepublik und dem Vereinigten Königreich über viermal so hoch wie in Italien aus.

---

[38] Bei der Interpretation der "import penetration ratios" ist jedoch zu beachten, daß auch andere ökonomische Einflußgrößen wie die komparative Wettbewerbsfähigkeit der Wirtschaftszweige und die Marktgröße Auswirkungen auf die Importanteile ausüben.

Tabelle 6 — Marktanteile ausländischer Anbieter in ausgewählten EG-Ländern 1991 (vH)[a]

	Bundesrepublik Deutschland	Frankreich	Italien	Vereinigtes Königreich
Verarbeitendes Gewerbe				
Intra-EG	17,6	20,1	20,6	18,1
EFTA	5,2	2,1	2,6	2,7
Vereinigte Staaten	2,1	2,5	1,5	2,8
Japan	4,9	1,9	1,4	2,7
Osteuropa	1,2	0,8	1,5	0,6
Asiatische Schwellenländer	1,9	0,9	0,7	1,8
Afrika	0,2	0,7	0,4	0,2
Textil-, Bekleidungs- und Lederindustrie				
Intra-EG	30,1	28,3	18,1	27,1
EFTA	5,3	1,8	2,6	2,7
Vereinigte Staaten	0,7	0,7	1,2	1,2
Japan	0,6	0,6	0,5	1,1
Osteuropa	6,4	1,3	1,6	1,2
Asiatische Schwellenländer	8,1	3,2	1,9	8,5
Afrika	1,6	3,4	0,8	0,6

[a]"input penetration ratios": Anteil des Exportlandes am inländischen Verbrauch.

Quelle: OECD [d]; eigene Berechnungen.

Insgesamt stellt das Verbleiben von Art. 115 im neuen EG-Vertrag eine unterbliebene Vertiefung dar, die aus Gründen der Effizienz gerechtfertigt gewesen wäre. Der Kronberger Kreis vermutet, daß der Fortbestand dieser Vorschrift bedeutet, daß die Mitgliedsländer zur Abwehr von Importen auf andere Maßnahmen anstelle der wegfallenden Grenzkontrollen zurückgreifen werden oder alternativ auf gemeinsame Handelsbeschränkungen der Gemeinschaft nach außen drängen werden [Kronberger Kreis, 1992, S. 45]. Die Gefahr einer "Festung Europa" mit all ihren langfristigen Folgekosten wird noch verstärkt.

4. Agrarpolitik

a. Bestandsaufnahme der EG-Agrarpolitik

Die Agrarpolitik ist neben der Verkehrspolitik jener Bereich der Wirtschaftspolitik, der gemäß Art. 40 des EWG-Vertrags schon mit Gründung der Gemeinschaft teilweise "europäisiert" wurde, so vor allem der Bereich Markt- und Preispolitik. Davon ausgenommen war zunächst die Agrarstrukturpolitik; die Agrarsozialpolitik ist bis heute in nationaler Zuständigkeit verblieben. Für den relativ jungen Bereich der Umweltpolitik liegt die Kompetenz noch überwiegend auf nationaler Ebene.

Die Prinzipien und Ziele der gemeinsamen Agrarpolitik sind in Art. 39 der Römischen Verträge niedergelegt. Hierzu zählen u.a. eine Gemeinschaftspräferenz für die Landwirte der EG gegenüber Drittlandsanbietern, die finanzielle Solidarität der Mitglieder bezüglich der Folgekosten der gemeinsamen Agrarpolitik, die Produktivitätssteigerung in der Landwirtschaft und dadurch eine Erhöhung der Pro-Kopf-Einkommen, Versorgungssicherung der Bevölkerung zu angemessenen Preisen und Marktstabilisierung. Zur Verwirklichung der Ziele und Prinzipien wurden landwirtschaftliche Marktordnungen, die vor allem Maßnahmen im Bereich der Markt- und Preispolitik beinhalten, sowie der Ausgleichs- und Garantiefonds für Landwirtschaft (EAGFL) geschaffen, dessen Abteilung "Garantie" als Instrument zur Finanzierung aller Marktordnungskosten dient. Mit der Verlagerung der Kompetenz auf die zentrale Ebene war soweit eine strikte Vereinheitlichung der Maßnahmen verbunden. Die Marktordnungen sind nicht nur Instrument einer gemeinsamen Außenhandelspolitik, sie dienen auch der Durchsetzung interner Preisziele, wobei die zunächst administrativ bestimmte regionale Preisstruktur inzwischen zugunsten eines einheitlichen Interventionspreises aufgegeben wurde.

Der schon zu Ende der sechziger Jahre etablierte Gemeinsame Markt für Agrarprodukte[39] wurde später durch die Einführung gespaltener Wechselkurse, verbunden mit einem Grenzausgleichssystem, de facto wieder aufgegeben. Das mehrfach und zuletzt im Dezember 1992 geänderte monetäre Regime wird ebenfalls über den EAGFL, Abteilung Garantie finanziert. Das gültige Sy-

[39] Versteht man unter einem Gemeinsamen Markt nicht nur den freien Warenverkehr, sondern auch den ungehinderten Wettbewerb zwischen den Produzenten, wie er zumindest seit 1993 im Binnenmarkt angestrebt wird, so sind Produktionsquoten für Zucker (seit Gründung der EG) und für Milch (seit 1984) mit diesem Anspruch nicht vereinbar. Die Quoten sind auf die Mitgliedsländer verteilt und zwischen diesen nicht handelbar. Damit wird eine effiziente Allokation der Ressourcen verhindert [Koester, 1990, S. 126 f.]. Vergleichbar negativ einzuschätzen sind Programme der EG zur prämierten Stillegung von Ackerflächen, wie sie erstmals 1988 (freiwillig) und nun ab 1993 (obligatorisch) eingeführt wurden [Schrader, 1988].

stem[40] ist so konstruiert, daß Aufwertungen im EWS, die — da die Garantiepreise in ECU festgelegt sind — mit Preissenkungen im Agrarbereich dieser Länder verbunden wären, automatisch in Abwertungen der übrigen Länder und damit in Preisanhebungen transformiert werden (switch over). Nur ein Viertel der hierdurch bedingten automatischen Anhebung der administrativen Preise in nationaler Währung muß bis zum Beginn des folgenden Wirtschaftsjahres durch eine Senkung der Marktordnungspreise in ECU beseitigt werden. Die Preisanhebungen in Mitgliedsländern mit fester Währung müssen sofort vollzogen werden, wenn der Abstand zwischen landwirtschaftlichen Umrechnungskursen und repräsentativen Marktkursen weniger als 4 Prozentpunkte beträgt. Andernfalls kann eine "Abwertungsreserve" von 2 Prozentpunkten bis zu einem Jahr beibehalten werden. Vor Dezember 1992 lag die Anpassung der Kurse weitgehend im Belieben der abwertenden Länder. Die Preisdifferenzen zwischen den Mitgliedsländern wurden durch Ausgleichsbeträge an den Grenzen ausgeglichen. Da im EWS längere Zeit keine Paritätsänderung erfolgte, waren die Grenzausgleichsbeträge Mitte 1992 weitgehend abgebaut. Durch das Realignment der Wechselkurse Mitte September 1992 hatten sich diese Beträge vorübergehend wieder erhöht. Die durch das switch-over-System bedingten gewichteten Anhebungen der Garantiepreise belaufen sich in der EG seit dem Inkrafttreten des Systems im Jahre 1984 auf etwa 20 vH [Manegold, 1993, S. 9]. Die Landwirtschaft der Bundesrepublik erhält seit 1984 als Kompensationen für den 1984 abgeschafften positiven Grenzausgleich Zahlungen auf nationaler Ebene (Bund und Länder). Die bis 1991 gültige Kürzungsmöglichkeit bei der Umsatzsteuer wurde 1992 durch direkte umsatzunabhängige Zahlungen ersetzt, die zur Aufstockung des "soziostrukturellen Einkommensausgleichs" genutzt werden. Das Gesamtvolumen der Kompensationszahlungen hat inzwischen mehr als 20 Mrd. DM erreicht.

Anders als bei der Markt- und Preispolitik war die Kompetenz bezüglich der Agrarstrukturpolitik zunächst weitgehend auf nationaler Ebene verblieben und erhielt erst 1972 mit der Verabschiedung der Strukturrichtlinien einen EG-Rahmen zur Koordinierung der nationalen Maßnahmen. Mit der Verabschiedung der Einheitlichen Europäischen Akte und den Gipfelbeschlüssen zur Agrar- und Haushaltspolitik von 1988 wurde die Tendenz verstärkt, Kompetenzen von der nationalen auf die EG-Ebene zu verlagern. Ein wichtiges Instrument hierzu war die kräftige Aufstockung der EG-Strukturfonds. Dies gilt nicht nur bezüglich agrarstruktureller Maßnahmen, die traditionell im Rahmen der nationalen Interventionen einen wichtigen Raum einnahmen und durch den EAGFL, Abteilung

[40] Die Bestimmungen sind in den folgenden Verordnungen niedergelegt: VO (EWG) Nr. 3813/92 des Rates vom 28.12.92, VO (EWG) Nr. 3819–3824 der Kommission vom 28.12.92. Zum vorher geltenden System siehe Agra-Europe [a; b].

Ausrichtung mitfinanziert wurden, wie z.B. einzelbetriebliche Investitionsförderung und Flurbereinigung, sondern vor allem hinsichtlich sogenannter "besonderer" Einzelmaßnahmen wie Flächenstillegung, Extensivierung, Vorruhestandsregelung und jener koordinierten regionalen Interventionen verschiedener Strukturinstrumente, die sich auf die fünf vorrangigen Ziele der Strukturfonds konzentrieren.[41]

Ziele und Handlungsrahmen für die "horizontale" Agrarstrukturpolitik sind auf zentraler Ebene in der sogenannten Effizienzverordnung niedergelegt (VO EG Nr. 2328/91 des Rates vom 15.07.1991), deren Umsetzung dezentral auf nationaler Ebene, in Deutschland durch die Gemeinschaftsaufgabe Agrarstruktur und Küstenschutz, erfolgt. Die Finanzierung der agrarstrukturellen Maßnahmen erfolgt zu 60 vH durch den Bund und zu 40 vH durch die Länder. Beim Küstenschutz liegt das Verhältnis bei 70 zu 30 vH. Die Erstattungssätze der EG für die Einzelmaßnahmen schwanken zwischen 25 und 50 vH und werden durch den EAGFL, Abteilung Ausrichtung abgewickelt. Bezüglich der Ziele 1–5 (vgl. Abschnitt C.II.7) entwickeln die Mitgliedstaaten in Zusammenarbeit mit einzelnen oder mehreren Regionen Förderkonzepte, die der Kommission zur Prüfung und Abstimmung vorgelegt werden. Die Kofinanzierungsanteile der EG über die Strukturfonds betragen 50–75 vH für Ziel-1-Regionen und 25-50 vH für ländliche Gebiete (Ziel 5b).

Im dritten wichtigen Teilbereich, der Agrarsozialpolitik, liegt die Regelungskompetenz nach wie vor weitgehend auf nationaler Ebene und wird auch über die nationalen Haushalte finanziert. In der Bundesrepublik, wo für die Landwirtschaft ein separates Alters-, Kranken- und Unfallversicherungssystem besteht, hat die Agrarsozialpolitik einen Anteil von etwa einem Drittel am nationalen Agrarhaushalt. Ähnliche Verhältnisse herrschen in Luxemburg und Frankreich, wohingegen die Landwirtschaft in den meisten anderen Mitgliedsländern in das allgemeine Sozialversicherungssystem integriert ist.

Ein vierter Bereich, der sektorübergreifend an Bedeutung gewinnt, ist die Umweltpolitik. Für die Landwirtschaft haben zwei Aspekte Bedeutung: (i) National divergierende Umweltpolitiken können zu unterschiedlichen Produktnormen führen und den freien Warenverkehr behindern. (ii) Unterschiedliche Produktions- und Verfahrensnormen bezüglich der Umweltbeanspruchung können den Wettbewerb zwischen Produzenten beeinträchtigen. Mit Verabschiedung der EEA wurde neben dem Artikel 100a, der eher auf eine gemeinschaftliche Rechtsangleichung abzielt, insbesondere mit den Artikeln 130r–t eine umfassende Rechtsgrundlage für die Umweltpolitik geschaffen.[42] Über die Festle-

---

41 Zu Einzelheiten vgl. Kommission [e].

42 Zu einer knappen Darstellung der Rechtsgrundlagen und der daraus resultierenden Implikationen für die Agrarpolitik und die Landwirtschaft vgl. Scheele [1991].

gung einer Zuständigkeitsnorm hinaus, die mit Artikel 130r, Abs. 4 auch das Subsidiaritätsprinzip enthält, werden Grundsätze einer Umweltpolitik formuliert. Hierzu zählen das Verursacher- und das Vorsorgeprinzip sowie die Zielsetzung, die Erfordernisse der Umweltpolitik zu Bestandteilen der anderen Gemeinschaftspolitiken zu erheben. Letzteres wurde auch schon vor der Verabschiedung der EEA unter Berufung auf Artikel 43 des EWG-Vertrags praktiziert, so u.a. das Hormonverbot in der Tierproduktion und die Förderung der umweltverträglichen Landwirtschaft.

b. Beurteilung

Eine Beurteilung der europäischen Agrarpolitik aus dem Blickwinkel des in dieser Studie verwendeten Referenzsystems, die über die rein theoretische Analyse der Kompetenzverteilung und Finanzierung hinausgeht, bereitet vor allem aus zwei Gründen Schwierigkeiten: Einmal ist die Kompetenzverteilung in einzelnen Teilbereichen schwer durchschaubar, zum anderen ist zu vermuten, daß die allgemeine Eingriffsintensität und die Kompetenzverteilung zwischen den verschiedenen fiskalischen Ebenen nicht unabhängig voneinander sind. Betrachtet man das gesamte Bündel des agrarpolitischen Instrumentariums, so nimmt, gemessen an den Allokations- und Verteilungswirkungen, die Markt- und Preispolitik — einschließlich der jüngst beschlossenen flächenbezogenen Zahlungen —, wenn auch mit abnehmender Tendenz, eine herausragende Position ein. Da die Politik seit Gründung der EG auf einen Schutz der Produzenten zielte, sind — gegenüber dem marktwirtschaftlichen Referenzsystem — gravierende Allokations- und Verteilungswirkungen die Folge. Bezogen auf die einzelnen Mitgliedsländer führten die preisstützungsbedingten Ausgaben- und Einnahmeeffekte (Finanztransfers) zu sehr unterschiedlichen Nettotransferpositionen. Länder mit einem im Vergleich zur Bevölkerung reichlichen landwirtschaftlichen Produktionspotential wurden aufgrund des Einnahmen- und Ausgabensystems der EG zu "Nettoempfängern" (Italien, Dänemark), andere zu "Nettozahlern", wie z.B. das Vereinigte Königreich und die Bundesrepublik Deutschland. Diese Finanzposition steht in keinem erkennbaren Zusammenhang zu den relativen Pro-Kopf-Einkommen. Das Vereinigte Königreich hat mit dieser Begründung mehrfach Beitragsrabatte durchgesetzt,[43] die aber mit den Verhandlungen über das Delors-II-Paket erneut zur Diskussion stehen.

Ursache der weitgehend unbeabsichtigten internationalen Allokations- und Verteilungswirkungen sind der hohe Agrarschutz in Verbindung mit einer un-

---

[43] Eine vertiefte Analyse muß über die reinen Haushaltseffekte hinaus die Allokationseffekte auf der Produktions- und Verbrauchsebene einbeziehen. Zu methodischen Hinweisen und empirischen Schätzungen vgl. Ott [1987].

terschiedlichen landwirtschaftlichen Ressourcenausstattung. Obwohl Entscheidungs- und Finanzierungskompetenz auf einer zentralen — der EG-Ebene — liegen, ist Kongruenz zwischen Nutznießern und Zahlern — vor allem wegen der empirischen Probleme bei der Ermittlung der Allokations- und Verteilungswirkungen — weder durch die derzeit gewährten Rabatte noch durch ein anderes Einnahmesystem zu erreichen, das sich z.B. an der wirtschaftlichen Bedeutung des Agrarsektors in den Mitgliedsländern orientiert. Eine Rückverlagerung der Kompetenz auf die nationale Ebene wäre wiederum mit einem Gemeinsamen Markt nicht vereinbar. Da der hohe Agrarschutz mit den im EG-Vertrag genannten Zielen kaum zu begründen ist [Schrader, 1988] und außer insgesamt sehr hohen volkswirtschaftlichen Kosten und vielfältigen, schwer zu rechtfertigenden Verteilungswirkungen auch internationale Handelsstreitigkeiten verursacht, wäre der Abbau der sektoralen Protektion der naheliegendste Weg zur Problemlösung. Die Beschlüsse zur Agrarreform vom 1. Juli 1992 gehen nur scheinbar in diese Richtung. Die über drei Jahre verteilten Preissenkungen bei Getreide werden durch permanente, flächengebundene Zahlungen kompensiert. Die agrarpolitisch bedingten Transferströme zwischen den Mitgliedsländern und den Sektoren werden hierdurch zwar transparenter, aber kaum verringert. Dies gilt auch für die gleichzeitig eingeführten obligatorischen und bezahlten Flächenstillegungen. Als positiven verteilungspolitischen Aspekt mag man werten, daß die Aufbringung der Umverteilungsmittel sich tendenziell von den Verbrauchern zu den Steuerzahlern verlagert.

Die Einführung gespaltener Wechselkurse, verbunden mit Grenzausgleichsmaßnahmen oder deren Ersatz durch Kompensationszahlungen an Landwirte in Aufwertungsländern verletzt das Prinzip des freien Warenverkehrs bzw. die Wettbewerbsneutralität in einem Gemeinsamen Markt. Obwohl die diesbezüglichen Kompetenzen ausschließlich auf Ebene der Ministerräte, also auf der EG-Ebene liegen, wurden der Schutz des Agrarsektors (in Aufwertungsländern) bzw. die Entlastung der Verbraucher (in Abwertungsländern) dem Prinzip des Gemeinsamen Marktes übergeordnet. Dies dürfte nicht zuletzt das Ergebnis der mit den Einstimmigkeitsbeschlüssen im Ministerrat verbundenen Kompromisse sein. Die beschriebenen Regelungen, insbesondere die Kompensationszahlungen für die Landwirtschaft im "klassischen" Aufwertungsland Bundesrepublik, die nun erneut — bis 1995 — verlängert wurden, stellen eine Wettbewerbsverzerrung dar, für die die fehlende fiskalische Äquivalenz Anreize lieferte. Die massive Subventionierung des Agrarsektors durch die Bundesrepublik (Bund und Länder) hat — im Vergleich zu einer marktwirtschaftlichen Anpassung an geänderte Wechselkurse — produktionssteigernde Wirkungen, deren finanzielle Folgen in Form von Marktordnungskosten zu einem großen Teil auf den Garantiefonds der EG abgewälzt werden. Auch die 1992 eingeführten neuen Zahlungsmodalitäten führen tendenziell zu den beschriebenen Effekten. In einem gemeinsamen Binnenmarkt sind gespaltene Wechselkurse oder sektorale Kompensationszahlungen für Paritätsänderungen kaum zu rechtfertigen. Dem Argument, daß die Erzeuger in Aufwertungsländern andernfalls abrupten Erzeugerpreisänderungen ausgesetzt wären, ist entgegenzuhalten, daß die eigentliche Ursache zu hohe staatliche Garantiepreise sind, die, bei gegebenem Außenschutz, weitgehend den inländischen Marktpreisen entsprechen. Das "switch-over"-System, dessen Beibehaltung im Dezember 1992 beschlossen wurde, hat die ökonomisch absurde Wirkung, daß jede Paritätsveränderung im EWS zu einer Erhöhung der administrativen Agrarpreise führt. Nach Schätzungen der EG-Kommission hat die Erhöhung des Preisniveaus um einen Prozentpunkt eine Ausgabenerhöhung für den Garantiefonds von 644 Mill. DM zur Folge [vgl. Agra-Europe, e]. Diese verdeckte Preisanhebung durch Manipulation der Leitkurse, die an der Entwicklung der in ECU gemessenen Marktordnungspreise gegenüber dem Weltmarkt nicht direkt ablesbar ist, könnte auch zu Schwierigkeiten im Rahmen eines GATT-Abkommens führen.

Die Agrarstrukturpolitik in der EG umfaßt einen äußerst heterogenen Katalog von Maßnahmen, für deren Anwendung und finanzielle Ausstattung die EG Rahmenrichtlinien festgelegt hat. Infolge der praktizierten Mischfinanzierung durch die EG, die Staaten und die Regionen (Bundesländer) ist die Nutznießer-Zahler-Kongruenz durchgehend verletzt. Die hierdurch verursachte Finanzierungsillusion wird noch dadurch verstärkt, daß die Folgekosten der Maßnahmen in Form höherer Marktordnungsausgaben auf EG-Ebene anfallen und häufig auf regionaler Ebene nicht erkannt werden. Es kann aber nicht bestritten werden, daß praktisch alle Strukturmaßnahmen Kostensenkungen für die Erzeuger beinhalten und damit entsprechende Wirkungen wie ein preispolitischer Schutz des Agrarsektors haben. Darüber hinaus sind die Maßnahmen in hohem Maße widersprüchlich.[44] So werden einerseits Produktionsbeihilfen mit dem Ziel gezahlt, die Produktion an Standorten mit hohen Kosten aufrechtzuerhalten (Ausgleichszulage) und gleichzeitig Prämien für die Stillegung von Ackerflächen angeboten. Nahezu alle Maßnahmen, so auch die einzelbetriebliche Investitionsförderung, konzentrieren sich auf kleinere Betriebe, so daß ineffiziente Produktionsstrukturen konserviert werden. Wegen der offensichtlichen Inkonsistenzen, Ineffizienzen und des mit der Implementierung verbundenen bürokratischen Aufwands sollten diese Maßnahmen generell eingeschränkt — oder besser — eingestellt werden.

Die Kompetenz für die Sozialpolitik ist in der EG den einzelnen Staaten zugeordnet. Diese Entscheidung erscheint insoweit sachgerecht, als die Sozialpolitik von ihrer Intention her eigentlich als allokationsneutral anzusehen ist; dies

---

44 Zu Einzelheiten und einer gesamtwirtschaftlichen Bewertung vgl. Schrader [1988; 1991, S. 42 f.].

dürfte jedoch ganz prinzipiell nur für eine alle Sektoren umfassende Sozialpolitik zu realisieren sein. Am Beispiel der Bundesrepublik kann gezeigt werden, daß die Agrarsozialpolitik zunehmend als Instrument der landwirtschaftlichen Einkommenspolitik benutzt wird.[45] Die massive Entlastung von Sozialabgaben stellt eine allgemeine sektorale Kostenentlastung dar, die zu einem überhöhten Faktoreinsatz führt. Neben intersektoralen Allokationsverzerrungen resultieren hieraus auch intrasektorale Verzerrungen zwischen den Mitgliedsländern. Anreize zu diesem Verhalten der nationalen Regierungen bietet u.a. wiederum die systembedingte Möglichkeit, einen Teil der Folgekosten einer erhöhten Agrarproduktion auf die EG abzuwälzen. Die problemadäquate Lösung besteht darin, daß die Mitgliedstaaten zu einer sektorneutralen Sozialpolitik verpflichtet werden, nicht aber in einer Kompetenzverlagerung auf die EG-Ebene. Letzteres ist insofern — allerdings nur scheinbar — der Fall, als ein zunehmender Teil einkommenspolitischer Maßnahmen der EG als Sozialpolitik deklariert wird. Anreiz hierzu bieten — bei der gegebenen Interessenlage des Agrarministerrates — die GATT-Verhandlungen, in denen Übereinstimmung besteht, daß sozialpolitische Maßnahmen nicht Gegenstand der Verhandlungen zum Abbau des Agrarschutzes sind.

Für die Umweltbeanspruchung durch die Landwirtschaft — soweit es sich nicht um grenzüberschreitende Probleme der Luft- oder Wasserverschmutzung handelt — und für umweltrelevante Leistungen scheint eine zentrale Regelung wenig angemessen, da die Knappheit spezifischer Umweltgüter in Form bestimmter Landschafts- und Bewirtschaftungsformen oder z.B. auch von Grundwasser weitgehend ein nationales oder gar regionales Problem darstellt. Dies gilt nicht nur wegen des räumlich sehr unterschiedlichen Angebots, sondern auch wegen der unterschiedlichen Ansprüche der Nutzer von Umweltgütern. Folgt man dieser Einschätzung, so bieten sich, falls Marktlösungen ausscheiden, national oder regional unterschiedliche Anreizsysteme oder Nutzungsbeschränkungen als Instrument an. Von den (negativ) betroffenen Produzenten werden strengere Auflagen als in Nachbarländern als Wettbewerbsverzerrung beklagt. Entscheidend für die Einkommens- und Allokationswirkung sind aber nicht die unter Umständen divergierenden Umweltstandards, sondern letztlich die jeweilige Zuordnung der Eigentumsrechte, von der eventuelle Entschädigungszahlungen abhängen. Da aber die nationalen Eigentumsordnungen vom EG-Vertrag und der EEA unberührt bleiben, zeichnet sich hier ein Konfliktfeld ab. Es ist z.B. nicht auszuschließen, daß umweltpolitisch motivierte Programme, wie sie z.B. in Baden-Württemberg und Bayern initiiert wurden, letztlich zu einem neuen Subventionswettlauf zugunsten der örtlichen Landwirtschaft

---

[45] Zu einer Darstellung des Systems und einer empirischen Analyse vgl. Scheele [1990].

führen.[46] Dies gilt deshalb, weil die nationale Zuständigkeit für die Finanzierung der Umweltpolitik festgeschrieben ist (Artikel 130r, Abs. 4) und in diesen Programmen die Eigentumsrechte an der Natur sehr weitgehend den Landwirten zugeschrieben werden. Zwar unterliegen Umweltbeihilfen den allgemeinen Beihilfevorschriften, jedoch dürften sich die betroffenen Regierungen gegen eine derartige Einstufung der "Entschädigungszahlungen" wehren, die aufgrund der gewählten Festlegung der Eigentumsrechte notwendig sind. Supranationale Koordinierung scheint vorläufig unvermeidlich, weil die angemessene Zuordnung der Kosten nur insoweit erfolgt, als die Entschädigungszahlungen getragen werden. Die fiskalischen Kosten der durch diese Zahlungen erhöhten Agrarproduktion werden zu einem großen Teil auf die EG abgewälzt. Mit einem Abbau des Preisschutzes und der dadurch bedingten Transfers würde also die Kongruenz von Nutznießern und Zahlern erhöht und der Anreiz für einen derartigen Subventionswettlauf geringer. Mit dazu beitragen würde auch eine strikte Anwendung des Subsidiaritätsprinzips und die Durchsetzung der fiskalischen Eigenverantwortlichkeit, weil die Vorteile bestimmter Landschafts- und Bewirtschaftungsformen sehr kleinräumig zugeordnet werden können.

Die Analyse der einzelnen Bereiche der Agrarpolitik unter Gesichtspunkten des fiskalischen Föderalismus hat gezeigt, daß die Eingriffsintensität gerade auf zentraler Ebene sehr hoch ist. Eine Vertiefung der Integration wäre unter Allokations- und Verteilungsgesichtspunkten insofern denkbar, als einige Maßnahmen, wie z.B. Grenzausgleichsregelungen, national zugeteilte Produktionsquoten und freiwillige oder obligatorische Flächenstillegungen aufgegeben würden. Weiterhin würde ein Abbau des Agrarschutzes, dessen Höhe teilweise durch systemimmanente moral-hazard-Probleme zu erklären ist, dazu führen, daß Anreize für struktur-, sozial- und umweltpolitische Interventionen auf nationaler und regionaler Ebene, die weder allokations- noch verteilungspolitisch zu rechtfertigen sind, abgebaut würden. Bei einer schnellen Entwicklung in diese Richtung sollten unter Umständen erforderliche Übergangsmaßnahmen nach einheitlichen Regeln aber unter nationaler finanzpolitischer Zuständigkeit geleistet werden. Eine derartige Entwicklung würde zu einem Abbau der Sonderstellung des Agrarsektors und damit zu dessen Integration in die allgemeine Wirtschaftspolitik beitragen. Eine europäische Desintegration wäre hiermit nicht verbunden; vielmehr würde ein Abbau des außerordentlich hohen Agrarschutzes zu einem Abbau der Spannungen in den internationalen Handelsbeziehungen beitragen, und außerdem wären gravierende Allokationsgewinne und

---

[46] Dies gilt auch für den sogenannten Trinkwasserpfennig, dessen Zahlung durch die Verbraucher nicht de jure aber de facto das Eigentumsrecht am Grundwasser den Landwirten zuordnet.

Haushaltsentlastungen zu erwarten. Die strenge Beachtung des Subsidiaritätsprinzips, gepaart mit fiskalischer Eigenverantwortlichkeit müßte Leitlinie für punktuell wünschenswerte struktur- oder umweltpolitische Eingriffe sein.

c. *Auswirkungen von GATT-Vereinbarungen auf die EG-Agrarpolitik*

Ein denkbarer Kompromiß im Agrarteil der GATT-Verhandlungen dürfte sich in einem Rahmen bewegen, der einerseits durch den Vorschlag des Generalsekretärs des GATT, Dunkel, vom Dezember 1991 und andererseits durch den MacSharry-Plan und den darauf beruhenden EG-Agrarreformen vom Sommer 1992 gesteckt wird. Damit sind ursprüngliche Vorschläge der Vereinigten Staaten und der CAIRNS-Gruppe, die einen sehr viel weitergehenden Abbau des Agrarschutzes vorsahen, nicht mehr Gegenstand der Verhandlungen. Wichtige Unterschiede zwischen der EG-Agrarreform und dem Dunkel-Vorschlag bestehen vor allem darin, daß

(1) die EG-Reform Preissenkungen nur bei Getreide, Ölsaaten und — bedingt — Rindfleisch umfaßt, die anderen Produkte also nicht berührt werden,
(2) der Dunkel-Vorschlag einen gesonderten (schnelleren) Abbau der Exportförderung vorsieht, und
(3) die EG als Voraussetzung für einen Kompromiß die Erlaubnis ansieht, einen Schutz bei den bisher nahezu belastungsfrei eingeführten Getreidesubstituten einzuführen.

Prinzipiell strittig ist aber vor allem auch die Abgrenzung des Maßstabs, mit dem der angestrebte allgemeine Abbau des Agrarschutzes gemessen wird. Die bisherige Einteilung in "erlaubte" Maßnahmen, die weitgehend allokationsneutral sind und deren Abbau nicht vorgesehen ist (green box), und in Maßnahmen, deren Abbau durch eine Reduktion der Subventionsäquivalente Gegenstand der Verhandlungen ist (amber box), führt zu Streit über die Zuordnung der Maßnahmen.[47] Konkreter Anlaß und wesentliches Hindernis auf dem Wege zu einer Einigung ist die Zuordnung der von der EG beschlossenen flächengebundenen Kompensationszahlungen für die Preissenkung bei Getreide und Ölsaaten. Die EG hält diese Zahlungen für hinreichend allokationsneutral (green box), womit der geforderte Abbau der übrigen Schutzmaßnahmen erheblich leichter zu bewerkstelligen wäre. Da diese Zahlungen aber nur unter der Auflage geleistet werden, daß die Landwirte diese Früchte auf den bezu-

---

[47] Zu Einzelheiten vgl. Josling, Tangermann [1992].

schußten Flächen auch anbauen, ist davon auszugehen, daß die Allokationswirkung erheblich, wenn auch geringer als bei reinen Preissubventionen ist.

Der am 20. November gefundene Kompromiß zwischen der EG und den Vereinigten Staaten deutet darauf hin, daß die Vereinigten Staaten der Zuordnung der flächenbezogenen Kompensationszahlungen zu den erlaubten Maßnahmen (green box) zugestimmt haben. Die weitere Übereinkunft bezüglich einer Begrenzung der Anbauflächen bei Ölsaaten hat nur insofern Bedeutung, als sie der EG die Aufhebung der im Sommer 1992 einseitig beschlossenen Flächeneinschränkung um 15 vH weitgehend unmöglich macht. Der Widerstand Frankreichs gegen den gefundenen Kompromiß resultiert nicht zuletzt aus der Einsicht, daß die administrative Begrenzung der EG-Produktion bei nationaler Quotierung (15 vH der Anbaufläche) die systembedingten Transferströme zugunsten Frankreichs vermindern könnte. Wenn auch jeder Kompromiß, der zu einem Abbau der internationalen Allokationsverzerrungen beiträgt, prinzipiell positiv zu bewerten ist, so besteht doch die Gefahr, daß die EG bei dem Versuch, die internationalen Anforderungen zu erfüllen, zu noch dirigistischeren Mitteln als in der Vergangenheit greift, da marktmäßige Anpassungsprozesse, die zu einer verringerten Entlohnung und damit einer verstärkten Abwanderung von Produktionsfaktoren aus der Landwirtschaft führen, offenbar nicht hingenommen werden. Die beschlossenen permanenten Kompensationszahlungen, verbunden mit obligatorischen, prämierten Flächenstillegungen und das angekündigte bürokratische Satellitenüberwachungssystem deuten in diese Richtung. Die Kompetenz für diese Maßnahmen und auch für deren Finanzierung ist auf zentraler Ebene angesiedelt. Damit wird einerseits noch deutlicher als zuvor bei ausschließlich preispolitischer Stützung, daß die agrarpolitisch bedingten Transfers in der EG vor allem den Eigentümern fixer Produktionsfaktoren (Boden) zukommen. Dies kann nur insofern positiv bewertet werden, als hiermit die Transparenz der Verteilungsströme erhöht wird, was möglicherweise deren Reduzierung begünstigen könnte. Die Allokationseffizienz innerhalb der EG dürfte hierdurch und durch die obligatorische Flächenstillegung noch weiter abnehmen.

Eine sachgerechte Lösung als Reaktion auf ein internationales Abkommen zum Abbau der Agrarprotektion sollte auf alle zusätzlichen dirigistischen Maßnahmen verzichten. Kompensationszahlungen, die ökonomisch nur dann zu rechtfertigen sind, wenn der Abbau des Schutzes sehr schnell vorangeht, sollten personengebunden und zeitlich befristet sein. Während die Regelungskompetenz hierfür auf zentraler Ebene angeordnet sein sollte, könnte die Finanzierung auf nationaler Ebene, verbunden mit der Möglichkeit unterschiedlicher Kompensationsniveaus, bewerkstelligt werden.

5. Wettbewerbspolitik

Über die Beihilfenaufsicht (Art. 92–94 EWGV) hinaus beschränkte sich die gemeinschaftliche Wettbewerbspolitik nach dem EWG-Vertrag im wesentlichen auf das Kartellverbot (Art. 85 EWGV), sowie die Mißbrauchsaufsicht über marktbeherrschende Unternehmen (Art. 86 EWGV). Lediglich für die Montanindustrien war darüber hinaus eine Überwachung von Unternehmenszusammenschlüssen möglich (Art. 66 EGKSV). Seit dem 21.9.1990 ist jedoch die "Verordnung über die Kontrolle von Unternehmenszusammenschlüssen" in Kraft, mit der die Fusionskontrolle auf alle Wirtschaftsbereiche ausgedehnt wird [Kommission, g].

a. Fusionskontrolle

Bisher liegen nur begrenzte Erfahrungen mit der Fusionskontrolle durch die Gemeinschaft vor; lediglich ein einziges Zusammenschlußvorhaben (de Havilland/ATR) wurde bislang von der Kommission als unvereinbar mit dem Gemeinsamen Markt erklärt. Eine intensive Diskussion gibt es jedoch um die Frage, ob die institutionelle Ausgestaltung der europäischen Fusionskontrolle angemessen ist. Von verschiedenen Seiten ist empfohlen worden, die wettbewerbspolitische und die industriepolitische Beurteilung von Zusammenschlußvorhaben institutionell zu trennen.[48] Eine solche Trennung weist etwa das deutsche Wettbewerbsrecht auf, nach dem das Kartellamt eine Fusion allein unter wettbewerbspolitischen Kriterien zu beurteilen hat, während die industriepolitische Beurteilung Aufgabe des Wirtschaftsministers ist (zweistufiges Verfahren). Bei der europäischen Fusionskontrolle dagegen müssen beide Aufgaben simultan von der EG-Kommission erfüllt werden (einstufiges Verfahren). Den Bedenken dagegen, die insbesondere von der Bundesrepublik geäußert wurden, wurde lediglich durch die Einfügung der sogenannten "deutschen Klausel" in die Verordnung Rechnung getragen, nach der die Kommission die Beurteilung von Fusionen den nationalen Kartellbehörden übertragen kann, wenn der Wettbewerb in deren Hoheitsgebiet behindert wird (Art. 9 der EG-Verordnung zur Fusionskontrolle).

Eine institutionelle Trennung von wettbewerbs- und industriepolitischer Beurteilung würde nicht nur Zielkonflikte innerhalb einer Institution vermeiden helfen, sondern hätte darüber hinaus den Vorteil, daß die Entscheidungsprozesse transparenter würden. Die Gefahr, daß eine verdeckte Politik zum Schutze

---

48 So hat beispielsweise die Monopolkommission [1989] in ihrem Sondergutachten zur europäischen Fusionskontrolle die Errichtung einer politisch wie organisatorisch unabhängigen Wettbewerbsbehörde empfohlen.

organisierter Interessengruppen betrieben wird, ist beim zweistufigen Verfahren sicherlich geringer als beim einstufigen.

In ihrem jüngsten Hauptgutachten vertritt die Monopolkommission [1992] allerdings — abweichend von ihrer Position im Sondergutachten [Monopolkommission, 1989] — die Ansicht, daß gegenwärtig kein Anlaß bestehe, die Errichtung eines unabhängigen europäischen Kartellamts auf die Tagesordnung zu setzen. Ihrer Ansicht nach weist die bisherige Praxis "keine Entscheidungen auf, die wesentliche wettbewerbliche Aspekte zugunsten anderer, nicht wettbewerbsbezogener Überlegungen unberücksichtigt lassen" [Monopolkommission, 1992, Tz. 624]. Dieser Einschätzung soll hier nicht widersprochen werden, doch es bleibt das ungute Gefühl, daß die tatsächlichen Beweggründe der EG-Kommission bei ihrer Beurteilung von Zusammenschlüssen von Außenstehenden kaum nachvollzogen werden können.

Für Ende 1993 ist ohnehin eine Überprüfung einiger Vorschriften der EG-Fusionsverordnung durch den Ministerrat vorgesehen. Bis dahin werden weitere Erfahrungen zum Vollzug dieser Verordnung gesammelt sein. Wenn es darum gehen wird, diese Erfahrungen in eine Novelle einzubringen, sollte auch über den Vorschlag, ein unabhängiges europäisches Kartellamt einzuführen, noch einmal diskutiert werden.

b. Beihilfenkontrolle

Im Gegensatz zur nationalen Wettbewerbspolitik, wie sie in der Bundesrepublik und einigen anderen EG-Ländern betrieben wird, umfaßt die gemeinschaftliche Wettbewerbspolitik auch die Aufsicht über staatliche Subventionen, die den Wettbewerb zwischen Unternehmen verzerren. Im Rahmen dieser Beihilfenaufsicht, für die in Art. 92–94 EWGV die Grundlagen gelegt sind, gelten staatliche Beihilfen dann als unvereinbar mit dem Gemeinsamen Markt, wenn sie "durch die Begünstigung bestimmter Unternehmen oder Produktionszweige den Wettbewerb verfälschen oder zu verfälschen drohen, soweit sie den Handel zwischen Mitgliedstaaten beeinträchtigen" (Art. 92 Abs. 1 EWGV). In Art. 92 Abs. 2 und 3 EWGV sind mehrere Ausnahmen genannt, in denen Beihilfen trotz ihrer wettbewerbsverzerrenden Wirkungen mit dem Gemeinsamen Markt vereinbar sind oder als vereinbar erklärt werden können. Dazu zählen etwa Beihilfen sozialer Art an Verbraucher oder Regionalbeihilfen in Gebieten mit besonders niedrigem Entwicklungsniveau. Doch wo diese Ausnahmefälle nicht vorliegen, gilt die zitierte Generalklausel des Art. 92 Abs. 1 EWGV.

Im Vertragswerk ist bewußt darauf verzichtet worden, den Beihilfenbegriff näher zu definieren, um die Möglichkeiten zur Umgehung der Beihilfenaufsicht zu unterbinden. Dementsprechend ist auch vom EuGH entschieden worden, daß der Beihilfenbegriff sehr weit auszulegen ist und alle Arten staatlicher Zahlungen, denen keine adäquate wirtschaftliche Leistung der Empfänger gegenübersteht, umfaßt. Die Mitgliedstaaten sind nach Art. 93 Abs. 3 EWGV verpflichtet, sämtliche gewählten oder geplanten Beihilfen bei der Kommission zu melden (Notifizierungspflicht), und die Kommission kann innerhalb einer Frist die Beihilfen untersagen.

An anderer Stelle ist ausführlich dargelegt worden, daß in einer interdependenten Wirtschaft letztlich alle Beihilfen den Wettbewerb verfälschen [Soltwedel et al., 1988]. Eine strenge Auslegung von Art. 92 Abs. 1 EWGV würde also, abgesehen von den Ausnahmefällen des Art. 92 Abs. 2 und 3, auf ein generelles Subventionsverbot in den Mitgliedstaaten hinauslaufen. Derart weitreichend werden die Beihilferegeln von der Kommission allerdings nicht interpretiert, und eine derartige Interpretation wäre politisch wohl auch gar nicht durchsetzbar. So hat die Kommission in der Praxis der Beihilfenaufsicht durchaus einen gewissen Ermessensspielraum bei der Beurteilung der notifizierten nationalen Beihilfen.

Dieser Spielraum gibt der Kommission Gestaltungsmöglichkeiten, macht sie aber auch zur Zielscheibe politischen Drucks, wenn die nationalen Regierungen die Untersagung bestimmter Beihilfen nicht akzeptieren. Überdies kommt es zu Rechtsunsicherheiten sowohl bei den Subventionsgebern als auch bei den Subventionsnehmern, da die auf nationaler Ebene beschlossenen Beihilfeprogramme stets unter dem Vorbehalt des Prüfverfahrens der Kommission stehen. Um die daraus resultierenden Probleme zu verringern, hat die Kommission im Laufe der vergangenen Jahrzehnte mehrere Gemeinschaftsrahmen aufgestellt und vom Ministerrat verabschieden lassen, in denen für verschiedene Beihilfearten näher definiert ist, welche Beihilfen sie als vereinbar mit dem Gemeinsamen Markt ansieht und welche nicht.[49] Dort ist beispielsweise festgelegt, daß Produktions- und Betriebsbeihilfen für die Textilindustrie grundsätzlich nicht mit dem Gemeinsamen Markt vereinbar sind, während entsprechende Beihilfen für den Schiffbau als zulässig angesehen werden, wenn sie gewisse Höchstgrenzen nicht überschreiten.

Aus den Mitgliedstaaten ist immer wieder geargwöhnt worden, die Kommission könne ihren Ermessensspielraum bei der Beihilfenaufsicht dazu mißbrauchen, auf indirektem Wege Einfluß auf die Ausgestaltung der nationalen Wirtschaftspolitik zu nehmen. Für den Bereich der Regionalbeihilfen sind diese Befürchtungen nicht ganz unbegründet (vgl. Abschnitt C.I.7.b). Vom Institut für Weltwirtschaft wurde detailliert untersucht, ob entsprechende Eingriffe der Kommission, die als Kompetenzüberschreitungen gewertet werden müssen,

---

49 Für eine Zusammenstellung der wichtigsten Dokumente vgl. Kommission [a]. Ausführliche Hinweise dazu, welche Vorschriften in den letzten Jahren hinzugekommen sind, finden sich bei Klodt, Stehn et al. [1992].

auch für die Forschungs- und Technologiepolitik zu beobachten sind [Klodt et al., 1988]. In dem entsprechenden Gemeinschaftsrahmen ist festgelegt, daß Projekte der industriellen Grundlagenforschung nur eine Beihilfenintensität von maximal 50 vH aufweisen dürfen; mit zunehmender Marktnähe der geförderten Projekte liegen die Höchstsätze entsprechend niedriger. Eine Abstufung der Fördersätze nach der Marktnähe erscheint ökonomisch sinnvoll und entspricht auch weitgehend der in den Mitgliedstaaten praktizierten Politik. Eine systematische Einflußnahme der Kommission auf die inhaltlichen Schwerpunkte der nationalen Programme läßt sich dagegen nicht feststellen.

Ein Problembereich, dessen Bedeutung künftig zunehmen dürfte, liegt dagegen bei jenen Beihilfen, die von der Kommission selbst gewährt werden. Sie unterliegen nicht der Beihilfenaufsicht, doch es erscheint sinnvoll, an sie die gleichen Kriterien anzulegen, die bei nationalen Beihilfen herangezogen werden. Das scheint jedoch nicht immer der Fall zu sein. Bei den gemeinschaftlichen Forschungsbeihilfen beispielsweise liegt der Fördersatz der Kommission in der Regel bei 50 vH, und zwar auch dann, wenn es um Projekte der angewandten Forschung geht. Da die Kommission angekündigt hat, ihre Förderprogramme künftig marktnäher zu gestalten [Kommission, j], wird sie ihre internen Förderrichtlinien anpassen müssen, wenn es nicht zu einer zunehmenden Divergenz zwischen der Beurteilung nationaler und gemeinschaftlicher Beihilfen kommen soll.

Trotz aller Probleme im Detail bleibt insgesamt festzuhalten, daß die Beihilfenaufsicht der Kommission aus ordungspolitischer Sicht ein sinnvolles und angemessenes Instrument darstellt, um Wettbewerbsverzerrungen im Gemeinsamen Markt durch nationale Subventionsprogramme zu begrenzen. Eine Stärkung der Gemeinschaftskompetenzen in diesem Bereich ist durchaus mit dem Subsidiaritätsprinzip vereinbar. Von daher ist es zu begrüßen, wenn die Kommission versucht, durch eine umfassende Bestandsaufnahme nationaler Subventionsprogramme die Notifizierungspflicht der Mitgliedstaaten besser durchzusetzen. Darüber hinaus sollte sie die Zahl der Einzelfallentscheidungen, in denen sie von den aufgestellten Regeln der Gemeinschaftsrahmen abweicht, in Zukunft deutlich reduzieren.

6. Sektorale Struktur- und Industriepolitik

a. Politik für die Schlüsselindustrien von gestern

Eine eigenständige sektorale Strukturpolitik hat die EG bislang fast ausschließlich im Bereich der Montanunion, der EURATOM und der Gemeinsamen Agrarpolitik betrieben. Die Montanunion wurde im Jahr 1952 mit Inkrafttreten des EGKS-Vertrags etabliert. Sie zielt darauf ab, einen gemeinsamen Markt für Kohle und Stahl zu schaffen, in dem der innergemeinschaftliche Wettbewerb weder durch staatliche Handelshemmnisse oder Subventionen noch durch wettbewerbsbeschränkendes Verhalten der Unternehmen behindert wird (Art. 4 EGKSV). Zugleich wird den Organen der EG[50] die Aufgabe übertragen, für Markttransparenz zu sorgen und den Unternehmen Finanzierungsmittel für ihre Investitionen zur Verfügung zu stellen (Art. 5 EGKSV). Darüber hinaus kontrolliert die Kommission die Importe von Montanerzeugnissen aus Drittländern, und sie hat die Möglichkeit, Höchst- und Mindestpreise festzusetzen, ein Rationierungssystem aufzubauen oder Produktionsquoten für einzelne Produzenten festzusetzen.[51]

Im Bereich der Kohle hat die EG weitgehend darauf verzichtet, ihr Befugnisse nach dem EGKS-Vertrag auszunutzen; sie hat weder direkt in die nationalen Märkte eingegriffen noch das Verbot nationaler Subventionen gemäß Art. 4 EWGV durchgesetzt [Neu, 1987].[52] Die Politik der Montanunion konzentriert sich somit in erster Linie auf den Stahlbereich. In den fünfziger und sechziger Jahren, als im Zuge des raschen Wirtschaftswachstums auch die Stahlnachfrage kräftig expandierte, gab es allerdings auch hier kaum Anlaß für direkte Marktinterventionen. In dieser Zeit beschränkten sich die Organe der EGKS vorrangig darauf, europäische Stahlunternehmen vor der Importkonkurrenz zu schützen und den Wettbewerb innerhalb des Gemeinsamen Marktes zu überwachen.

Die Situation änderte sich jedoch mit der Ölpreiskrise 1973 und der nachfolgenden Verminderung des Wirtschaftswachstums. Die Stahlpreise fielen kräftig, und die Kapazitätsauslastung der Stahlunternehmen ging drastisch zurück. Im Dezember 1976 verabschiedete die Kommission ihren ersten Stahlkrisenplan, der seit 1978 von einem freiwilligen Produktionsquotenkartell im Rahmen des europäischen Stahlverbandes EUROFER flankiert wurde. Als die Kapazitätsauslastung im Gefolge der zweiten Ölpreiskrise von 1979/80 nochmals zurückging, brach dieses Kartell jedoch auseinander. Nunmehr war nach Ansicht der Kommission die "offensichtliche Krise" eingetreten, in der die Festsetzung von Mindestpreisen (Art. 61 EGKSV) und die Errichtung eines Zwangsquotensystems (Art. 58 EGKSV) vorgesehen sind. Zugleich wurde die

---

50 Ursprünglich hatte die EGKS ihre eigenen Organe in Form der Hohen Behörde, der Gemeinsamen Versammlung, des Besonderen Ministerrats und des Gerichtshofs. Mit dem Fusionsvertrag, der 1967 in Kraft trat, wurden diese Organe jedoch mit den Organen der anderen Gemeinschaften verschmolzen.

51 Zu den Instrumenten des EGKS-Vertrags vgl. unter anderem Dicke et al. [1987].

52 Erst seit 1989 ist die Kommission bemüht, über die Wettbewerbsregeln der Gemeinschaft Einfluß auf Höhe und Struktur der nationalen Bergbausubventionen zu nehmen.

Aufsicht über nationale Stahlbeihilfen verschärft, so daß die Kompetenzen für die Stahlpolitik eindeutig bei der EG konzentriert wurden.

Da sich die Stahlnachfrage im Verlauf der zweiten Hälfte der achtziger Jahre wieder belebte, beschränkt sich die Stahlpolitik der EG seit Juli 1988 wieder ausschließlich auf die Beihilfenaufsicht. Wie die Kommission im Fall einer neuerlichen "offensichtlichen Krise" reagieren wird, die sich im Jahr 1993 abzeichnet, ist offen; es kann aber vermutet werden, daß die negativen Erfahrungen mit den Quotensystemen der siebziger und achtziger Jahre die Neigung gedämpft haben, allzu stark in den europäischen Stahlmarkt einzugreifen.

Auch im EURATOM-Bereich ist die EG mittlerweile eher auf dem Rückzug. Die Hoffnungen, die in den fünfziger und sechziger Jahren auf die Kernenergie gesetzt wurden, sind weitgehend der Ernüchterung gewichen, und die Aktivitäten der EG sind heute weitgehend darauf beschränkt, im Rahmen des Gemeinschaftsunternehmens Joint European Torus (JET) die Entwicklung eines wirtschaftlich einsetzbaren Fusionsreaktors voranzubringen. Die nach Art. 6 EAGV vorgesehene Förderung der Kernforschung in den Mitgliedstaaten ist dagegen nahezu bedeutungslos geworden, und für die nach Art. 8 EAGV errichtete Gemeinsame Forschungsstelle (GFS) mit ihren vier Forschungszentren wird ebenfalls nach neuen Aufgaben außerhalb des Kernenergiebereichs gesucht.

Der dritte Bereich schließlich, der zur sektoralen Strukturpolitik gerechnet werden muß, ist die gemeinsame Agrarpolitik. Auf sie entfallen im Jahr 1992 allein 53 vH des gesamten EG-Haushalts, wobei die Ausgaben für den Agrarstrukturfonds noch nicht einmal mit eingerechnet sind. Die Agrarpolitik ist bereits an anderer Stelle gewürdigt worden.[53]

Als Zwischenbilanz bleibt festzuhalten, daß die Kommission bestrebt ist, das Engagement in den traditionellen Bereichen Kohle, Stahl und EURATOM zu reduzieren. Die Politik der EGKS und der EURATOM sind auf Branchen fixiert, die zwar zu Beginn des europäischen Integrationsprozesses in den fünfziger Jahren als strategische Schlüsselindustrien galten, die sich aber im Lauf der Jahrzehnte eher als Schrumpfungs- und Krisenbranchen entpuppten.

Ursprünglich stand sowohl bei der EGKS als auch bei der EURATOM das Ziel im Vordergrund, allen Mitgliedstaaten einen diskriminierungsfreien Zugriff auf die als strategisch erachteten Rohstoff- und Energieressourcen der Gemeinschaft zu ermöglichen. Infolge des Strukturwandels gerieten die betreffenden Branchen unter Anpassungsdruck, und nicht die Knappheit der Ressourcen, sondern die Überkapazitäten wurden zum Problem. Die EG-Politik wurde dadurch mehr und mehr zum Krisenmanagement. Diese Rolle will die EG künftig offenbar nur noch in begrenztem Rahmen spielen. Daraus folgt allerdings nicht,

---

53 Für eine ausführliche Analyse der Agrarpolitik vgl. Abschnitt C.I.4.

daß sie sich aus der gesamten sektoralen Strukturpolitik zurückziehen würde. Statt dessen steht nunmehr das Bemühen im Vordergrund, die Aktivitäten zu verlagern von den Schlüsselindustrien der Vergangenheit zu den Schlüsselindustrien der Zukunft. Im Mittelpunkt stehen dabei vor allem die Forschungs- und Technologiepolitik sowie die Industriepolitik, für die mit den Verträgen von Maastricht erstmals eine Grundlage geschaffen wurde.

b. *Politik für die vermeintlichen Schlüsselindustrien von morgen*

Forschungs- und Technologiepolitik

Die Forschungs- und Technologiepolitik gehört zu den dynamischsten unter den Gemeinschaftspolitiken. Entstanden aus bescheidenen Anfängen in den frühen siebziger Jahren, ist sie mittlerweile ein fester Bestandteil der strukturpolitischen Aktivitäten der EG. Eine gemeinschaftliche Forschungs- und Technologiepolitik war in den Römischen Verträgen nur im EAG-Vertrag zur Kernforschung vorgesehen. Außerhalb des EAG-Bereichs wurden Kompetenzen für eine gemeinsame Forschungs- und Technologiepolitik erst durch entsprechende Ministerratsbeschlüsse zwischen 1967 und 1983 geschaffen. Seit Inkrafttreten der EEA im Jahr 1987 hat die EG-Kommission eigene forschungspolitische Kompetenzen, die sie durch mehrjährige Rahmenprogramme wahrnimmt. Diese Kompetenzen sind durch die Verträge von Maastricht bestätigt, aber nicht erweitert worden. Der Anteil der EG-Forschungspolitik an den Forschungsausgaben insgesamt ist zwar noch recht niedrig, soll aber nach den Vorstellungen der Kommission — geäußert im Delors-II-Paket — künftig deutlich steigen. Gegenwärtig wird der Entwurf des vierten "Gemeinschaftlichen Rahmenprogramms für Forschung und technologische Entwicklung" diskutiert, das nach den Vorstellungen der Kommission für die Laufzeit von 1994 bis 1998 mit 10 Mrd. ECU ausgestattet werden soll. Insgesamt ist vorgesehen, die Mittel für die Forschungspolitik (einschließlich der Mittel, die nicht in den Rahmenprogrammen erfaßt sind) von 2,5 Mrd. ECU im Jahr 1992 auf 4,2 Mrd. ECU im Jahr 1997 zu erhöhen.

Bei den Forschungszielen setzt die Kommission deutlich andere Akzente als die Mitgliedstaaten. Die EG fördert insbesondere die Kernenergieforschung (vor allem Fusionsforschung), Maßnahmen zur Erhöhung der industriellen Produktivität und Anwendung moderner Technologie (speziell die Entwicklung anwendungsspezifischer mikroelektronischer Bauelemente, von Software und von Anwendungslösungen in Endgeräten) sowie die Umweltforschung. Die Konzentration auf ausgewählte Bereiche hat im Zeitablauf noch zugenommen.

Zunächst stand bei der gemeinschaftlichen Forschungspolitik eindeutig die Förderung der Grundlagenforschung sowie der "vorwettbewerblichen Forschung" im Vordergrund. Diese Schwerpunktsetzung soll jedoch im vierten Rahmenprogramm zugunsten der marktnahen, angewandten Forschung und zugunsten einer Konzentration auf ausgewählte Sektoren ersetzt werden. Dabei ist es insbesondere die Mikroelektronik, aber auch die Automobilindustrie oder die Biotechnologie, auf deren Forschungsarbeiten die EG verstärkt Einfluß nehmen will. Dafür sollen in Kooperation mit der Industrie "technologische Prioritäten" festgelegt werden, um die spezifischen Förderprogramme innerhalb des vierten Rahmenprogramms entsprechend ausgestalten zu können [Kommission, j].

Bei der Beurteilung der gemeinschaftlichen Forschungs- und Technologiepolitik zeigen sich Tendenzen der Überzentralisierung bzw. ineffizienter Kompetenzverteilung [vgl. Klodt, Stehn et al., 1992, S. 106 ff.]:

— Kosteneinsparungen durch eine zentrale Vergabe von Fördermitteln sind äußerst unwahrscheinlich, vor allem, wenn es zu Überschneidungen zwischen nationalen und gemeinschaftlichen Förderprogrammen kommt. In diesen Bereichen sollte sich nach dem Subsidiaritätsprinzip die gemeinschaftliche Forschungspolitik zurückziehen.
— Organisatorische Mängel sind bei der EG-Technologiepolitik sowohl bei der Mittelvergabe als auch bei der Programmkontrolle zu beobachten.
— Die Prinzipien der fiskalischen Äquivalenz und der räumlichen Kongruenz legen eine EG-Kompetenz höchstens dann nahe, wenn überregionale soziale Erträge zu erwarten sind. Das dürfte am ehesten bei der Grundlagenforschung der Fall sein. EG-Kompetenzen könnten daher bei sehr marktfernen Forschungsobjekten angezeigt sein, etwa bei der Fusionsforschung oder bei der Förderung des Austausches von Informationen und Personen im Bereich der Wissenschaft.
— Die seit Maastricht zu beobachtende verstärkte marktnähere Ausrichtung der EG-Forschungspolitik —verbunden mit einer stärkeren Orientierung an industriepolitischen Zielen — läuft dagegen dem Prinzip der fiskalischen Äquivalenz entgegen. Das trifft etwa im Bereich der Halbleiterproduktion zu. Abgesehen davon, daß generell die Förderung der Anwendungsforschung ökonomisch fragwürdig ist, steht es im Widerspruch zu Effizienzkriterien, wenn die zentrale Ebene besonders marktnahe Anwendungen fördert.
— Eine Koordinierung nationaler Forschungsaktivitäten, die in der EEA enthalten ist, findet derzeit praktisch nicht statt, wäre ökonomisch aber ohnehin nicht effizient, weil Projekte mit geringen Spillover-Effekten auf der Ebene der Mitgliedstaaten besser geplant und durchgeführt werden können und weil durch eine Koordinierung der durchaus funktionierende Wettbewerb in der Forschung unterbunden würde.

Industriepolitik

Vorgesehen ist auch, die Forschungspolitik eng mit der Industriepolitik zu verzahnen.[54] Die Möglichkeit dazu wird eröffnet mit Art. 130 des Maastrichter Vertrags zur Politischen Union, nach dem die EG Maßnahmen ergreifen kann, mit denen

— die Anpassung der Industrie an strukturelle Veränderungen erleichtert wird,
— ein günstiges Umfeld für Unternehmen in der Gemeinschaft, insbesondere für kleine und mittlere Unternehmen, geschaffen wird und
— die bessere Nutzung des industriellen Potentials der Forschungs- und Technologiepolitik gefördert wird.

Nach Abs. 3 kann der Rat auf einstimmigen Beschluß spezifische Maßnahmen zur Unterstützung der in den Mitgliedstaaten durchgeführten industriepolitischen Maßnahmen ergreifen. Eine eigenständige gemeinschaftliche Industriepolitik mit einem zur gemeinschaftlichen Handels-, Forschungs- oder Umweltpolitik gleichen Stellenwert ist damit zwar nicht begründet worden; wohl aber sind der EG Möglichkeiten eingeräumt worden, industriepolitische Initiativen zu ergreifen und vorhandene Gemeinschaftspolitiken stärker nach industriepolitischen Gesichtspunkten auszurichten. Der Vertragstext ist dabei so umfassend und zugleich unbestimmt formuliert, daß weite Interpretationsspielräume gegeben sind und keine wirkliche Begrenzung einer dirigistischen Industriepolitik gewährleistet ist. Welchen industriepolitischen Kurs die EG steuern wird, hängt davon ab, ob und inwieweit der Ministerrat den bereits vorliegenden und künftig zu erwartenden Kommissionsvorschlägen folgen wird.

Das industriepolitische Konzept der Kommission — niedergelegt im sogenannten Bangemann-Papier vom November 1990 [Kommission, 1991] — sieht vor, daß die EG der Förderung des Wettbewerbs, der Öffnung der Märkte (auch gegenüber Drittländern) und der Schaffung investitions- und innovationsfördernder Rahmenbedingungen Priorität einräumt. Freilich bekennt sie sich auch zur Unterstützung von Industrien, die als zukunftsträchtig angesehen werden, wenn die Förderung auch nicht sektorspezifisch, so doch durch allgemeine sektorübergreifende Maßnahmen erfolgen soll.

Die bereits formulierten Aktionsprogramme der Kommission stehen allerdings im Widerspruch zu den Grundsätzen des Bangemann-Papiers, denn sie sind durchweg sektorspezifisch ausgestaltet. In ihrem Aktionsprogramm für die Flugzeugindustrie hat die Kommission vorgeschlagen, einen Garantiefonds zur Absicherung des Wechselkursrisikos für Airbus Industries zu schaffen und die

---

[54] Für eine ausführliche Analyse der Industriepolitik der EG vgl. Klodt [1992].

Forschungsprogramme der EG stärker auf die Ziele der Flugzeugindustrie zuzuschneiden. Bei der Automobilindustrie sollen ebenfalls die Forschungspolitik industriepolitisch ausgerichtet sowie aus den Strukturfonds Maßnahmen zur beruflichen Bildung und Umschulung finanziert werden. Außerdem wird möglicherweise die Gruppenfreistellung für die Händlerbindung im Kraftfahrzeughandel bis 1999 verlängert und damit ein Ausnahmebereich vom Wettbewerbsprinzip erhalten bleiben. Im Bereich der Mikroelektronik hat die Kommission lange Zeit das Ziel verfolgt, eine sogenannte Eurochip-Fabrik zu errichten, mit der gegenüber Japan und den Vereinigten Staaten ein Rückstand bei der Entwicklung und Produktion von Halbleiterbauelementen eingeholt werden soll. Insgesamt zeigen die Vorstellungen der Kommission zur Industriepolitik deutlich in Richtung auf direkte Markteingriffe und sektorspezifische Interventionen. Wie diese Maßnahmen wirksam werden, hängt allerdings davon ab, inwieweit die Kommission den Ministerrat überzeugen kann, Haushaltsmittel aus anderen Bereichen für industriepolitische Zielsetzungen bereitzustellen. Die Bereitschaft dazu scheint allerdings angesichts der öffentlichen Kritik an der EG-Politik, wie sie in den verschiedenen Referenden des Jahres 1992 deutlich geworden ist, nicht sehr groß zu sein.

Aus ökonomischer Sicht sind erhebliche Zweifel sowohl an der gesamtwirtschaftlichen Effizienz der gemeinsamen Industriepolitik als auch an den Chancen, die selbstgestellten Ziele zu erreichen, angebracht:

- Die Erfahrungen mit der aktiven Industriepolitik auf nationaler Ebene zeigen, daß auf diese Weise die technologische Leistungsfähigkeit relativ zu Japan und den Vereinigten Staaten kaum gesteigert werden kann. Vielmehr besteht die Gefahr, daß sich der Abstand wegen der Schutzmaßnahmen noch vergrößert. Das belegen etwa die Beispiele des Schutzes der Automobilindustrie der Vereinigten Staaten in den achtziger Jahren und die bisher im Vergleich zu Japan und den Vereinigten Staaten schon höheren Schutzmauern und Subventionen im europäischen Halbleiterbau.
- Bei der zunehmenden internationalen Verflechtung von Unternehmen macht staatliche Protektion für nationale Unternehmen ohnehin wenig Sinn. Erfolgversprechender ist es, den heimischen Standort attraktiv für mobile Investoren im Technologiebereich zu machen, vor allem durch offene Märkte und nicht-diskriminierende Rahmenbedingungen.
- Subventionen im Technologiebereich laufen häufig ins Leere, weil sich Forschungs- und Produktionsaktivitäten immer mehr räumlich trennen lassen. Die Verlagerungspotentiale durch Subventionen werden dann immer geringer, die Inzidenz von Fördermaßnahmen zugunsten inländischer Anbieter immer unsicherer.

— Forschungssubventionen erzeugen eine ausgeprägte Rentseeking-Mentalität bei den begünstigten Unternehmen. Zugleich ist die Erfolgskontrolle und die Vermeidung unerwünschter Nebenbedingungen nicht gesichert, und das um so mehr, wenn Industriepolitik von der zentralen Ebene aus betrieben wird.
— In zahlreichen Mitgliedstaaten ist die Industriepolitik aufgrund leerer öffentlicher Kassen auf dem Rückzug. Eine zentrale Industriepolitik würde aber wieder zusätzliche Mittel binden, die den Mitgliedstaaten ohnehin schon fehlen.

Insgesamt gesehen ist das Bemühen unverkennbar, von der reaktiven Strukturerhaltung auf die aktive Strukturgestaltung umzuschwenken. Ob es der EG dabei gelingen wird, tatsächlich die Zukunftsindustrien und -technologien zu identifizieren, bleibt abzuwarten. Die bisherigen Erfahrungen, die auf nationaler Ebene mit der aktiven Strukturpolitik gemacht wurden, sprechen eher dagegen [vgl. z.B. Bletschacher, Klodt, 1992]

7. Regionalpolitik

a. Verlagerung von Kompetenzen zur EG-Ebene

Die EG verfügt im wesentlichen über zwei Instrumente, mit denen sie regionalpolitisch aktiv werden kann: die Strukturfonds und die Wettbewerbsaufsicht über regionale Beihilfen der Mitgliedstaaten. Die Beihilfenaufsicht wurde schon in den Römischen Verträgen kodifiziert, und zwar in den Art. 92 ff. EWGV. Ausdrückliche regionalpolitische Maßnahmen der Gemeinschaft gibt es erst seit 1975, als der Europäische Fonds für die regionale Entwicklung (EFRE) eingerichtet wurde. Daneben existiert eine Reihe weiterer Strukturfonds bzw. sonstiger Instrumente, die ebenfalls für regionalpolitische Zwecke eingesetzt werden (Europäischer Ausrichtungs- und Garantiefonds für die Landwirtschaft — Abteilung Ausrichtung, Europäischer Sozialfonds sowie die Gewährung von Darlehen und Bürgschaften durch die Europäische Investitionsbank, das Neue Gemeinschaftsinstrument und die Vergabe von zinsverbilligten Krediten und Beihilfen an Unternehmen des Montanbereichs durch die Europäische Gemeinschaft für Kohle und Stahl). Die eigenständige Regionalpolitik der EG hat seit 1975 mehrere deutlich unterscheidbare Phasen durchlaufen. Mit jeder Phase haben die Kompetenzen der EG-Ebene zugenommen.[55]

---

[55] Eine ausführliche Darstellung der EG-Regionalpolitik findet sich in Krieger-Boden [1987], Waniek [1992] und Klodt, Stehn et al. [1992].

Von 1975 bis 1979 trug die *gemeinsame Regionalpolitik der EG* über den EFRE noch den Charakter einer finanziellen Beteiligung der Gemeinschaftsebene an der Regionalpolitik der Mitgliedstaaten. Im Jahr 1979 wurde der Regionalfonds umgestaltet, weil es die Gemeinschaft als unbefriedigend empfand, daß die Fondsmittel sich nicht auf besonders bedürftige Regionen konzentrierten, eher als Rabatt auf die Mitgliedsbeiträge erschienen und so dem gemeinschaftlichen Konvergenzziel nicht genügend Rechnung getragen würde. Nach der Reform konnte die EG nun mit spezifischen Gemeinschaftsmaßnahmen aus einer quotenfreien Abteilung des EFRE (5 vH der Fondsmittel) eigenständig regionale Fördermittel vergeben. Diese bis 1984 dauernde Phase kann als Abkoppelungsphase von den nationalen Regionalpolitiken verstanden werden. Im Jahr 1985 fand abermals eine tiefgreifende Umgestaltung des EFRE statt, weil der Charakter des EFRE als Rabatt auf nationale Beitragszahlungen trotz der Abkoppelung weiterbestand und die Einstimmigkeit der Beschlußfassung im Rat über die einzelnen Maßnahmen als mühsam empfunden wurde. Die wichtigste Neuerung bestand in einer Abkehr von festen Länderquoten hin zu einem System von Beteiligungsspannen für die einzelnen Mitgliedstaaten. Dabei wurden den Mitgliedstaaten Mittel bis zur Untergrenze der Spanne garantiert, bis zur jeweiligen Obergrenze eines Landes konnte die Kommission nach eigenem Ermessen Fördermittel auf die Mitgliedstaaten verteilen und aus den Anträgen aus einem Land auswählen, wenn die beantragte Fördersumme die Untergrenze überstieg. Durch das System der Beteiligungsspannen erhöhte sich der quotenfrei zu vergebende Fondsanteil auf 11 vH. Weiterhin trat neben die Projektförderung die Finanzierung von umfassenden Entwicklungsprogrammen für bestimmte Gebiete. Dazu zählen zum einen die von der Kommission vorgeschlagenen Gemeinschaftsprogramme, die im Zusammenhang mit der Durchführung von bestimmten Gemeinschaftspolitiken stehen, und zum anderen die Nationalen Programme im Gemeinschaftlichen Interesse, die Fördermaßnahmen innerhalb von Mitgliedstaaten betreffen, aber auch die Form Integrierter Entwicklungsprogramme annehmen können. Dazu sind etwa die Integrierten Mittelmeerprogramme zu rechnen.

Die Erhöhung des quotenfreien Fondsanteils und die Programmfinanzierung bedeuteten eine entscheidende Vertiefung der Integration im Bereich der Regionalpolitik. Denn nunmehr konnte die Kommission selbst eine eigenständige interventionistische Regionalpolitik betreiben. Die reine Erhöhung des quotenfreien Anteils von 5 auf 11 vH unterzeichnet dabei noch den Zuwachs an Einfluß der Kommission, da sie innerhalb der Beteiligungsspannen erheblich an Ermessensspielraum gewonnen hat.

Mit der EEA von 1986 wurde das gemeinschaftliche Konvergenzziel noch weiter in den Vordergrund gerückt. Diesem Ziel wurde die Koordinierung der Wirtschaftspolitik und vor allem die Regionalförderung untergeordnet. Die

Mittelvergabe aus dem EFRE und aus den anderen Strukturfonds wurde nunmehr gebündelt und zugleich vom Mittelansatz her von 1987 bis 1992 real verdoppelt. Der Anteil der Strukturfonds stieg damit von 16 auf 25 vH des Gemeinschaftshaushalts im Jahr 1992. Die Reform durch die EEA, die zum 1.1.1989 in Kraft trat, beruht auf drei Hauptgrundsätzen: (i) der Konzentration der Maßnahmen aus allen Strukturfonds auf fünf vorrangige Ziele, davon drei regionalpolitisch relevante,[56] was eine ständige Koordinierung der Finanzinstrumente untereinander erforderlich macht, (ii) einer anzustrebenden Partnerschaft zwischen der Kommission, den Mitgliedstaaten und deren nachgeordneten regionalen oder lokalen Körperschaften und Behörden und (iii) der Kohärenz, insbesondere der Übereinstimmung mit der Wirtschaftspolitik der Mitgliedstaaten. Dabei sollen die Maßnahmen der Strukturfonds koordiniert werden, um Synergieeffekte erzielen zu können. Bei der Planung strukturpolitischer Maßnahmen wird nicht mehr in Vorhaben gedacht, sondern in Programmen. Die Mitgliedstaaten erstellen mehrjährige Entwicklungspläne, aufgrund derer die Kommission gemeinschaftliche Förderkonzepte (GFK) aufstellt, in denen die Prioritäten festgelegt sind. Die GFK sind dann die Basis für die Durchführung der Maßnahmen. Insgesamt ist die Reform der strukturpolitischen Interventionen der Gemeinschaft durch die EEA neben der substantiellen Ausweitung der Fördermittel durch eine tiefer gegliederte zwischenstaatliche Zusammenarbeit und durch eine deutlich ausgeweitete Kompetenz der EG bei der Planung regionalpolitischer Maßnahmen geprägt. Dabei wird im Rahmen der Partnerschaft aber auch die Rolle der Regionen gegenüber der nationalstaatlichen Ebene betont. Die Partnerschaft wird mithin eine gewisse Dezentralisierung der gemeinschaftlichen Strukturvorhaben zumindest bei der Vorbereitung und Durchführung von regionalen Fördermaßnahmen mit sich bringen. In dieser Hinsicht laufen bei der Vertiefung der Integration im Bereich der Regionalpolitik nach der EEA Zentralisierungs- und Dezentralisierungstendenzen parallel.

Mit dem Vertrag von Maastricht ist die herausragende Rolle der Strukturfonds erneut betont worden. Zugleich soll mit dem Kohäsionsfonds nach Art. 130d EGV ein weiterer Strukturfonds geschaffen werden, der für weniger wohlhabende Mitgliedstaaten mit einem Pro-Kopf-Einkommen von weniger als 90 vH des Gemeinschaftsdurchschnitts finanzielle Mittel für Maßnahmen im

---

[56] Das sind Ziel 1 (Förderung von Regionen mit Entwicklungsrückstand), Ziel 2 (Förderung des Strukturwandels in altindustriellen Regionen) und Ziel 5b (Entwicklung des ländlichen Raums). Die übrigen Ziele (Ziel 3: Bekämpfung der Langzeitarbeitslosigkeit; Ziel 4: Eingliederung Jugendlicher in das Erwerbsleben; Ziel 5a: beschleunigte Anpassung von Agrarstrukturen) gelten für die ganze Gemeinschaft und haben einen deutlich geringeren räumlichen Bezug [vgl. Waniek, 1992, S. 73 ff.].

Bereich des Umweltschutzes und der Verkehrsinfrastruktur bereitstellt, wenn diese Länder ein Programm zur Erfüllung der Konvergenzkriterien für die Währungsunion durchführen.[57] Die aktive Regionalpolitik der EG ist insgesamt von einer zunehmenden Akzentverschiebung zugunsten der EG-Ebene bei der Planung von Maßnahmen, bei der Entscheidung über zu fördernde Aktivitäten und der Anwendung eines gemeinschaftsweiten statt nationaler Ausgleichsziele geprägt.

Auch bei der *Wettbewerbsaufsicht über regionale Beihilfen der Mitgliedstaaten* ist parallel eine ähnliche Akzentverschiebung hinsichtlich der verfolgten Ziele zu verzeichnen. Zunächst war die Beihilfenaufsicht dem Wettbewerbsziel verpflichtet, sollte gleiche Wettbewerbsbedingungen für alle Unternehmen innerhalb des Gemeinsamen Marktes schaffen, wettbewerbsverzerrende Beihilfen in einzelnen Mitgliedstaaten unterbinden und nationale Subventionswettläufe verhindern. In der Anfangsphase nach Unterzeichnung der Römischen Verträge wurde die Beihilfenaufsicht allerdings noch recht großzügig durchgeführt, weil die Kommission regionale Beihilfen als weniger allokationsverzerrend ansah. Das änderte sich, als Ende der sechziger Jahre nach der Rezession in vielen Mitgliedstaaten auch relativ reiche Industrieregionen in wohlhabenden Mitgliedstaaten in den Genuß von Regionalfördermaßnahmen kamen. Die EG-Kommission intensivierte nunmehr ihre Bemühungen, die regionalen Beihilfen der Mitgliedstaaten zu beschränken und Subventionswettläufe zu verhindern, deutlich. Um ihre Entscheidungen transparent zu machen und um sich selbst zu binden, erließ die Kommission 1971 die sogenannten Koordinierungsgrundsätze. Diese sollten dazu dienen, die Beihilfesätze in den am weitesten entwickelten Regionen der Gemeinschaft zu begrenzen, Beihilferegelungen transparent zu machen und allgemeine Regeln für Beihilfeprogramme aufzustellen und anzuwenden.

Seit Mitte der siebziger Jahre hat jedoch die ursprüngliche wettbewerbspolitische Zielsetzung, Subventionswettläufe zu verhindern, mehr und mehr an Bedeutung verloren. Statt dessen wird verstärkt versucht, die nationalen Regionalbeihilfen in die europäische Regionalpolitik einzubinden und dem Konvergenzziel auf Gemeinschaftsebene zu unterstellen: An Beihilfen in vergleichsweise reichen Mitgliedstaaten werden strengere Maßnahmen angelegt als an solche in weniger wohlhabenden Mitgliedstaaten. Seit 1975 wurden die Koordinierungsgrundsätze, die sich nur auf die Förderhöchstsätze beziehen, verfeinert und erweitert, indem für alle Regionen der Gemeinschaft — abgestuft nach dem Ent-

[57] Offenbar soll diese letzte Bedingung aufgeweicht werden. Nach einem Verordnungsentwurf der Kommission soll die Mittelvergabe aus dem Kohäsionsfonds nun doch nicht an die Beachtung der Konvergenzkriterien gebunden werden [vgl. Handelsblatt, a].

wicklungsstand — unterschiedliche Förderhöchstsätze festgelegt wurden. 1979 wurden die Höchstsätze für die am wenigsten entwickelten Regionen deutlich angehoben. Demgegenüber versucht die Kommission seit 1985 in bilateralen Verhandlungen mit den Mitgliedstaaten, die für diese geltenden Höchstsätze nach und nach unter die Sätze zu drücken, die in den Koordinierungsgrundsätzen festgelegt wurden, und zugleich den Anteil der Fördergebiete am gesamten Staatsgebiet (gemessen anhand der Bevölkerungszahl) zu beschränken. Dies betrifft insbesondere die reicheren Mitgliedstaaten. Seit Anfang der achtziger Jahre prüft die Kommission zudem, ob eine Region überhaupt förderwürdig ist und legt dabei Kriterien zugrunde, die dem gemeinschaftlichen Kohäsionsziel breiten Raum gewähren. Die Methode ist dabei weder mit derjenigen für die nationale Regionalförderung noch mit derjenigen für die Förderwürdigkeit nach den Strukturfonds deckungsgleich. Soweit es sich nicht im Regionen handelt, deren BIP je Kopf unter 75 vH des Gemeinschaftsdurchschnitts liegt und die nach Art. 92 Abs. 3a EWGV förderwürdig sind, hängt bei dieser Methode die Förderwürdigkeit einer rückständigen Region vom Einkommensniveau bzw. der Arbeitslosenquote des betreffenden Mitgliedstaates ab. Je wohlhabender ein Mitgliedstaat ist, desto stärker muß der Grad der Unterentwicklung einer Region sein,[58] damit diese nach der EG-Methode nach Art. 92 Abs. 3c EWGV noch in den Genuß von Regionalfördermitteln kommen darf. Die Beihilfenaufsicht befindet sich damit mehr und mehr in einem Spannungsfeld zwischen dem ursprünglichen Wettbewerbsziel und dem Konvergenzziel.[59] Insofern ist bei der Beihilfenaufsicht eine qualitative Vertiefung zu beobachten. Die Beihilfenaufsicht wird in den Dienst der aktiven Regionalpolitik genommen, die ihrerseits ein Ausdruck der Vertiefung der Gemeinschaft ist.

b. Beurteilung der EG-Regionalpolitik

Die aktive Regionalpolitik der EG

Die Kritik an der EG-Regionalpolitik aus ökonomischer Sicht richtet sich bei der aktiven Regionalpolitik über den EFRE im wesentlichen auf Divergenzen zwischen der tatsächlichen Kompetenzverteilung und derjenigen, die die Theorie des fiskalischen Föderalismus nahelegt, bei der Beihilfenaufsicht dagegen auf die dualistische Zielsetzung.

---

58 Dabei wird in einem zweistufigen Prüfverfahren nicht nur auf das BIP/Kopf und die Arbeitslosenquote sondern auch auf weitere sozio-ökonomische Indikatoren abgestellt.

59 Vgl. hierzu Krieger-Boden [1987]; Lammers [1992]; Waniek [1992]; Klodt, Stehn et al. [1992].

Wendet man die Kriterien der Theorie des fiskalischen Föderalismus auf die aktive Regionalpolitik der EG über die Strukturfonds an, so ergibt sich insgesamt eine Überzentralisierung der regionalpolitischen Kompetenzen der EG:

Das *Subsidiaritätsprinzip* legt gerade in der Regionalpolitik in besonderem Maße dezentrale Aktivitäten nahe, weil regionale Problemlagen in den einzelnen Mitgliedstaaten sehr verschieden sind und die Regionalpolitik generell vor dem Problem steht, Regionen mit vielversprechenden Wachstumspotentialen identifizieren und die jeweils geeignete Therapie finden zu müssen. Wollte man allen Problemlagen auf EG-Ebene gerecht werden, dann würden die Verwaltungskosten bei der EG stark ansteigen. Auch wenn sie nach der Reform der Strukturfonds mit der "Partnerschaft mit unteren Ebenen" anstrebt, das vor Ort vorhandene Fachwissen stärker direkt einzubeziehen, ändert das nichts daran, daß eine zentralistisch angelegte Regionalpolitik schon aus rein praktischen Erwägungen zu einheitlichen Problemlösungen tendieren muß, die der Problemvielfalt aber nicht gerecht werden können [Spiekermann et al., 1988, S. 31]. Die EG selbst scheint sich bewußt zu sein, daß ihre Regionalpolitik nicht alle Sachverhalte abdecken kann. Das zeigt sich an der ständigen Zunahme von Förderinstrumenten im Rahmen der Strukturfonds, wie etwa durch die Gemeinschaftsinitiativen [Waniek, 1992, S. 159] oder auch durch den neuen Kohäsionsfonds.

Das *Prinzip der fiskalischen Äquivalenz* ist in jedem Falle bereits auf der Ebene der Mitgliedstaaten gegeben, weil sie jeweils über die Einnahmehoheit bei den Steuern und Abgaben verfügen. Man könnte sich beispielsweise in der Bundesrepublik bei einer Verlagerung von Einnahmehoheiten nach unten vorstellen, daß sogar auf der Ebene nachgeordneter Gebietskörperschaften ein Verbund von Zahlern, Nutzern und Entscheidern herzustellen ist [Bothe, 1987; Rosenschon, 1991].

Räumliche Streuwirkungen von Regionalfördermaßnahmen sind in ihrer Wirkung meist räumlich eng begrenzt. Meist werden die Auswirkungen von Investitionsbeihilfen oder Fördermaßnahmen zugunsten der wirtschaftsnahen Infrastruktur nur in betroffenen Arbeitsmarktregionen oder bestenfalls noch in den Nachbarregionen wirksam. Innerhalb des Mitgliedstaats kann die nationale Regionalpolitik solche Spillover-Effekte berücksichtigen. Soweit Spillover-Effekte in Grenzregionen auftreten, sind fast immer nur zwei oder drei Mitgliedstaaten betroffen, die Externalitäten durch bilaterale Kooperation internalisieren können. Die EG könnte ihre Aktivität auf das Formulieren von Regeln beschränken, wie die Internalisierung vonstatten gehen soll, inwieweit also eine finanzielle Beteiligung eines anderen Mitgliedstaates erforderlich ist [Krieger-Boden, 1987, S. 92]. Die *räumliche Kongruenz* erfordert aber keine Aktivitäten der EG bei der aktiven Durchführung von regionalen Fördermaßnahmen.

Skalenerträge sind bei der Durchführung von Regionalfördermaßnahmen auf zentraler Ebene nicht gegeben, die Vielfalt der Regionalprobleme und die räumliche und institutionelle Entfernung der Kommission von den Problemen vor Ort lassen eher "diseconomies of scale" vermuten. Wohl aber beansprucht die Kommission *Verbundvorteile* für ihre regionalpolitische Tätigkeit, was auch in der Koordinierung der Maßnahmen aus dem Strukturfonds zum Ausdruck kommt. Man kann freilich bezweifeln, ob diese Verbundvorteile groß genug sind, um ein Abweichen vom Subsidiaritätsprinzip zu rechtfertigen. Denn zum einen bestehen vielfältige Zielkonflikte zwischen den verschiedenen Fonds der EG, wie etwa zwischen dem Garantiefonds für die Landwirtschaft und den Strukturfonds, weil die Wirkungen der Agrarpolitik dem regionalen Ausgleichsziel gerade entgegenwirken [Schrader, 1989]. Zum anderen scheinen solche abweichenden Zielsetzungen sogar beabsichtigt zu sein, wenn man etwa bedenkt, daß der EFRE eine Kompensation des Vereinigten Königreichs und Italiens für Nachteile beim Garantiefonds war [Krieger-Boden, 1987]. Unter diesen Umständen sind etwaige Verbundvorteile eher zweifelhaft.

Was das *Ausgleichsziel*, also die Umverteilung zwischen reichen und armen Regionen der Gemeinschaft angeht, so ist zu fragen, ob es nicht zu geringeren Transaktionskosten durch einen horizontalen Finanzausgleich auf der Ebene der Mitgliedstaaten zu erreichen wäre, wobei es diesen überlassen bliebe, ihrerseits ihre ärmsten Regionen zu fördern [Lammers, 1992, S. 75 ff.]. Der nicht unbeträchtliche Verwaltungsaufwand auf EG-Ebene zur Formulierung und Durchführung der Maßnahmen aus den Strukturfonds legt diese Lösung nahe. Freilich wäre ein ungebundener Finanzausgleich zwischen den Mitgliedstaaten unter den gegenwärtigen institutionellen Strukturen in der EG nicht unproblematisch: (i) Ein ungebundener Finanzausgleich setzt einen eindeutigen Konsens über das Verteilungsziel voraus, weil Nettozahler und Nettoempfänger genau bekannt sind; beim gegenwärtigen System der sich in ihren Wirkungen zum Teil widersprechenden Fonds der EG, die zum Teil sogar zum Ausgleich von Nachteilen einzelner Mitgliedstaaten bei anderen Fonds geschaffen wurden, kann das kaum unterstellt werden. Insofern würde ein ungebundener Finanzausgleich ein klares Aufrechnen der bislang eher intransparenten Inzidenz erfordern. Aus ökonomischer Sicht wäre es allerdings vorzuziehen, wenn die Inzidenz der Umverteilung eindeutig ist und die Transaktionskosten minimiert werden. (ii) Wenn sich von Mitgliedstaat zu Mitgliedstaat der Grad der sektoralen Protektion bzw. Subventionierung stark unterscheidet, kann die Rückverlagerung von regionalpolitischen Kompetenzen auf die nationale Ebene sogar zu einer Verschlechterung der Allokation führen, wenn die nationalen Regierungen in noch stärkerem Maße Sektoren fördern, die eigentlich schrumpfen müßten [Schrader, 1988]. Im Falle der Landwirtschaft könnte das heißen, daß Spanien, Portugal und Griechenland dann in noch stärkerem Maße als zuvor

Mittel in die Agrarförderung stecken mit der Folge, daß die Mengen, die zum Interventionspreis angekauft werden müssen, zunehmen. Einschränkend muß man allerdings berücksichtigen, daß eben dieses auch bei der EG-Regionalpolitik geschehen ist, nämlich durch die IMPs [Schrader, 1988]. Soweit sich aber bei nationaler Zuständigkeit derartige Effekte verstärken würden, liegt die Ursache dafür in den Anreizen, die von der Gemeinsamen Agrarpolitik ausgehen. Diese würden dann den aus regionalpolitischer Sicht eigentlich sinnvollen horizontalen Finanzausgleich verhindern.

Die Beihilfenaufsicht

Bei der Beihilfenaufsicht ist die EG-Kompetenz aus wettbewerbspolititischer Sicht nicht zu beanstanden. Die Garantie der Offenheit der Märkte und die Definition von Wettbewerbsregeln stellt eine zentrale öffentliche Aufgabe dar, weil die Wettbewerbsaufsicht alle potentiellen Marktteilnehmer umfassen und zugleich unabhängig sein muß. Beihilfen, auch regionalpolitisch orientierte, verzerren stets den Wettbewerb,[60] die Gefahr von Retorsionsmaßnahmen und damit eines Subventionswettlaufs ist in der Gemeinschaft grundsätzlich gegeben. Daher könnte die Beihilfenaufsicht der EG grundsätzlich in der Lage sein, solche Subventionswettläufe zu verhindern [Soltwedel et al., 1988, S. 198].[61]

Problematisch ist indes die Verquickung des Ausgleichs- mit dem Wettbewerbsziel. Wenn mit der Beihilfenaufsicht zugleich das Konvergenzziel verfolgt wird, verliert die Wettbewerbskontrolle ihren ursprünglichen Charakter als supranationales öffentliches Gut, weil die Spielregeln nicht mehr für alle Mitgliedsländer gleich sind [Lammers, 1992, S. 74]. Gleiche Spielregeln für alle würden implizieren, daß ein einheitlicher Maßstab angelegt werden müßte, wann regionale Beihilfen dem innergemeinschaftlichen Handel abträglich sind. Konkret würde das bedeuten, daß eine einheitliche — und möglichst niedrige — Obergrenze für Beihilfen-Höchstsätze bestehen müßte und auch der Anteil der Bevölkerung — besser noch der nationalen Wertschöpfung —, der maximal gefördert werden darf, gleich wäre und weder vom nationalen Pro-Kopf-Einkommen noch von den jeweiligen nationalen Disparitäten abhinge. Denn beide sind kein Kriterium dafür, inwieweit Beihilfen den Wettbewerb verfälschen. Ebensowenig erscheint es aus der Sicht des Wettbewerbsziels

---

60 Dabei wird die Abwesenheit von identifizierbaren und meßbaren externen Erträgen unterstellt.

61 Wichtig ist auch, daß die Wettbewerbsaufsicht sektorale Unterschiede in den Subventionsraten vermindert, um das Ausmaß der allokativen Verzerrungen zwischen den Sektoren zu vermindern. Solche unterschiedlichen Subventionsraten können auch erhebliche regionale Auswirkungen haben, wenn nämlich vergleichsweise hoch subventionierte Wirtschaftsbereiche auf bestimmte Regionen konzentriert sind (z.B. Schiffbau, Landwirtschaft).

gerechtfertigt, daß die EG konkret Einfluß darauf nimmt, welche Regionen auf nationaler Ebene gefördert werden sollen.

Im übrigen ist zu berücksichtigen, daß die Beihilfenaufsicht hinsichtlich des Konvergenzziels ohnehin ein nur wenig einflußreiches Instrument ist, denn sie kann nicht alle raumwirksamen staatlichen Maßnahmen erfassen wie die Infrastrukturpolitik, die Steuer- und Abgabenpolitik oder den nationalen Finanzausgleich. Das Verfolgen des Konvergenzziels bei der Beihilfenaufsicht kann schließlich auch weitere Zielkonflikte, etwa mit der Technologiepolitik, die von der EG selbst betrieben wird, mit sich bringen [Lammers, 1992].

Probleme für die nationale Regionalpolitik

Bis zur deutschen Vereinigung war die Bundesrepublik von den eigenen regionalpolitischen Initiativen der EG insofern weniger betroffen, als Regionen nur aufgrund der Ziele 2 (Strukturwandel in altindustriellen Regionen) und 5b (Entwicklung des ländlichen Raums) gefördert werden konnten. Auf Ziel 1 können bis zu 80 vH der EFRE-Mittel verwendet werden (tatsächlich sehen die Verpflichtungsermächtigungen für 1989 bis 1993 64 vH vor). Für Ziel 2 und 5b sind zusammen nur 16 vH vorgesehen.[62] Damit entfielen allein vom Mitteleinsatz her nur relativ geringe Beträge aus dem EFRE auf die Bundesrepublik. Nach der deutschen Vereinigung hat sich die Situation insofern verändert, als die neuen Bundesländer mit Wirkung vom 1.1.1994 geschlossen zu Ziel-1-Regionen erklärt worden sind und insofern künftig Mittel aus der finanziell am stärksten ausgestatteten Abteilung des EFRE beziehen können. Unabhängig davon, daß bald ein größerer Anteil am EFRE Regionen in der Bundesrepublik zur Verfügung stehen wird, war von Seiten der deutschen Regionalpolitik[63] beklagt worden,

- daß nach der Reform der Strukturfonds von 1989 nicht mehr alle national definierten Fördergebiete Mittel aus den Strukturfonds erhalten könnten,
- daß die EG bei der Gebietsabgrenzung und -auswahl der Fördergebiete andere Kriterien anlegt als die Mitgliedstaaten und
- daß die Kommission mehr Entscheidungsbefugnisse für die regionale Mittelverteilung bekommen hätte und nicht mehr der Rat zuständig sei.

Dadurch würde die Koordinierung der Regionalpolitik erschwert. Wollte etwa die Gemeinschaftsaufgabe Regionale Wirtschaftsförderung (GA) die mög-

[62] Die restlichen 20 vH entfallen auf die nicht regional ausgerichteten Ziele 3, 4 und 5a [vgl. Waniek, 1992, S. 75].

[63] Vgl. zum folgenden Spiekermann et al. [1988, S. 25 ff.], Gräber, Spehl [1992b, S. 29 ff.] und Spiekermann [1992, S. 39 ff.].

liche EFRE-Förderung integrieren, müßte die nationale Förderkulisse umgestellt werden, was aber wegen der Höchstgrenzen des förderwürdigen Gebietes im Rahmen der Beihilfenaufsicht problematisch wäre. Denn dann müßten andere nationale Fördergebiete aus der Förderung entlassen werden. Zusätzliche Probleme werden darin gesehen, daß die EG-Kommission teilweise andere Instrumente (Beratungsmaßnahmen, wissenschaftliche Analysen, Innovationsförderung) anwendet als die deutsche Regionalpolitik (Förderung privater gewerblicher Investitionen und der gewerbenahen Infrastruktur). Derartige Probleme sind unabhängig davon, ob man die nationale Regionalpolitik als effizient einstuft, in der Tat eine Folge der Vertiefung im Bereich der Regionalpolitik. Sie wären nicht entstanden, wenn nicht die EG im Laufe der Zeit mehr und mehr Kompetenzen für die aktive Regionalpolitik an sich gezogen hätte.

Differenziert sind die Probleme im Bereich der Beihilfenaufsicht zu beurteilen, wo man zwischen verfahrensimmanenten und generellen Problemen unterscheiden muß. Innerhalb des Verfahrens der Beihilfenaufsicht sind die Berechnungsmethoden der Kommission für die nationalen Schwellenwerte für die Zulässigkeit von nationalen Regionalfördermaßnahmen nicht unumstritten.[64] Dadurch werden Unsicherheiten geschaffen, ob Beihilfen noch unter dem Schwellenwert liegen oder über ihm. Generelle Probleme entstehen aus der Auswahl von Fördergebieten anhand einer unterschiedlichen Anwendung von Indikatoren zwischen Beihilfenaufsicht einerseits und GA andererseits.[65] Dadurch werde die nationale Autonomie bei der Auswahl der Fördergebiete beschnitten. Generelle Kritik entzündet sich darüber hinaus an der Beschränkung der Regionalpolitik in den reichen Mitgliedstaaten, die durch die Bestrebungen der EG-Kommission, die nationale Förderkulisse weiter zu verringern,[66] verschärft werden.

Berechnungsprobleme bei den Schwellenwerten sind allerdings ein direkter Ausfluß der Verfolgung des Ausgleichsziels durch die EG. Würde die Beihil-

---

64 Vgl. zum folgenden Gräber, Spehl [1992a, S. 58 ff. und S. 65 f.].

65 Die Beihilfenkontrolle ermöglicht Fördermaßnahmen in Regionen, die *entweder* ein niedriges pro-Kopf-Einkommen *oder* eine hohe Arbeitslosenquote aufweisen. Die GA ermöglicht eine gewisse Substitution der Indikatorwerte. Dadurch können bestimmte Regionen, die nach der GA förderwürdig sind, von der Wettbewerbsaufsicht aus der Förderung genommen werden, während sie die Förderung von Regionen zuläßt, die nach der GA nicht förderwürdig sind [vgl. Eser, 1989, S. 205 ff.; Gräber, Spehl, 1992a, S. 66].

66 1987 betrug der maximal zulässige Anteil der regionalen Fördergebiete (gemessen anhand des Bevölkerungsanteils, GA und Landesprogramme zusammengenommen) knapp 45 vH, 1988 nach dem sogenannten "Bangemann-Sutherland-Kompromiß", der im wesentlichen auf Kosten der Landesprogramme ging, 38 vH [vgl. Eser, 1989, S. 205], seit dem 1.1.1991 gilt eine Obergrenze von 33 vH [vgl. Horn et al., 1991, S. 78, Fn. 1].

fenkontrolle sich darauf beschränken, die Einhaltung der Wettbewerbsbedingungen zu überwachen und dabei für alle Mitgliedstaaten gleiche Kriterien anzulegen, würde das Problem nicht entstehen. Insofern müßte eine Lösung dieses Problems weniger in einer Reform der Berechnungsmethode als vielmehr in einem Verzicht auf nationale Differenzierung zu suchen sein.

Der Umstand, daß die EG eigene Kriterien dafür anlegt, welche Regionen in den einzelnen Mitgliedstaaten förderwürdig sind, ist aus der Perspektive einer reinen Wettbewerbsaufsicht höchst fragwürdig. Denn das Erfordernis eines einheitlichen Maßstabs für das, was an Beihilfen als wettbewerbspolitisches "Foul" anzusehen ist, wird bereits durch eine Obergrenze für den Beihilfenhöchstsatz erfüllt.[67] Ein vereinfachtes Verfahren für die Wettbewerbsaufsicht, bei der nur darauf geachtet wird, daß die "Foul"-Grenze nicht überschritten wird, könnte völlig auf einen Eingriff der EG in die Abgrenzung der Fördergebiete verzichten. Nicht berechtigt erscheint dagegen die generelle Kritik, daß die Beihilfenaufsicht die Handlungsspielräume der Regionalpolitik einschränkt. Wie dargelegt stellen alle Beihilfen, auch regionalpolitisch motivierte, Wettbewerbsverzerrungen dar und beeinträchtigen den freien Waren- und Dienstleistungsverkehr im Gemeinsamen Markt. Daher ist das generelle Anliegen der EG-Kommission, die Beihilfesätze und die Höchstgrenzen für den Anteil der Fördergebiete mehr und mehr zu drosseln, aus ökonomischer Sicht positiv zu beurteilen. Eine wettbewerbspolitisch akzeptable Lösung wäre erst dann erreicht, wenn die Grenzen für Fördersätze und der Fördergebietsanteil drastisch gesenkt würden und zudem die Differenzierungen zwischen den Mitgliedstaaten beseitigt und durch einen Finanzausgleich ersetzt wären. Es ist daher weniger zu beanstanden, daß die Beihilfenkontrolle die Regionalpolitik in der Bundesrepublik erschwert, als vielmehr, daß sie dies nicht in allen Mitgliedsländern gleichermaßen tut.

8. Verkehrspolitik

a. Verlagerung von Kompetenzen zur EG-Ebene[68]

Im Bereich des Verkehrs war eigentlich schon in den Römischen Verträgen eine Gemeinsame Verkehrspolitik der EG als ein Ziel der Gemeinschaft fest-

---

67 Weil in allen Mitgliedsländern eine regionale Ausgleichspolitik betrieben wird, ist realistischerweise zu unterstellen, daß diese Grenzen nicht völlig gegen Null tendieren, obwohl dies ökonomisch gerechtfertigt wäre, weil alle Beihilfen den Wettbewerb verfälschen [Soltwedel et al., 1988, S. 198].

68 Zu einer ausführlichen Analyse der Stadien der europäischen Verkehrspolitik siehe Klodt, Stehn et al. [1992, S. 122-130] und die dort angegebene Literatur.

gelegt worden. Praktisch war diese aber über lange Jahre nicht existent. Die in den Römischen Verträgen vorgesehene Übergangsfrist von 12 Jahren war ungenutzt verstrichen und auch nach 1969 ergaben sich zunächst kaum Ansätze zu einer eigenständigen Verkehrspolitik der Gemeinschaft.[69] Das änderte sich erst mit dem Untätigkeitsurteil des Europäischen Gerichtshofes (EuGH) von 1985, das einer Klage des Europäischen Parlaments gegen den Rat, die Gemeinsame Verkehrspolitik vernachlässigt zu haben, Recht gab. Mit dem Untätigkeitsurteil kam Bewegung in die Verkehrspolitik der EG. Denn es hält insbesondere fest, daß die Herstellung der Dienstleistungsfreiheit im Verkehrswesen nicht von einer Harmonisierung der Wettbewerbsbedingungen abhängig gemacht werden darf. Die zuvor von Frankreich, Italien und der Bundesrepublik vertretene Junktim-These wurde damit hinfällig. Die Mitgliedstaaten waren gezwungen, allmählich Abstand von einer protektionistischen Verkehrspolitik zu nehmen, weil das Untätigkeitsurteil sich auf die konkreten Vorgaben des Art. 75 Abs. 1 EWG-Vertrag richtete und der EuGH bei einer weiteren Verzögerung der Verwirklichung des gemeinsamen Verkehrsmarktes die Dienstleistungsfreiheit im grenzüberschreitenden Verkehr und die Zulassung der Kabotage notfalls im Urteilswege hätte vollziehen können [Erdmenger, 1987, S. 88].

Im Juni 1985 erschien zudem das Weißbuch der Kommission zum EG-Binnenmarkt. Mit der Einheitlichen Europäischen Akte von 1986 wurde das Binnenmarktprogramm auch auf den Verkehrsbereich ausgedehnt. Seither sind eine ganze Reihe von Gemeinschaftsaktivitäten zum grenzüberschreitenden Güter- und Personenverkehr — wenn auch mit unterschiedlichen Intensitäten bei den einzelnen Verkehrsträgern — zu verzeichnen. Die Maßnahmen der EG-Verkehrspolitik konzentrierten sich seit 1985 auf Fragen der Verkehrsordnungspolitik, insbesondere im Straßengüterverkehr, aber auch im Luftverkehr und bei der Eisenbahn [Busch, 1991]. Ein Verlagern von wirtschaftspolitischen Kompetenzen zur EG-Ebene kommt z.B. darin zum Ausdruck, daß nicht nur der grenzüberschreitende Verkehr zum 1.1.1993 liberalisiert worden ist — nur das Kabotageproblem im Straßengüter- und Luftverkehr ist noch ungelöst —, sondern daß auch die überkommenen Verkehrsmarktordnungen auf denjenigen nationalen Verkehrsmärkten unter Druck gekommen sind, auf denen noch vergleichsweise restriktive Regulierungen vorherrschen. Das betrifft insbesondere die sogenannte "kontrollierte Wettbewerbsordnung" in der Bundesrepublik.

Mit dem Vertrag von Maastricht hat die EG zudem eine konkurrierende Kompetenz im Bereich der Infrastrukturpolitik erhalten. Die EG kann über den noch einzurichtenden Kohäsionsfonds Infrastrukturprojekte in ärmeren Mitgliedsländern mitfinanzieren und hat zudem die Möglichkeit, in die Planung

---

[69] Vgl. Basedow [1987, S. 13 ff.], Erdmenger [1987, S. 91 ff.] sowie Jannott [1991, S. 19 ff.].

transeuropäischer Netze hinsichtlich deren Verbund und Interoperationalität einzugreifen.

b. Beurteilung der EG-Verkehrspolitik

Verkehrsordnungspolitik

Gemessen an den Kriterien der Theorie des fiskalischen Föderalismus ergibt sich für die Verkehrsordnungspolitik der EG ein überwiegend positives Bild: Die Offenheit der Verkehrsmärkte zu garantieren, damit sich auch hier die vorteilhaften Wirkungen des Wettbewerbs entfalten können,[70] ist eine zentrale öffentliche Aufgabe. Ihre Reichweite umfaßt die ganze Gemeinschaft, und zwar um so mehr, je mehr sich die Märkte der Mitgliedstaaten miteinander vernetzen. Die Freiheit des Gemeinsamen Verkehrsmarktes ist direkt komplementär zur Handelsfreiheit, ohne liberalisierte Verkehrsmärkte wäre im Grunde genommen die Handelsfreiheit nur unvollständig garantiert. Wie diese muß auch die Offenheit der Verkehrsmärkte von der obersten Instanz — hier der EG-Ebene — gewährleistet werden, weil Ausnahmen in Teilen der Gemeinschaft einen Schutz weniger effizienter Anbieter bedeuten und damit zu Wohlfahrtsverlusten führen würden.

Die EG-Kompetenz für die Verkehrsordnungspolitik entspricht auch dem Prinzip der fiskalischen Äquivalenz. Die Nutzen niedrigerer Transportpreise kommen letztlich allen EG-Bürgern zugute, da Transportleistungen als Vorleistungen in praktisch allen Gütern enthalten sind. Aufgrund dieser weit-reichenden Nutzenstreuung müssen die Kosten der Verkehrsordnungspolitik — das sind im wesentlichen nur die Personal- und Sachkosten der Wettbewerbsaufsicht — ebenfalls von allen getragen werden. Wenn zugleich die Entscheidung auf der EG-Ebene liegt, die alle Bürger der Mitgliedstaaten repräsentiert, ist auch der Verbund von Zahlern, Nutzern und Entscheidern hergestellt. Bei einer Kompetenz auf der Ebene der Mitgliedstaaten wäre das nicht notwendigerweise der Fall. Denn eine protektionistische Verkehrspolitik in einem Land würde zu überhöhten Transportpreisen zu Lasten der Konsumenten in der EG führen, während die Nutzen einseitig bei den begünstigten Anbietern anfallen würden.

Zwar wäre es theoretisch möglich, daß die Garantie der Offenheit der Verkehrsmärkte auch subsidiär von den Mitgliedstaaten wahrgenommen werden könnte. Dies würde aber nur dann vergleichbare Ergebnisse hinsichtlich eines freien gemeinsamen Verkehrsmarktes bringen, wenn alle Mitgliedstaaten einem

---

70 Verkehrsmärkte sind kein wettbewerbspolitischer Ausnahmebereich, Wettbewerb kann auch hier zu überlegenen Ergebnissen führen. Das zeigen sowohl theoretische Überlegungen als auch empirische Erfahrungen aus anderen Ländern [vgl. Laaser, 1991, Kap. V und VII].

erfolgreichen Liberalisierungsexperiment folgen würden. Wie die Erfahrung mit der Verkehrspolitik in den Mitgliedstaaten allerdings zeigt, war das durchweg nicht der Fall. Den vergleichsweise liberal ausgestalteten Verkehrsmarktordnungen in den Benelux-Staaten, in Dänemark und im Vereinigten Königreich standen die interventionistisch ausgerichteten Ordnungen in Frankreich, Italien und der Bundesrepublik gegenüber. Am Beispiel der deutschen Verkehrspolitik läßt sich zeigen, daß die Verkehrsordnungspolitik hier eine Kette von Rentseeking-Prozessen ist. Tonangebend waren stets Interessenkoalitionen aus etablierten Anbietern, aber auch aus verschiedenen Staatsorganen, die eine wettbewerblich ausgerichtete Verkehrspolitik verhindern konnten [vgl. Laaser, 1991, Kap. VI]. Die Verlagerung der Kompetenzen für die Verkehrsordnungspolitik hin zur EG-Ebene hat nunmehr diese seit vielen Jahren bestehenden Interessenkoalitionen aus nationalen staatlichen Organen und etablierten Anbietern, die im Besitz der künstlich knapp gehaltenen Marktzutrittsgenehmigungen waren, aufgebrochen. Erstmals nach mehr als 100 Jahren Rentseeking im Verkehrswesen sind auch in Deutschland in nennenswertem Umfang Marktzutrittsbeschränkungen beseitigt worden. Ähnliches gilt für andere Mitgliedstaaten mit bisher restriktiver Verkehrsmarktordnung.

Die Verlagerung von Kompetenzen zur EG-Ebene im Bereich der Verkehrsordnungspolitik hat bewirkt, daß die nationalen Marktordnungen im Verkehrswesen nach und nach durch einen Ordnungsrahmen auf EG-Ebene ersetzt werden.[71] Die Kompetenzverlagerung ist in diesem Teilbereich nahezu vollständig, die Marktordnung wird nun im Zusammenwirken von Kommission und Rat bestimmt. Über letzteren nehmen die Mitgliedstaaten zwar Einfluß, es gilt aber seit Inkrafttreten der EEA das Mehrheitsprinzip, so daß es von den Koalitionen unter den Mitgliedstaaten abhängt, wie die Marktordnung weiterentwickelt wird. Mit den Benelux-Staaten, Dänemark und dem Vereinigten Königreich und ihren im Vergleich zur Bundesrepublik, zu Frankreich und zu Italien liberaleren nationalen Verkehrsmarktordnungen dürfte ein starkes Gegengewicht gegen ein Wiedererstarken des Interventionismus im Verkehr gegeben sein. Freilich kann nicht ausgeschlossen werden, daß sich mit der Zeit auch auf EG-Ebene Interessengruppen bilden und dort auf eine wieder mehr restriktive Verkehrsmarktordnung dringen. Gegen solche Tendenzen, die etwa Vaubel [1992] für durchaus relevant hält, hilft allerdings eine räumliche Erweiterung der Gemeinschaft (siehe Kapitel D).

Die Verkehrsordnungspolitik der EG nach dem Untätigkeitsurteil des EuGH hat zu einer nachhaltigen Liberalisierung der Verkehrsmärkte in den Mitglied-

---

71 Einen Gemeinsamen Markt im Verkehr hat die EG wie vorgesehen zum 1.1.1993 allerdings noch nicht verwirklicht, weil die Kabotage im Straßengüter- und Luftverkehr noch nicht endgültig geregelt ist.

staaten geführt. Sie hat damit zur gesamtwirtschaftlichen Effizienz beigetragen, wenn auch die Deregulierungsintensität zwischen den Verkehrsträgern variiert, einige prozeßpolitische Eingriffe auch im Rahmen des Gemeinsamen Verkehrsmarktes (wie z.B. die Abwrackaktion in der Binnenschiffahrt) nicht zu übersehen sind und zuweilen in Zweifel gezogen wird, ob hinter dieser Politik tatsächlich ein wettbewerbs- und ordnungspolitisch konsistentes Konzept steht [Busch, 1991, S. 36 ff.]. Die im Vergleich zur bisherigen deutschen Verkehrspolitik liberalere Ausgestaltung der Verkehrsmarktordnung im Rahmen des Binnenmarktes hat aber in jedem Fall einen Fortschritt in der Verkehrspolitik gebracht und auch positive Rückwirkungen auf andere Politikbereiche gehabt, und zwar in dem Sinne, daß die globale Senkung der Transportkosten tendenziell wohlstandssteigernd wirkt und damit aktive Maßnahmen in anderen Bereichen überflüssig gemacht hat.

Verkehrsinfrastrukturpolitik

Nicht so eindeutig wie die Verkehrsordnungspolitik der EG ist die infrastrukturpolitische Kompetenz der EG im Zusammenhang mit der Planung transeuropäischer Netze und der Mitfinanzierung von entsprechenden Projekten in den weniger wohlhabenden Mitgliedstaaten über den Kohäsionsfonds nach Art. 129b und 129c EGV zu beurteilen. Vielmehr stellt sich das Problem mehrschichtig dar.

Die Idee, die hinter dieser Kompetenzverlagerung steckt, ist die Erkenntnis, daß die EG zwar auf dem besten Wege ist, mit der Vollendung des Binnenmarktes auch die Liberalisierung der Verkehrsmärkte durchzusetzen, daß aber die damit erreichte Marktintegration in Gefahr ist, von Engpässen in den Infrastrukturnetzen bei den verschiedenen Verkehrsträgern nachhaltig beeinträchtigt zu werden. Die fortschreitende Integration der Märkte in Europa und die im Gefolge des Binnenmarktes und der Liberalisierung im Verkehrswesen stark zunehmenden grenzüberschreitenden Verkehrsströme erfordern daher nach Ansicht vieler Beobachter ein integriertes europäisches Verkehrskonzept mit zentralen Kompetenzen für die Planung und Gestaltung von Verkehrsnetzen von europäischer Bedeutung. Der Begriff "integriert" wird dabei sowohl grenzüberschreitend als auch verkehrsträgerübergreifend verstanden [vgl. Button, 1992, S. 29 ff. u. 63 ff.; Münch, Walter, 1992, S. 124 ff.; REI, 1984].

Zutreffend an dieser These ist die enge Verknüpfung zwischen Verkehrs- und Freihandelspolitik. Angesichts des vermutlich stark steigenden Verkehrsaufkommens werden neue Herausforderungen an die Infrastrukturpolitik gestellt, wenn nicht die Marktintegration unvollständig bleiben soll. Es fragt sich aber, ob dies notwendigerweise EG-Kompetenzen bei der Planung und Gestaltung von Infrastrukturprojekten erfordert und wenn ja, in welcher Hinsicht.

Zunächst kann in den Mitgliedstaaten ein vitales Eigeninteresse unterstellt werden, nicht durch Infrastrukturengpässe im Warenaustausch beeinträchtigt zu werden. Dies wird etwa in Dänemark durch das Projekt der Ostseequerung oder durch den Kanaltunnel zwischen Frankreich und dem Vereinigten Königreich dokumentiert, wobei letzterer sogar privat finanziert wird, die fiskalische Äquivalenz also bereits außerhalb des staatlichen Sektors gewahrt werden kann, weil für die Passage ein Benutzungsentgelt erhoben werden kann. Das Subsidiaritätsprinzip legt im Infrastrukturbereich im allgemeinen dezentrale Kompetenzen nahe, weil man vor Ort die Nachteile einer mangelnden Anbindung an Verkehrsnetze am deutlichsten spürt.

Allerdings bestehen im grenzüberschreitenden Verkehr Koordinationserfordernisse an den Schnittstellen, also bezüglich der Weiterführung von Autobahnen, Kanälen oder Eisenbahn-Hochgeschwindigkeitsstrecken jenseits der Grenze. Hier sind in der Tat Spillover-Effekte zu verzeichnen. Es erscheint aber zweifelhaft, daß diese Spillover-Effekte stets so weit reichen, daß die ganze Gemeinschaft einbezogen werden müßte.[72] Im allgemeinen dürfte es ausreichen, wenn sich die unmittelbar betroffenen Mitgliedstaaten in Zweckverbänden organisieren, um die grenzüberschreitende Verkehrswegeplanung für die jeweiligen Verkehrskorridore zu koordinieren. Selbst wenn man berücksichtigt, daß Netzwerkinterdependenzen bestehen, also etwa von neuen Autobahnen auch die Verkehrsdichte auf dem bestehenden Straßennetz oder bei der Eisenbahn beeinflußt wird, so reichen doch auch diese Spillover-Effekte nicht gemeinschaftsweit. Im Zentrum Europas sind solche Interdependenzen in der Tat stärker ausgeprägt als am Rande. Das hieße allerdings nur, daß Zweckverbände hier mehr Mitglieder umfassen müßten als bei Projekten am Rande. Sofern die EG Regeln über die Gründung von Zweckverbänden und über die gütliche Einigung bereitstellen würde — dies wäre ein supranationales öffentliches Gut —, könnte sie darauf verzichten, direkt in die Planung und Gestaltung einzugreifen. Zu den Regeln des Zweckverbandes müßte auch gehören, daß geklärt wird, wie im Falle von Mitgliedsländern oder Regionen zu verfahren ist, die zwar von den Kosten des Verkehrs (Stauungen, Umweltverschmutzungen) betroffen sind, in denen die Nutzen aus den niedrigeren Transportkosten und die Wohlfahrtsgewinne des Handels aber deshalb kaum anfallen, weil sie nur im Transit durchfahren werden.[73] Lösbar wäre ein derartiges

---

72 Im Falle einer europäischen Flugsicherung, die strenggenommen auch zur Infrastruktur zählt, reichen die Spillover-Effekte allerdings vermutlich über die gesamte Gemeinschaft.

73 Dieses Problem tritt derzeit vor allem außerhalb der EG, nämlich im Transitverkehr durch Österreich und die Schweiz auf. Es wird allerdings durch den EWR-Vertrag nunmehr gewissermaßen zu einem innergemeinschaftlichen Problem.

Problem im Rahmen eines Konzepts zur Anlastung von Staukosten und Umweltkosten, für dessen Formulierung die EG in der Tat eine Kompetenz hätte.

Wie beim Aufstellen von Regeln über Zweckverbände ist eine zentrale Kompetenz auch hinsichtlich des Einholens und Verbreitens von Informationen über die jeweilige Infrastrukturpolitik der Mitgliedstaaten zweckdienlich, weil das die Transaktionskosten für alle potentiell Beteiligten senkt. Diese Aufgabe ist aber bei der Europäischen Verkehrsministerkonferenz, die sie bereits heute wahrnimmt, besser aufgehoben als bei der EG, weil auch Nicht-Mitgliedstaaten von derartigen Spillover-Effekten betroffen sein können.

Eine zentrale Kompetenz erscheint weiterhin angemessen hinsichtlich des in Art. 129 b Abs. 2 EGV genannten wettbewerbspolitischen Ziels, den Zugang zu einzelstaatlichen Netzen durch Anbieter aus anderen Mitgliedstaaten sicherzustellen. Im Verkehrsbereich betrifft dies vor allem die Eisenbahnen. Der Zugang fremder Anbieter zu nationalen Schienennetzen erfordert eine Trennung von Fahrweg und Betrieb (wie in der EG-Richtlinie 91/440 vorgesehen) und letztlich Wettbewerb auf dem Schienennetz, was wiederum notwendig zur Gesundung der hochverschuldeten Staatsbahnen in Europa erscheint [Laaser, 1991, Kap. IX]. Allein auf nationaler Ebene wäre ein solcher Schritt kaum zu realisieren gewesen.

Eine Kompetenz für die EG für die Infrastrukturpolitik wäre weiterhin denkbar, wenn die nationale Infrastrukturpolitik bewußt dazu eingesetzt würde, die Verkehrsteilung administrativ zu beeinflussen und die Liberalisierung der Verkehrsmärkte indirekt wieder auszuhebeln [Paqué, Soltwedel et al., 1993]. Da die Motive einer solchen neuen interventionistischen Verkehrspolitik häufig umweltpolitischer Natur sind, würde sich das Problem entschärfen, wenn die EG einheitliche Regeln für die Anlastung (und damit Internalisierung) von Wege- und Umweltkosten aufstellen würde. Auch dies ist ein supranationales öffentliches Gut, denn einzelne Mitgliedstaaten könnten einen Anreiz haben, durch eine prohibitive Formulierung von Regeln externe Kosten des Verkehrs auf andere Mitgliedstaaten abzuwälzen.

Wenn sich die EG dagegen direkt in die Gestaltung und Finanzierung von konkreten Infrastrukturprojekten einschaltet, wie es Art. 129b und 129c EGV zwangsläufig mit sich bringen, wenn die Kommission und der Rat Vorhaben von gemeinsamem Interesse ausweisen, Aktionen zur Verknüpfung von Infrastrukturnetzen durchführen und zu fördernde Projekte auswählen, dann steigen vor allem die Planungskosten insgesamt. Denn die Aktivitäten der Kommission können die Planungsarbeiten in den Mitgliedstaaten oder den Regionen nicht ersetzen. Vermutlich werden bei einer Anwendung von Art. 129b und 129c EGV die Planungsprozesse noch langwieriger als sie es ohnehin schon sind. Schwieriger würde vermutlich auch die Koordinierung vor Ort zwischen Projekten gemeinschaftlichen Interesses und solchen, die lediglich nationalen oder

regionalen Verkehrsbedürfnissen dienen. Würde sich die EG dagegen auf die genannten Aktivitäten beschränken (Regeln für Zweckverbände, Zugang zu Netzen, Regeln für die Anlastung von Wege- und Umweltabgaben), wäre die Verkehrspolitik zu geringeren gesamtwirtschaftlichen Kosten durchzuführen. Das gilt auch für die Finanzierung von Projekten in weniger wohlhabenden Mitgliedstaaten: Über einen Finanzausgleich zwischen den Mitgliedstaaten wäre die angestrebte Redistribution vermutlich zu geringeren Kosten zu erreichen als über die direkten Zuweisungen aus dem Kohäsionsfonds.

9. Arbeitsmarkt- und Sozialpolitik

a. Die EG-Kompetenz zur Harmonisierung arbeits- und sozialrechtlicher Standards

Im Bereich der arbeits- und sozialrechtlichen Vorschriften sowie der entsprechenden Prozeßpolitik war der EG von den Gründerstaaten nur eine marginale Kompetenz zugeordnet worden. Abgesehen von der rahmensetzenden Norm der Art. 119 EWGV (gleiches Entgelt für Männer und Frauen) und Art. 120 EWGV (bezahlter Urlaub) enthielten die Römischen Verträge in den Art. 48–51 EWGV Vorschriften über die Freizügigkeit von Arbeitnehmern und in Art. 121 EWGV die Kompetenz des Rates, der Kommission einstimmig Aufgaben zu übertragen, welche die Durchführung gemeinsamer Maßnahmen insbesondere auf dem Gebiet der sozialen Sicherheit für Wanderarbeitnehmer betreffen. Darüber hinaus wurden im Art. 123–128 EWGV mit dem Europäischen Sozialfonds (ESF) prozeßpolitische Kompetenzen bei der EG angesiedelt; sein Zweck ist nach dem Vertragstext darauf gerichtet, innerhalb der Gemeinschaft die berufliche Verwendbarkeit und die örtliche und berufliche Freizügigkeit der Arbeitskräfte zu fördern.[74] Ansonsten beschränkte sich die Kompetenz der EG bei der Zusammenarbeit in sozialen Fragen auf Untersuchungen, Stellungnah-

---

[74] Der ESF hat zwar eine primär auf den Arbeitsmarkt bezogene Funktion (Finanzierung von Ausbildung und Umschulung, insbesondere Jugendlicher und Langzeitarbeitsloser; Zuschüsse zur Erhöhung der regionalen Mobilität; Beihilfen zur Schaffung von Dauerarbeitsplätzen und für Firmengründungen). Die regionale Komponente des ESF ist aber stark ausgeprägt wegen der zumeist räumlichen Konzentration der Arbeitsmarktprobleme in den strukturschwachen Regionen der Gemeinschaft. So werden rund vier Fünftel der Mittel des ESF durch regionale Kriterien bestimmt. Dabei ist vorgesehen, daß 40 vH aller Mittel, mit denen sich der ESF an Maßnahmen der Mitgliedstaaten beteiligt, den benachteiligten Gebieten im Mittelmeerraum und in Irland sowie den französischen überseeischen Departements zugute kommen müssen. Im Verhältnis zum EFRE übernimmt der ESF damit wegen seines anders gelagerten Aufgabenfeldes eine Ergänzungsfunktion. Diese regionalpolitische Funktion ist durch die EEA noch verstärkt worden.

men und die Vorbereitung von Beratungen (Art. 118 EWGV). Im Rahmen dieser Kompetenzen hat die Europäische Gemeinschaft sich im wesentlichen darauf konzentriert, die Grenzen zwischen den Arbeitsmärkten durchlässiger zu machen und die Anpassungsfähigkeit von Arbeitskräften an Veränderungen, die sich aus der Integration der Gütermärkte ergeben, zu erhöhen[75].

Die Einheitliche Europäische Akte von 1986 erweiterte die Kompetenzen der EG in zweifacher Hinsicht: (i) Art. 118a EWGV gibt dem Rat das Recht, mit qualifizierter Mehrheit durch Richtlinien Mindestvorschriften zu erlassen, die Arbeitsumwelt zu verbessern sowie die Sicherheit und Gesundheit der Arbeitnehmer zu schützen. (ii) In Art. 118b EWGV wird der Kommission aufgegeben, sich darum zu bemühen, den Dialog zwischen den Sozialpartnern auf europäischer Ebene zu entwickeln, der — wenn diese es für wünschenswert halten — zu vertraglichen Beziehungen führen kann.

Im Dezember 1989 hat der Europäische Rat gegen die Stimme des Vereinigten Königreichs die "Gemeinschaftscharta der sozialen Grundrechte der Arbeitnehmer" verabschiedet. Die Sozialcharta ist Ausgangspunkt für ein Aktionsprogramm, das auf eine Angleichung von Arbeitsbedingungen und Sozialvorschriften abzielt [Kommission, b].

Der Vertrag von Maastricht drückt im Protokoll zur Sozialpolitik das Bestreben der Mitgliedsländer aus — mit der Ausnahme des Vereinigten Königreichs —, entlang den Orientierungslinien voranzugehen, die in der Sozialchar ta von 1989 festgelegt worden sind. Die Gemeinschaft hat in Maastricht ein Mandat erhalten, mit qualifizierter Mehrheit (d.h. mindestens 44 Stimmen gegenüber den ansonsten für eine qualifizierte Mehrheit erforderlichen 54 Stimmen) Direktiven zu beschließen, um Mindestbedingungen zur graduellen Implementierung in folgenden Bereichen festzulegen: (i) Sicherheit und Gesundheitsschutz am Arbeitsplatz; (ii) Arbeitsbedingungen; (iii) Information und Konsultation von Arbeitnehmern; (iv) Gleichstellung der Geschlechter und (v) Eingliederung von Randgruppen am Arbeitsmarkt. Dazu muß der Rat den Wirtschafts- und Sozialausschuß des Europäischen Parlaments anhören. Auch zu folgenden Bereichen können Direktiven beschlossen werden: (i) Soziale Sicherung; (ii) Kündigungsschutz; (iii) Arbeitnehmervertretung einschließlich Mitbestimmung; (iv) ausländische Arbeitnehmer aus Drittländern und (v) finanzielle Förderung von Beschäftigung und Arbeitsplatzbeschaffung außerhalb des Sozialfonds. Für Aktivitäten in diesen Bereichen ist allerdings Einstimmigkeit (ohne Mitwirkung des Vereinigten Königreichs) erforderlich, und neben dem

---

[75] Der Rat hat darüber hinaus durch Art. 235 EWGV die Möglichkeit, auf Vorschlag der Kommission und nach Anhörung des Parlaments in Bereichen einstimmig tätig zu werden, für die im Vertrag nicht die notwendigen Kompetenzen festgelegt worden sind.

Wirtschafts- und Sozialausschuß muß auch das Europäische Parlament gehört werden. Es ist zu erwarten, daß die elf Mitgliedstaaten, die das Protokoll zur Sozialpolitik unterzeichnet haben, gemeinschaftliche Aktivitäten zunächst im Gesundheitsschutz und bei den Arbeitsbedingungen verstärken werden. Zum einen ist das Quorum niedriger, zum anderen können sie hier eher als in anderen Bereichen auf allgemeines Wohlwollen und Unterstützung in der Bevölkerung rechnen. Allerdings: Mindeststandards sind auch in diesen Bereichen nicht kostenlos, sondern sie können die gesamten Beschäftigungskosten durchaus erhöhen.

Durch das Protokoll über die Sozialpolitik zum Vertrag von Maastricht ist auch die Mitwirkungsmöglichkeit der kollektiven Sozialpartner auf der Gemeinschaftsebene beträchtlich ausgeweitet worden. Während die EEA bezüglich Art. 118b EWGV lediglich vorsah, daß sich die Kommission bemüht, den Dialog zwischen den Sozialpartnern auf europäischer Ebene zu entwickeln, ist dies im Protokoll ausdrücklich als Aufgabe vorgeschrieben (Art. 2); Art. 4 sieht ein Initiativrecht der Sozialpartner auf europäischer Ebene vor.

b. Bewertung

Die Sozialcharta steht ausdrücklich unter dem Prinzip der Subsidiarität; auf EG-Ebene soll Aktivität nur entfaltet werden, wenn das jeweilige Ziel auf nationaler Ebene nicht besser verfolgt werden kann. Die Gemeinschaft beansprucht Kompetenz im Bereich der Arbeitsmarkt- und Sozialpolitik, weil nach ihrer Anschauung die Verminderung der Unterschiede in der Regulierung in diesem Bereich notwendig ist, um die Wettbewerbsbedingungen zwischen den Mitgliedstaaten einander anzugleichen. Marktkräfte allein — verstärkt durch das Binnenmarktprogramm — würden eher polarisierend als auf Konvergenz hin wirken, also arme Mitgliedstaaten und schutzbedürftige Arbeitsmarktgruppen benachteiligen. Die Verwirklichung des Binnenmarktes kann mithin nach Ansicht der EG durch einen zerbröckelnden "sozialen Konsens" innerhalb der Gemeinschaft gefährdet werden, wodurch ein Eingreifen auf EG-Ebene erforderlich werde, um die privaten Wachstums- und Beschäftigungseffekte zu realisieren. Zudem bekommt die Forderung nach mehr "sozialer Gerechtigkeit" zunehmend eine eigenständige Bedeutung.[76]

Die Herstellung von Bedingungen, die die Freizügigkeit der Arbeitskräfte sichern, dient eindeutig der Garantie des diskriminierungsfreien Marktzugangs, also der Marktintegration. Es ist wohl unbestritten, daß diese Kompetenz der

[76] Es war vor allem Kommissionspräsident Delors, der im Jahr 1987 der Diskussion um die soziale Dimension neue Impulse verlieh, als er betonte, der Gemeinsame Binnenmarkt müsse ein "menschliches Gesicht" haben [Lange, 1992, S. 254].

Zentralinstanz zufällt. Die Kommission folgt hierbei grundsätzlich dem ökonomisch zweckmäßigen Prinzip der gegenseitigen Anerkennung von berufszulassenden Hochschuldiplomen und Berufsabschlüssen. Bisweilen wird die Meinung vertreten, echte Freizügigkeit verlange darüber hinaus auch eine Harmonisierung von arbeits- und sozialrechtlichen Vorschriften.[77] Wie die folgenden Ausführungen zeigen werden, ist diese Meinung aus ökonomischer Sicht abzulehnen. Die Argumentationsbasis für eine weitgehende EG-Kompetenz im arbeitsmarkt- und sozialpolitischen Bereich ist sowohl in der Politik als auch in der Wissenschaft umstritten. Zum einen ist es kontrovers, ob die Einschränkung der Vertragsfreiheit auf dem Arbeitsmarkt auf nationaler Ebene gerechtfertigt ist und ob sie überhaupt geeignet ist, die Umverteilungszielsetzungen zu erreichen. Diese Skepsis ist noch größer, wenn solche Einschränkungen auf supranationaler Ebene getroffen werden [Engels et al., 1989]. Zum anderen ist die regionale Inzidenz der erwarteten Wohlfahrtseffekte durch die Vollendung des Binnenmarktes schwer vorherzusagen; hier gibt es durchaus Analysen, die zu dem Ergebnis kommen, daß es gerade die armen Länder seien, die vom Ausnutzen der Skaleneffekte und vom stärkeren Spezialisieren auf komparative Kostenvorteile profitieren würden [z.B. Neven, 1990; Peck, 1989].

Ein Motiv hinter der Sozialcharta und dem erweiterten Mandat der Gemeinschaft auf sozialpolitischem Gebiet ist das alte "Schmutzkonkurrenz-" oder "Lohndrückerei"-Argument, das darauf zielt, "unfairen" Wettbewerb — insbesondere Sozialdumping — zu verhindern. Dies offenbart zunächst einmal eine asymmetrische Behandlung von lokalen und nationalen Standortcharakteristika: Standortvorteile eines reichen Landes, so z.B. eine hochentwickelte Infrastruktur, hochgebildete Arbeitskräfte, werden als fair angesehen, während Standortvorteile armer Länder, wie niedrige Arbeitskosten in Form von niedrigen Geldlöhnen und Regulierungskosten, als unfair angesehen werden [Paqué, 1989].

Wettbewerbsfähigkeit wird nicht nur durch einen Kostenvektor determiniert, sondern auch durch einen Produktivitätsvektor. Niedrigen Beschäftigungskosten in Form von Arbeitslohn und geringen Regulierungskosten entsprechen in der Regel auch geringe Produktivitäten. Hohe Sozialstandards brauchen die Wettbewerbsfähigkeit von Unternehmen nicht zu beeinträchtigen, wenn sie

---

[77] So Steinkühler [Handelsblatt vom 27. Juli 1988]: "Freizügigkeit für alle, auch für Arbeitnehmer, wird jedoch erst Wirklichkeit, wenn soziale Mindeststandards für alle geschaffen werden, wenn die Arbeitnehmer in Großbritannien so viel verdienen wie in der Bundesrepublik, wenn Kündigungsschutz, Arbeitssicherheit, Krankenversicherung und andere soziale Sicherungssysteme in der EG überall den gleichen, hohen Standard haben".

durch entsprechend hohe Produktivitäten "gedeckt" sind.[78] Idealiter reflektieren sie lediglich eine sich im Entwicklungsprozeß verändernde Aufteilung des auf die Arbeitnehmer entfallenden Teils der Wertschöpfung auf Geldeinkommen und andere geldwerte Bestandteile wie z.B. Sicherheit, Schutz, Freizeit, Umweltqualität. Vielfach wird von Gewerkschaften auch behauptet, daß die Regulierungen häufig sogar produktivitätsfördernd seien, vor allem im Bereich des Gesundheits- und Arbeitsschutzes, der Arbeitszeitregelungen. Es liegt in der Logik dieses Arguments, daß es sich dann die Unternehmen um so weniger leisten können, Sozialstandards willkürlich zu senken, würden sie doch dadurch tendenziell die Kosten in die Höhe treiben. Unterschiedliche arbeitsrechtliche und sozialpolitische Regulierungsstandards stünden somit einer Vollendung des Binnenmarktes nicht entgegen. Auch innerhalb der Mitgliedstaaten konkurrieren Unternehmen mit höchst unterschiedlichen Kostenstrukturen und Kostenniveaus miteinander, ohne daß es dem Staat einfiele, hier harmonisierend einzugreifen oder die Faktormobilität einzuschränken.

Die EG-Staaten unterscheiden sich erheblich in Art und Ausmaß der sozioökonomischen Regulierungen [Addison, Siebert, 1992b][79]. Darüber hinaus gibt es — selbst bei ähnlichen Regulierungen — markante Unterschiede in der Rechtswirklichkeit, also bei der Durchsetzung der Normen. Die Nachfrage nach Leistungen der Sozialversicherung sowie die Nachfrage nach Sozialhilfe sind vermutlich in den EG-Ländern — und sogar innerhalb der EG-Länder — unterschiedlich; wahrscheinlich korreliert die Nachfrage mit dem Einkommensniveau bzw. mit dem am Markt erzielbaren Arbeitseinkommen. Es spricht nichts dafür, die unterschiedlichen Präferenzen der Bürger durch EG-weite Einheitsregelungen zu unterdrücken. Zu bedenken ist auch, daß Leistungen der Arbeitslosenversicherung und Sozialhilfeunterstützung "moral hazard" erzeugen und deshalb in Relation zum potentiellen Arbeitseinkommen stehen müssen. Wenn die Arbeitseinkommen aber verschieden sind, dann ist eine Vereinheitlichung, d.h. eine Angleichung über Absprachen oder eine Zentralisierung bei einer gemeinsamen Institution, nicht angezeigt. Die Frage, ob Entscheidungs-, Planungs- und Durchführungskompetenzen auf verschiedenen Ebene angesiedelt werden sollten, wird damit gegenstandslos. Diese Unterschiede sind spezifische

---

[78] "Differenzen bei Löhnen und Arbeitskosten innerhalb der Gemeinschaft spiegeln im wesentlichen Unterschiede in der Arbeitsproduktivität wieder. Die Arbeitskosten pro Produktionseinheit zeigen kaum wesentliche Unterschiede zwischen einzelnen Teilen der Gemeinschaft" [Kommission, d, S. 13].

[79] Dies wird auch deutlich in der unterschiedlichen relativen Bedeutung der Lohnnebenkosten (wie z.B. Sozialversicherungsbeiträge, Rentenzahlungen, Krankengeld); sie reichen von etwa der Hälfte der Beschäftigungskosten in Frankreich bis zu nur 16 vH in Dänemark; z.T. sind diese Unterschiede Ausdruck verschiedener Finanzierungsarten des sozialen Sicherungsnetzes [vgl. Kommission, d, S. 13].

Elemente der jeweiligen nationalen Charakteristika, auf deren Grundlage die Länder an der internationalen Arbeitsteilung teilnehmen. Diese nationalen Charakteristika können durchaus als ein komplexes Gleichgewicht in dem Sinne interpretiert werden, daß Nicht-Regulierung in einem Bereich notwendig ist, um die Wirkungen von Regulierungen in anderen Bereichen zu mildern [Addison, Siebert, 1992a; Lange, 1992, S. 236].

Es ist allerdings möglich, daß die Höhe und die Dichte von arbeitsmarkt- und sozialpolitischen Regulierungen nicht kongruent sind mit den Präferenzen der Arbeitnehmer: diese werden dann durch einen paternalistischen Staat oder das bilaterale Monopol der Sozialpartner zu einem höheren Niveau an Regulierung gezwungen, als sie es selbst wünschen. Dem daraus resultierenden Kostendruck — denn es gäbe ja keine kompensierende Barlohnzurückhaltung — könnten Unternehmen mit verstärkter Rationalisierung oder gar Abwanderung[80] begegnen. Im Prozeß des grenzüberschreitenden Standortwettbewerbs im vollendeten Binnenmarkt würden solche marktwidrig hohen Regulierungsniveaus aufgedeckt und angreifbar. Zentrale Harmonisierungsbestrebungen wären in diesem Falle künstlichen Wettbewerbsbeschränkungen zugunsten der hochregulierten Länder gleichzusetzen. Sie würden dort den heilsamen Zwang für Gesetzgeber, Gewerkschaften und Arbeitgeberverbände vermindern, darauf zu achten, daß das gesamte Bündel aus Barlohn und Regulierungskosten nicht den Verteilungsspielraum sprengt und nicht im Widerspruch zu den individuellen Präferenzen steht. Diese Verpflichtung würde durch eine Verlagerung der Regelungskompetenz auf die EG verwischt werden.

Eine erzwungene Anhebung der Sozialstandards in Ländern mit geringerer Regulierung hieße, auf politischem Wege die Kosten konkurrierender Unternehmen in diesen Ländern zu erhöhen. Würden ihnen so durch überzogene Standards reale Kosten aufgebürdet, gäbe dies nicht unberechtigt Anlaß zu Kompensationsforderungen, die wiederum die Steuerzahler der reicheren Länder zusätzlich belasten, mit entsprechenden negativen Auswirkungen auf die Leistungsbereitschaft. Würden die Arbeitskosten in den weniger entwickelten Gebieten Europas durch eine erzwungene Harmonisierung steigen, bestünde die Gefahr, daß dies eine Verminderung des Nettokapitalexports aus dem Zentrum in die Peripherie nach sich zöge. Dann könnten auf lange Sicht gesehen die Aufholchancen dieser Länder beeinträchtigt und die Divergenz in den Pro-Kopf-Einkommen vergrößert werden.

Mit steigendem Einkommen wird den Arbeitnehmern in den ärmeren Mitgliedstaaten soziale und arbeitsrechtliche Regulierung mehr wert werden, d.h. sie werden Einkommenszuwächse vermutlich von sich aus in einer Weise ver-

---

80 Däubler [1989, S. 66 ff.] spricht in diesem Zusammenhang von "Arbeitsrechtsflucht".

wenden wollen, wie dies gegenwärtig in den reichen Ländern der Gemeinschaft der Fall ist, ohne daß dies dann ihre Wettbewerbsfähigkeit im Binnenmarkt beeinträchtigen müßte. Das Ziel der Europäischen Gemeinschaft, Entwicklungsunterschiede abzubauen, läßt sich durchaus und gerade im Wettbewerb auf dem Arbeitsmarkt realisieren, die "resurrection of the pauper labour argument" [Lal, 1981] würde in seiner politischen Umsetzung die Marktintegration behindern.

Administrative Harmonisierungsvorgaben können ein anderes Ziel der Gemeinschaft negativ berühren, nämlich alles zu vermeiden, was die Entstehung und Entwicklung von kleinen und mittleren Unternehmen hemmt (Art. 118b Abs. 2 EWGV). Im allgemeinen genießen Mitarbeiter großer Unternehmen bessere Arbeitsbedingungen, Bezahlung, Mitbestimmungsrechte und soziale Absicherung als jene von kleinen und mittleren Unternehmen. Mindeststandards würden diese ganz besonders treffen. Zudem haben große Unternehmen mehr "Stimme" in den kollektiven Organisationen: Da diese Organisationen in der praktischen Sozialpolitik eine erhebliche Rolle spielen, genießen die großen Unternehmen ohnehin schon eine bevorzugte Position im politischen Prozeß. Die ausgeweiteten Mitwirkungsrechte für die Sozialpartner durch den Maastrichter Vertrag geben großen Unternehmen mithin einen zusätzlichen Vorteil. Dies ist ein wichtiger Schritt hin auf eine korporativistische Organisation des Arbeitsmarktes in der EG — auch wenn dieser Weg angesichts der noch erheblichen Unterschiede in Bezug auf Form und Grad der Organisation der Arbeitnehmer in Europa sehr weit ist.

Auch ist zu bedenken, daß die geplanten Schritte in Richtung auf eine europäische Währungsunion die Flexibilität von Faktorpreisen unter erhöhten Anpassungsdruck bringen (vgl. Abschnitt C.I.1). Es ist zweifelhaft, ob die Instrumente, die im Aktionsprogramm der Sozialcharta, für dessen Umsetzung nunmehr ein gestärktes Mandat besteht, hilfreich sind, wenn das Auffangen externer Schocks eine höhere Flexibilität bei den Beschäftigungskosten nötig macht. Gerade weil die EG so heterogen ist — nicht zuletzt durch die Süderweiterung in den achtziger Jahren —, ist es nicht zweckmäßig, das Netz der arbeitsmarktpolitischen Regulierungen über die gesamte Gemeinschaft hinweg engmaschiger zu knüpfen.

Es bestehen mithin erhebliche Zweifel an der Ziel-Mittel-Konsistenz der Sozialcharta und daran, daß das Prinzip der Subsidiarität zentrales Handeln nahelegt. Es ist daher gerechtfertigt, Vorsicht beim in Maastricht vereinbarten zügigeren Vorangehen in diesem Bereich anzumahnen. Es gilt, Zweit-Runden-Effekte mit ins Bild zu rücken, um zu vermeiden, daß auf eine gigantische Umverteilungsmaschinerie Rückgriff genommen werden muß. Dies könnte die soziale Kohäsion aus der Sicht der Steuerzahler in jenen Ländern beeinträchtigen, die die erforderlichen Mittel für diese Transfers aufbringen müssen.

Wenn hier die Meinung vertreten wird, daß es nicht mit dem Subsidiaritätsprinzip begründet werden kann, der EG die Kompetenz zur Harmonisierung der Regulierungen im Arbeits- und Sozialrecht zu übertragen, so heißt dies nicht, dem Europäischen Rat keinerlei sozial- und arbeitsmarktpolitische Zuständigkeit zuzusprechen. Dazu gehört nicht nur, wie Engels et al. [1989] hervorheben, die Sicherung der Freizügigkeit und der Niederlassungsfreiheit, sondern die Beseitigung von Rechtsvorschriften, die Arbeitskräfte anderer Mitgliedsländern diskriminieren und deren Beschäftigung behindern. Diese Zuständigkeiten wurden schon in den Römischen Verträgen festgelegt.

Engels et al. [1989] weisen auch darauf hin, daß es in den Bereich des Europäischen Rats fällt zu klären, "ob für Gastarbeiter die sozialpolitischen Rechte und Pflichten des Heimat- oder des Gastlandes gelten und inwieweit ein Anspruch auf Sozialleistungen des Gastlandes auch dann besteht, wenn der Rest der Familie im Heimatland lebt (z.B. beim Kindergeld und beim "Babyjahr") oder der Gastarbeiter dorthin zurückgekehrt ist".

Probleme entstehen hierbei vor allem bei Leistungen, die nach dem Prinzip des Solidarausgleichs, der Fürsorge und der Bedürftigkeit gewährt werden.[81] Es dürfte in Zweifel stehen, daß das Prinzip der räumlichen Kongruenz von Zahlern und Nutzern dieser "Clubgüter" erfüllt ist, wenn Leistungen — auf die in der Bundesrepublik ein Rechtsanspruch besteht und die in der Regel auf bestimmte Nominalbeträge lauten — für Personen außerhalb des Bundesgebiets gewährt werden, und zwar in gleicher nominaler Höhe. Bei dem politischen Willensbildungsprozeß, in dem über diese Leistungen abgestimmt und ein Konsens erzielt worden war, dürfte ein solcher "Export" von Sozialleistungen wohl kaum bedacht worden sein. Zu prüfen wäre, ob prinzipiell ein solcher Leistungsanspruch besteht und, wenn ja, in welcher Höhe; angesichts des oft erheblichen Wohlstandsgefälles zwischen dem Heimatland und dem Gastland bedeutet der gleiche nominale Leistungsbetrag einen beträchtlichen Unterschied im Realwert der Leistung mit entsprechenden Wirkungen auf das Anreizsystem, d.h. der Förderung der Zuwanderung und Inanspruchnahme der Leistungen. Dadurch könnten die Zahlungsbereitschaft der Zahler und der Konsensverbund zwischen ihnen und den Begünstigten nachhaltig gemindert werden.

Lehnt man die Notwendigkeit und Zweckmäßigkeit der Harmonisierung ab, könnte man im Umkehrschluß folgern, daß im jeweiligen Land die nationalen Regulierungen gelten müssen und nicht unterlaufen werden dürfen, also z.B. daß in der Bundesrepublik keine Arbeit gleichsam zu "portugiesischen" Löhnen

---

[81] Ein besonders plastischer Fall ist das Urteil Nr. 191/83 des EuGH, der einem italienischen Arbeiter Recht gab, Kindergeld nach deutschem Recht für seine bei seiner Frau in Italien lebenden Kinder zu beziehen, obgleich ein konkurrierender Anspruch, Kindergeld nach italienischem Recht zu beziehen, nicht wahrgenommen wurde.

angeboten werden darf. Es würde mithin das strenge Territorial- (oder Bestimmungsland-) Prinzip gelten, der Wettbewerb zu Konditionen des Ursprungslandes wäre nicht zulässig, Arbeit in Deutschland wäre nur statthaft, wenn die deutschen Gegebenheiten akzeptiert werden. Damit wäre der direkte Wettbewerb auf dem Arbeitsmarkt ausgeschlossen; lediglich indirekt, nämlich durch in anderen Gemeinschaftsländern preiswerter produzierte Güter oder durch Abwanderung von Unternehmen, wäre ein "Bestreiten" der Konditionen auf dem deutschen Arbeitsmarkt möglich.

Die deutsche Arbeitsmarktverfassung hat zugelassen und ermöglicht, daß Außenseiterwettbewerb auf dem Arbeitsmarkt weitgehend ausgeschaltet wird. Die daraus resultierenden gravierenden Fragen über die ökonomische Zweckmäßigkeit der deutschen Arbeitsmarktverfassung können im Rahmen dieses Gutachtens nicht mit der gebotenen Tiefe behandelt werden. Aus der Kritik an dem herrschenden Regulierungssystem ist gefordert worden, mehr Wettbewerb im Sinne von mehr Vertragsfreiheit auf dem Arbeitsmarkt zuzulassen [vgl. dazu z.B. Soltwedel et al., 1990; Deregulierungskommission, 1991]. Würde diesen Forderungen nachgegeben, so lauten manche Befürchtungen, würden die reichen Ländern von "billigen" Arbeitskräften aus anderen Gemeinschaftsländern überflutet. Solche Befürchtungen haben dann auch dazu geführt, daß für Griechenland (Beitritt 1981) Freizügigkeit erst ab 1988 galt, für Spanien und Portugal (Beitritt 1986) erst ab 1993. Ähnliche Ängste herrschten im Vereinigten Königreich (vor allem hinsichtlich Süditaliens) und z.B. in den Niederlanden (vor allem hinsichtlich von Sikhs und Pakistanis mit britischen Paß) vor dem Beitritt des Vereinigten Königreichs. Zunächst einmal muß festgehalten werden, daß diese Befürchtungen unbegründet waren, es ist nicht zu den Wanderungswellen gekommen [Böhning, 1972]. Pennix und Muus [1991, S. 204] gelangen hinsichtlich der Wanderungen innerhalb der Gemeinschaft zu folgenden Schlußfolgerungen: (i) Der große Zustrom aus "unterentwickelten" Gebieten hin zu "entwickelten" hat nicht stattgefunden; (ii) es hat einen Anstieg im Austausch von Staatsangehörigen gegeben, auch zwischen den hochentwickelten Gebieten; (iii) das Ausmaß des Austausches hängt nicht nur von "push"-Faktoren, sondern auch von "pull"-Faktoren ab, also der wirtschaftlichen Situation in den Zielländern.[82] Die Vermutung, daß das Zulassen von mehr Wettbewerb auf dem deutschen Arbeitsmarkt zu einer Lohnsenkungsspirale führen könnte, die durch den Zuzug von Arbeitskräften aus den weniger entwickelten Gebieten der Gemeinschaft beschleunigt würde, dürfte kaum begründet sein. Mehr Wettbewerb würde sich vermutlich in erster Linie in einer

---

[82] Pennix und Muus [1991] weisen auch auf die vergleichbare Entwicklung in der Nordischen Gemeinschaft hin, die sich 1954 zu einem "Gebiet der Freizügigkeit" machte.

Korrektur staatlicher oder tarifvertraglicher Regulierungen auswirken, die individuellen Präferenzen zuwiderläuft und/oder die Kosten über den Produktivitätsanstieg hinaus erhöhen.

Die Freizügigkeit von Arbeitnehmern innerhalb der Gemeinschaft hat als Korrelat, daß hinsichtlich der Immigration ein von allen Mitgliedstaaten akzeptiertes Regelwerk gelten muß. Ein System von national unterschiedlichen Zuwanderungskriterien und Aufenthaltsbestimmungen ist nach dem Wegfall der Kontrollen an den Binnengrenzen nicht mehr aufrechtzuerhalten. Auch dies fällt nach dem hier entwickelten Referenzsystem in den Aufgabenbereich der Zentralbehörde — europaweite Regelungen sollten einstimmig durch den Europäischen Rat getroffen werden.

II. Subsidiarität und rationale Wirtschaftspolitik — offene Fragen

1. Subsidiaritätsprinzip und die Zuweisung von Kompetenzen

Die Analyse hat gezeigt, daß das Subsidiaritätsprinzip eine wichtige Rolle für die Kompetenzverteilung in einem mehrstufigen staatlichen Gebilde spielt.[83] So wie es in diesem Kapitel angewendet worden ist — in dem Sinne, daß eine Übertragung von Kompetenzen an eine zentrale Ebene im allgemeinen nicht angezeigt ist, es sei denn, es ginge um die Wahrnehmung zentraler öffentlicher Aufgaben —, würden der EG nur wenige Kompetenzen zugewiesen werden, nämlich vor allem im Bereich der Ordnungspolitik: etwa die Garantie der Offenheit der Märkte und der Nichtdiskriminierung sowie der Wettbewerbsordnung einschließlich der Beihilfenkontrolle [vgl. auch Schmieding, 1992, S. 17 u. 31]. Das liegt auch daran, daß in den meisten Politikbereichen die staatlichen Aktivitäten kaum mit weitreichenden Spillover-Effekten verbunden sind und Skalenerträge bei der Entscheidung über und Durchführung von Maßnahmen auf EG-Ebene nicht zu erkennen sind. So wie das Subsidiaritätsprinzip im Vertrag von Maastricht verankert worden ist und so wie es die EG-Kommission verstanden wissen will, ist es aber vermutlich nicht so einfach, EG-Kompetenzen auf ein Maß zu beschränken, das mit ökonomischer Effizienz vereinbar wäre.

---

[83] Es liefert streng genommen auch Argumente für die Schaffung mehrerer Stufen eigenständiger Kompetenz in unitarischen, also in starkem Maße zentral verfaßten Staaten.

Mit dem Vertrag von Maastricht (Art. 6, Teil B, Nr. 5) ist in den EG-Vertrag der Art. 3b eingefügt worden, der die Aktivitäten der Gemeinschaft in denjenigen Bereichen, die *nicht* in deren *ausschließliche Zuständigkeit* fallen, dem Subsidiaritätsprinzip unterstellt: Die Gemeinschaft wird "nur tätig, sofern und soweit die Ziele der in Betracht gezogenen Maßnahmen auf Ebene der Mitgliedstaaten nicht ausreichend erreicht werden können und daher wegen ihres Umfangs oder ihrer Wirkungen besser auf Gemeinschaftsebene erreicht werden können". Zugleich werden mit Abs. 3 von Art. 3b EGV die Maßnahmen selbst dem Grundsatz der Verhältnismäßigkeit unterstellt.

Das Subsidiaritätsprinzip ist damit erstmals explizit im EG-Vertrag für eine allgemeine Anwendung festgeschrieben worden.[84] Es stellt sich die Frage, welche konkrete Rolle das Subsidiaritätsprinzip bei der europäischen Integration spielen kann und wird.

Einige Hinweise auf die denkbare künftige Rolle des Subsidiaritätsprinzips können unmittelbar aus dem Text des neuen EGV gewonnen werden sowie ergänzend aus einer Mitteilung der Kommission an den Ministerrat und das Europäische Parlament (abgedruckt in Agra-Europe [d]), die aufzeigen soll, wie die Kommission das Subsidiaritätsprinzip verstanden wissen will. Nach dem Text und nach der Stellung des Art. 3b im EGV ist das Subsidiaritätsprinzip zunächst einmal eingeschränkt auf die Bereiche, in denen die EG nicht bereits die ausschließliche Kompetenz durch eines der europäischen Vertragswerke erhalten hat.[85] Ergänzend betont die Kommission in ihrer Mitteilung, daß das Subsidiaritätsprinzip ein Ordnungsprinzip zur *Ausübung* von Zuständigkeiten, *nicht* aber zur *Zuweisung* von Kompetenzen sei. Die Zuweisung erfolge bereits durch die verfassunggebende Gewalt, also die vertragschließenden Mitgliedstaaten und stehe somit nicht zur Diskussion [ibid., S. 5].

Von der Formulierung des Vertrags her hat das Subsidiaritätsprinzip in der Tat nur eine ergänzende Rolle erhalten. Die Mitgliedstaaten haben beschlossen, es nur dort zur Anwendung kommen zu lassen, wo noch konkurrierende Kompetenzen zwischen EG-Ebene und Mitgliedstaaten bestehen. Eine solche Einschränkung wird aber den Möglichkeiten, die das Subsidiaritätsprinzip als Ordnungsprinzip enthalten kann, nicht gerecht. Das Prinzip der Subsidiarität besagt gerade, daß eine höhere Körperschaft nicht Aufgaben an sich ziehen sollte, die eine untergeordnete eigentlich besser erledigen kann. Es wirkt "als Richtlinie für die Gestaltung des Verhältnisses von Individuen und Gesellschaft sowie von

---

[84] Bisher enthielt nur Art. 130r EWGV, der durch die EEA eingefügt worden war, das Subsidiaritätsprinzip für den Bereich der Umweltpolitik [Wilke, Wallace, 1990, S. 3].

[85] Anderenfalls hätte das Subsidiaritätsprinzip im Vertrag auch vor der Aufzählung der Zuständigkeiten der Gemeinschaft stehen müssen.

gesellschaftlichen Assoziationen zum Staat" [Grimm, 1992]. Die höchste Ebene soll nur Aufgaben übernehmen, die keine der darunterliegenden erfüllen kann. Vorrang bei der Erledigung von Aufgaben genießen eindeutig die unteren Ebenen. Daraus folgt, daß das Subsidiaritätsprinzip die Zuweisung von Aufgaben notwendigerweise mit einschließt.[86] Streng genommen muß daher die Zuweisung selbst Gegenstand der Prüfung sein. Geschieht dies nicht, wie es der Vertrag von Maastricht bestimmt und wie die Kommission das Prinzip interpretiert, bleiben damit möglicherweise wesentliche gesamtwirtschaftliche Kosten einer Zentralisierung außer Betracht. Das Handeln der Gemeinschaft unterliegt damit nur in eingeschränktem Maße der Subsidiarität,[87] jedenfalls in bezug auf die grundsätzliche Notwendigkeit des Handelns.[88]

Es stellt sich damit die Frage, ob das Subsidiaritätsprinzip hinreichend im Vertrag verankert ist, um die Gemeinschaftstätigkeit dort, wo sie ineffizient ist, zu beschränken. Sinnvollerweise müßte das im Rahmen des Verfahrens nach Art. 235 EGV geschehen [Wilke, Wallace, 1990, S. 7].

Für ein Wirksamwerden des Subsidiaritätsprinzips dort, wo es als Ordnungsprinzip zugelassen ist, spricht zunächst, daß die Kommission die Dezentralisie-

---

[86] Wenn Aufgaben — wie beim EGV durch die Mitgliedstaaten — übertragen werden, kann man normalerweise unterstellen, daß sie auch ausgeübt werden. Fehlentwicklungen beim Ausüben der Kompetenzen gehen dann direkt auf Fehler bei der Zuweisung zurück.

[87] Zwar hat die Kommission nach den Worten von Präsident Delors nach dem Gipfel von Lissabon zugesagt, alle EG-Institutionen müßten durchleuchtet werden und eine Rückgabe von Kompetenzen an die Mitgliedstaaten könne geprüft werden. Als nationale Zuständigkeiten zählt Delors aber nur Erziehungs-, Gesundheits- und Kulturpolitik auf, als konkurrierende Bereiche die Umwelt- und die Sozialpolitik, während er die Gemeinsame Agrarpolitik und den Binnenmarkt als EG-Domänen bezeichnet [Rist, 1992]. Das damit zum Ausdruck kommende Rückverlagerungspotential kann deshalb als gering eingestuft werden. Auch die Währungsunion ist in diesem Sinne als zum Kernbereich des Gemeinschaftshandelns gehörig anzusehen, nachdem sie in Maastricht vereinbart wurde. Auch sie steht nicht mehr zur Prüfung hinsichtlich ihrer Vereinbarkeit mit dem Subsidiaritätsprinzip an.

[88] Im Hinblick auf die Intensität des Handelns, so betont die Kommission in ihrem Memorandum, gelte das Subsidiaritätsprinzip allerdings sehr wohl für alle Maßnahmen der EG, also auch bei den ausschließlichen Zuständigkeiten. Daher soll nach Möglichkeit — also wenn es nicht durch das Gebot der Nichtdiskriminierung oder Transaktionskosten geboten ist, anders zu verfahren — auf das mildeste Mittel zurückgegriffen werden. Das kann bedeuten, daß eine Richtlinie, ein Rahmengesetz oder allgemeine Regeln zur gegenseitigen Anerkennung nationaler Vorschriften Vorrang vor einer alle Mitgliedstaaten direkt bindenden Verordnung bekommen sollen [Agra-Europe, d, S. 10 ff.]. Dies würde einen Fortschritt gegenüber der bisherigen Praxis bedeuten. Bedenken können sich allerdings aus allgemeiner Sicht ergeben: Art. 3b Abs. 3 EGV schreibt gewissermaßen den Grundsatz der Verhältnismäßigkeit der Mittel fest. Wenn die Kommission diesen unter das Subsidiaritätsprinzip subsumiert, dann weicht sie dieses noch weiter auf. Seine eigentliche Rolle als Zuweisungskriterium tritt damit noch mehr in den Hintergrund.

rungsvermutung anerkennt, daß also die gemeinschaftliche Zuständigkeit die Ausnahme sein soll [Agra-Europe, d, S. 5]. In die gleiche Richtung weisen die Bereitschaft, ein Abweichen von der dezentralen Zuständigkeit zu begründen, also die Übernahme der Beweislast durch die EG-Ebene, sowie der Vorschlag, daß sich Kommission, Rat und Europäisches Parlament bei Maßnahmeentwürfen gegenseitig auf Einhaltung des Subsidiaritätsprinzips kontrollieren sollten [ibid., S. 14 f.]. Die Einsicht, daß es bei vielen Aufgaben mit Rahmengesetzen oder Regeln zur gegenseitigen Anerkennung nationaler Vorschriften getan wäre [ibid., S. 2], was auf eine weitgehende Gültigkeit des Ursprungslandprinzips hinauslaufen würde, könnte ebenfalls darauf hindeuten, daß die EG-Tätigkeit sich nur noch auf das Wesentliche beschränkt.

Freilich bestehen Zweifel, ob dem Subsidiaritätsprinzip wirklich größere Bedeutung hinsichtlich der wirtschaftspolitischen Arbeitsteilung in der Gemeinschaft zukommen wird. Das liegt zunächst daran, daß sich die ausschließlichen Zuständigkeiten, in denen das Subsidiaritätsprinzip nicht gelten soll,[89] aufgrund des EGV nicht abschließend definieren lassen und durch die Maastrichter Beschlüsse auch nicht beschränkt worden sind [Rist, 1992]. Die Kommission betont, daß die europäische Integration ein dynamischer Vorgang sein müsse und "die den vier Grundfreiheiten innewohnende Dynamik unweigerlich zu flankierenden Maßnahmen führen (wird), die ihrerseits effektive Politiken erforderlich machen (z.B. Umwelt, Kohäsion). Aus diesen ergibt sich *gegenwärtig* jedoch keine ausschließliche Zuständigkeit der Gemeinschaft, also auch nicht die Möglichkeit, den Mitgliedstaaten entsprechende Rechte zu entziehen" [Agra-Europe, d, S. 8; Kursivdruck hinzugefügt]. Dies ist durchaus als versteckter Anspruch auf Ausdehnung der Gemeinschaftskompetenzen zu interpretieren, und zwar über das Initiativrecht der Kommission zu Maßnahmen. Das Initiativrecht, das der Kommission nach Art. 149 EWGV bzw. nach Maastricht nach Art. 189a–189c EGV zusteht, möchte sie durch das Subsidiaritätsprinzip in keiner Weise angetastet sehen [ibid., S. 4; vgl. auch Vaubel, 1993]. Damit dürfte sich die Mutmaßung von Grimm [1992] bestätigen, daß die EG aus Art. 3b EGV möglicherweise sogar eine umfassende Kompetenz für die Gemeinschaft ableiten könnte, weil ein Verlagern von Kompetenzen zur Gemeinschaftsebene immer dann angezeigt wäre, wenn die *Ziele* der Gemeinschaft auf

---

[89] Die Kommission benennt in ihrem Memorandum als Bereiche ausschließlicher Zuständigkeit der EG-Ebene die Garantie der vier Grundfreiheiten sowie bestimmte gemeinsame Politiken: die Gemeinsame Handelspolitik (Art. 113), die Garantie der Freizügigkeit und des freien Waren-, Kapital- und Dienstleistungsverkehrs (Art. 8a EGV), die allgemeinen Wettbewerbsregeln (Art. 6 und 85-94 EGV) sowie die Gemeinsame Agrarpolitik (einschließlich der Erhaltung der Fischbestände) und die Gemeinsame Verkehrspolitik. Hinzu kommt seit Maastricht die Währungsunion einschließlich der Wechselkurspolitik [Agra-Europe, d, S. 7 f.].

unterer Ebene nicht erreicht werden können. Wäre die Anwendung des Subsidiaritätsprinzips auf *Handlungsbereiche* beschränkt geblieben, würden die Grenzen der EG enger gesteckt werden [Grimm, 1992].[90]

Daß die Kommission das Subsidiaritätsprinzip nur eingeschränkt gelten lassen will, sieht man ferner daraus, daß sie es für praktischer hielte, wenn die Liste der Zuständigkeiten der Mitgliedstaaten abschließend definiert wäre anstatt diejenige der zentralen Ebene [Agra-Europe, d, S. 5], und daß sie die Entscheidungsfindung über den Inhalt einer von ihr vorgeschlagenen Maßnahme nicht von der Entscheidung über die Subsidiarität trennen möchte [ibid., S. 14 f.]. Vaubel [1993] befürchtet daher, daß damit die Möglichkeiten des Rates eingeschränkt werden, einen Vorschlag der Kommission mit der Begründung abzulehnen, daß gemäß dem Subsidiaritätsprinzip in dem betreffenden Bereich ein Handeln der Gemeinschaft überhaupt nicht gerechtfertigt sei.

Eine Beschränkung der Kompetenzen der EG könnte man erwarten, wenn das Subsidiaritätsprinzip im Rahmen von Art. 235 EWGV wirksam würde [Wilke, Wallace, 1990, S. 7]. Art. 235 EWGV war in der Vergangenheit die Generalklausel, mit der die Mitgliedstaaten zahlreiche neue Kompetenzen der EG begründet haben, etwa in der Umweltpolitik, in der Bildungspolitik und der F&E-Förderung [ibid., S. 1]. Inwieweit nun Art. 3b EGV Bindungswirkung für Art. 235 entfaltet, muß einer juristischen Analyse vorbehalten bleiben. Es wäre in Zusammenhang mit Art. 235 aber denkbar, daß sich ein Spannungsfeld zwi schen dem Subsidiaritätsprinzip und dem Handeln der Mitgliedstaaten auftut, wenn die Mitgliedstaaten sich die Interpretation des Prinzips der Kommission zu eigen machen würden. Im Rahmen von Art. 235 EWGV nehmen die Mitgliedstaaten praktisch eine *Zuweisung* von Kompetenzen vor, wenn sie einstimmig darüber beschließen, daß ein Tätigwerden der Gemeinschaft in einem Bereich erforderlich ist, in dem der EGV entsprechende Befugnisse bisher nicht vorsieht. Wenn das Subsidiaritätsprinzip aber nur dazu dienen soll, die *Ausübung* von Kompetenzen zu regeln, dann könnte es bedeuten, daß Entscheidungen über Zuweisungen nach Art. 235 EGV ihm nicht unterliegen. Die Mitgliedstaaten wären dann nach dieser Lesart bei ihrem Beschluß durch das Subsidiaritätsprinzip nicht gebunden [vgl. auch Vaubel, 1993]. Nur wenn es als Ordnungsprinzip auch zur *Zuweisung* von Kompetenzen verstanden würde, müßte es zwingend bei der Entscheidung, künftig der EG-Ebene neue Zuständigkeiten zuzuweisen, berücksichtigt werden, wobei es dann bei jeglicher Zuweisung auf

---

90 So wird offenbar auch in der Kommission unterstellt, daß sie schon durch die EEA eine Blankovollmacht erhalten habe, in allen Fragen tätig zu werden, die mit dem Auftrag zur Schaffung des Binnenmarktes zusammenhängen. Denn praktisch alle geldwerten Leistungen, die irgendwo in der EG gehandelt werden, sind Bestandteil des Binnenmarktes [Rist, 1992].

der Grundlage von Art. 235 EGV der expliziten Begründung aus der Sicht des Subsidiaritätsprinzips bedürfte.

Weiterhin werden auch Zweifel wegen der wenig präzisen Formulierung bzw. des Fehlens eines eindeutigen Referenzsystems dafür, was "besser auf Gemeinschaftsebene" heißen solle, geäußert [ibid.]. Weil es bisher an verbindlichen Definitionen fehlt, werden alle Interpretationen einfließen, die in den Mitgliedstaaten vorherrschen.[91] Wie etwa der Kronberger Kreis [1992, S. 21 ff.] darlegt, sind die Meinungen darüber, was der Staat an Regulierungen bereitstellen sollte, zwischen den Mitgliedstaaten sehr unterschiedlich. Dementsprechend unterscheiden sich die Vorstellungen von der Arbeitsteilung in der Gemeinschaft. Das könnte bedeuten, daß unterschiedliche Deutungen des Prinzips in den Mitgliedstaaten jede Entscheidung über ein Tätigwerden der Gemeinschaft letztlich völlig offen gestalten würden.[92]

Grimm [1992] hegt darüber hinaus Zweifel, ob der Europäische Gerichtshof bei einer anstehenden Entscheidung über eine Streitfrage hinsichtlich der Subsidiarität im Sinne einer Beschränkung von Gemeinschaftskompetenzen entscheiden würde, weil es dafür einer konkreten Auslegungsanweisung für das Prinzip im Vertrag bedurft hätte. Seine bisherige Rechtsprechung deutet eher in Richtung auf einen Vorrang der Gemeinschaftszuständigkeiten [vgl. auch Schmieding, 1992, S. 18, sowie Vaubel, 1993].

Schließlich kann man Bedenken, ob die Gemeinschaft künftig subsidiär handeln wird, auch deshalb haben, weil auch die mildesten Instrumente, derer sich die Gemeinschaft bei der Rechtsetzung bedient, die Richtlinien, in der Vergangenheit zunehmend so einengend gestaltet wurden, daß den Mitgliedstaaten kaum noch Raum blieb, um Besonderheiten zuzulassen. Die Kommission erkennt diesen Umstand selbst in ihrer Mitteilung und gelobt Besserung [Agra-Europe, d, S. 11]; die Wirksamkeit des Subsidiaritätsrechts wird auch davon abhängen, inwieweit sie bereit ist, diesem Eingeständnis Taten folgen zu lassen. Bislang tat sie sich schwer, dem Ursprungslandprinzip Vorrang vor der Harmonisierung einzuräumen.

---

[91] Dabei ist zu berücksichtigen, daß das Subsidiaritätsprinzip in föderal verfaßten Staaten wie der Bundesrepublik in der wissenschaftlichen und politischen Diskussion durchaus geläufig ist [vgl. z.B. Biehl, 1987; 1989]. Das gilt aber nicht notwendigerweise für die anderen Mitgliedstaaten, von denen nur noch Belgien und Spanien eine föderale Struktur aufweisen; eine begrenzte regionale Autonomie gibt es in Italien.

[92] Feldstein [1992, S. 16] stellt zwei Positionen gegenüber, wobei die eine bedeutet, die EG werde sich nur mit Fragen befassen, "die auf nationaler oder regionaler Ebene nicht entschieden werden können, weil sie grenzüberschreitende Konsequenzen haben". Die andere hieße, "daß die Zentralregierung letztlich darüber entscheidet, womit sie sich beschäftigen will und die 'subsidiären' Fragen dann den nationalen Regierungen überläßt".

Insgesamt erscheint es nicht sicher, ob das Subsidiaritätsprinzip, so wie es im EGV verankert wurde, zu einer Beschränkung des Gemeinschaftshandelns im Sinne einer Konzentration auf das Wesentliche führen kann.

2. Zur Rolle des Art. 102a EGV

Durch den Vertrag von Maastricht (Titel II, Artikel G, Nr. 25) ist der Art. 102a EWGV, der durch die EEA eingefügt worden war, umgestaltet worden. Stand im Art. 102a EWGV bisher die Koordination der Wirtschaftspolitik zum Zwecke der Konvergenz im Mittelpunkt, so stellt der neue Art. 102a EGV nun die Koordinierung in einen Zusammenhang mit den Grundsätzen einer offenen Marktwirtschaft und des freien Wettbewerbs. Art. 102a EGV enthält im wesentlichen eine Wiederholung der Ziele in Art. 3a EGV [Grabitz, 1992, S. 38]. Damit stellt sich die Frage, ob diese Verpflichtung neue Chancen im Hinblick auf eine marktwirtschaftlich orientierte Wirtschaftspolitik im Rahmen der EG bietet.

Inwieweit Art. 102a EGV eine justiziable Vorschrift oder nur einen Programmsatz darstellt, ist eine nur in einer juristischen Expertise zu klärende Frage. Man muß aber berücksichtigen, daß der EGV selbst eine ganze Reihe von konkreten Ausnahmen von den Prinzipien der Offenheit und des freien Wettbewerbs zuläßt. Dazu zählen die Gemeinsame Agrarpolitik, im Bereich der Gemeinsamen Handelspolitik die Vorschriften des Art. 115 EGV, der selektive Maßnahmen gegen Drittländer zuläßt und vor allem im Textilbereich häufig Anwendung findet (vgl. Abschnitt 3 dieses Kapitels sowie Kapitel E, Abschnitt 3), die Anti-Dumping-Maßnahmen der EG, die Aufweichung des Wettbewerbsprinzips in der regionalen und sektoralen Beihilfenkontrolle, die Industriepolitik der Gemeinschaft oder das im Rahmen des EGKS-Vertrags mögliche Krisenmanagement für den Kohle- und Stahlmarkt. In einer allgemeineren Sichtweise kann man sogar den bisherigen Grundsatz der EG "Harmonisierung statt Ursprungslandprinzip" als mit den Prinzipien der Offenheit und des Wettbewerbs nicht vereinbar ansehen. Denn dadurch wurde ein institutioneller Wettbewerb nationaler Regulierungssysteme verhindert [Schmieding, 1992, S. 5, 8 u. 18]. Insofern stehen die Prinzipien des Art. 102a EGV anderen Vorschriften der europäischen Vertragswerke gegenüber, die ihrerseits sehr viel konkreter formuliert sind. Gerade weil es so viele und gewichtige Ausnahmen von den Prinzipien der Offenheit und des Wettbewerbs gibt, muß man nach dem Wert der Regel fragen. Das Einfügen dieser Prinzipien in Art. 102a EGV mag ein Gegengewicht bedeuten. Ob es aber ausreicht, um eine stärker marktwirtschaftlich ausgerichtete Politik zu bewirken, kann bezweifelt werden. Denn gerade das angeführte Beispiel des EGKS-Vertrags spricht dagegen. Art. 4 ff.

EGKS-Vertrag können geradezu als Musterbeispiele für eine klare Formulierung die Garantie der Offenheit dieser Märkte gelten [Dicke, 1992, S. 30]. Doch zugleich enthält der EGKS-Vertrag detaillierte Vorschriften, wie im Falle von Krisen Handelsbeschränkungen, Produktionsquoten und Anti-Dumping-Maßnahmen ergriffen werden können. In den siebziger und achtziger Jahren sind diese Instrumente intensiv angewendet worden, obwohl sie den Sinn der Generalklausel für Offenheit in Frage stellten [Klodt, Stehn et al., 1992, S. 115 ff.]. Daß Art. 102a EGV eine interventionistische Politik verhindern könnte, erscheint daher eher unwahrscheinlich.

3. Interventionsspiralen der Wirtschaftspolitik

Die Vertiefung der innergemeinschaftlichen Integration hat nicht nur innerhalb der einzelnen Politikbereiche Konsequenzen für die gesamtwirtschaftliche Effizienz. Vielmehr ergeben sich aus der Vertiefung ausgeprägte Interventionsspiralen aufgrund von Interdependenzen zwischen den Politikbereichen. Solche Interventionsspiralen sind zwar auch Kennzeichen nationaler Wirtschaftspolitik, wenn sich diese durch ein Abweichen von der klassischen Staatsaufgabe, nur öffentliche Güter bereitzustellen, entfernt. Durch die Verlagerung von Zuständigkeiten auf eine höhere Ebene gewinnen Interventionsspiralen aber eine neue Qualität.

Zu nennen sind hier zunächst die Anforderungen, die eine zentralisierte Geld- und Währungspolitik an die Lohnpolitik stellt, wenn nach Einführung einer europäischen Gemeinschaftswährung interregionale Produktivitätsdifferenzen zwingend durch Unterschiede in den regionalen Faktorpreisen ausgedrückt werden müssen, nachdem das ausgleichende Scharnier von Wechselkursänderungen nicht mehr zur Verfügung steht. Besteht seitens der Lohnpolitik in manchen Mitgliedstaaten diese Bereitschaft nicht, und kommt es im Laufe der Zeit zu einer Lohnnivellierung, so wird das die Wachstumschancen von Regionen und Mitgliedstaaten mit Produktivitätsrückständen nachhaltig beeinträchtigen und die regionale Arbeitslosigkeit in peripheren Problemregionen erhöhen. Damit entsteht zusätzlicher Handlungsbedarf für eine auf Kohäsion zwischen den Mitgliedstaaten ausgerichtete Regionalpolitik, für eine Arbeitsmarkt- und Sozialpolitik, die sich als Ausgleich für mangelnde Beschäftigungschancen versteht, und für eine Infrastrukturpolitik, die danach trachtet, die unbefriedigende wirtschaftliche Situation peripherer Regionen durch eine Verbesserung der Verkehrsanbindung auszugleichen. Die Folge wird eine spürbar zunehmende finanzielle Belastung für die Nettozahler unter den Mitgliedstaaten sein: Die Ansprüche, die sich im Rahmen der Haushalts- und Steuerpolitik stellen, werden größer.

Eine ähnliche Interventionsspirale wie bei der Geldpolitik zieht sich von der Gemeinsamen Sozialpolitik zur Haushalts- und Steuerpolitik: Die Vorgabe von marktwidrigen Mindeststandards für Arbeitsbedingungen würde die Wettbewerbsfähigkeit der Produzenten in ärmeren und noch vergleichsweise wenig regulierten Mitgliedstaaten beeinträchtigen und zu Kompensationsforderungen im Rahmen der Strukturfonds Anlaß geben. Zugleich wäre es denkbar, daß die ärmeren Mitgliedstaaten Forderungen nach einer höheren Außenprotektion der Gemeinschaft stellen, um den Verlust von Wettbewerbsfähigkeit auf diese Weise auszugleichen. Das wäre aber wieder mit gesamtwirtschaftlichen Kosten für die gesamte Gemeinschaft verbunden [Schmieding, 1992, S. 16].

Von der Gemeinsamen Agrarpolitik gehen Folgewirkungen sowohl auf die Handelspolitik als auch auf die Regionalpolitik aus. Die Auswirkungen auf die Handelspolitik zeigen sich in dem durch die Gemeinsame Agrarpolitik bedingten Stillstand bei den GATT-Verhandlungen. Ohne den weitreichenden Schutz, den die Gemeinsame Agrarpolitik den Landwirten der Gemeinschaft gewährt und den sie zäh verteidigt, wären Fortschritte bei den anderen Verhandlungspunkten der Uruguay-Runde (darunter beim Dienstleistungshandel) vermutlich rascher möglich [Langhammer, 1991, S. 17]. Im Bereich der Regionalpolitik hinterläßt die Gemeinsame Agrarpolitik insofern Spuren, als ihre Verteilungswirkungen denjenigen der Strukturfonds entgegengesetzt sind. Die innerhalb der Mitgliedstaaten stark divergierende sektorale Protektion würde einen aus regionalpolitischer Sicht sinnvollen ungebundenen Finanzausgleich zwischen den Mitgliedstaaten erschweren.

Ganz allgemein zeigt sich an der EG-Politik, daß die Tendenz besteht, Allokations- und Distributionspolitik miteinander zu vermischen. Beispiele sind die Beihilfenaufsicht und die Infrastrukturpolitik. Die Beihilfenaufsicht wird mehr und mehr ihrem eigentlichen Ziel, Diskriminierungen zu beseitigen, entzogen und der Distributionspolitik unterstellt. Daß die EG sich nach Maastricht erstmals mit Infrastrukturpolitik beschäftigten will, entspringt ebenfalls dem Wunsch, die Kohäsion in den Mittelpunkt der gemeinschaftlichen Politik zu stellen. Dabei kann man sich aber des Eindrucks nicht erwehren, daß den bisherigen EG-Umverteilungsmechanismen immer wieder neue an die Seite gestellt werden, wenn sich Mitgliedstaaten unzufrieden mit dem bisher erzielten Verteilungsergebnis zeigen. Auf diese Weise wird die Zahler-/Empfänger-Struktur verändert, sie wird mehr und mehr intransparent, und zugleich die Distributionsmasse insgesamt erhöht. Dabei ist aber zweifelhaft, ob die jeweiligen Distributionsziele überhaupt oder nur zu ungerechtfertigt hohen Kosten erreicht werden, da allein schon die zentrale Verwaltung der Fonds durch die Kommission einen nicht unbeträchtlichen Teil der Mittel verschluckt. Die Verwaltungskosten sind wegen der Entfernung der Kommission von den Problemen vor Ort ohnehin höher, als sie es bei einem Modell eines reinen ungebundenen Finanzausgleichs wären. Einer wie auch immer formulierten Umverteilungszielsetzung würde es am ehesten entsprechen, wenn nur Nettozahlungsströme geleistet würden, also wenn die ärmeren Mitgliedstaaten ungebundene Transfers erhielten, während bei den reicheren Mitgliedstaaten die Bruttobeiträge gleich den Nettobeiträgen wären.[93] Bei einem solchen Modell wäre die Ziel-Mittel-Effizienz vermutlich besser gewährleistet als beim gegenwärtigen komplexen System von Fonds mit unsicherer Inzidenz.

Die Zentralisierung von wirtschaftspolitischen Kompetenzen führt daher sowohl bei allokativen als auch bei distributiven Zielsetzungen zu sich immer weiter ausdehnenden Interventionsspiralen. Solche Interventionsspiralen entstehen nach der "Ölflecktheorie" — sie geht auf Ludwig von Mises zurück — dann, wenn staatliche Stellen den Marktmechanismus an einer Stelle außer Kraft setzen und Zweitrundeneffekte nicht berücksichtigen. Diese Zweitrundeneffekte treten aber in Form von unerwünschten Nebenwirkungen an anderer Stelle wieder auf und führen zu weiterem Handlungsbedarf, um die Fehlentwicklungen dort zu überdecken; daraus ergeben sich dann erneute Finanzierungs- und Eingriffsnotwendigkeiten. Die von der Integrationspolitik ausgelösten Interventionsspiralen sind eine Folge davon, daß sich die EG-Politik — entweder durch Initiativen der Kommission oder durch Übertragung von Zuständigkeiten durch die Mitgliedstaaten — nicht auf die Aufgaben konzentriert hat, die ihr nach dem Subsidiaritätsprinzip zukommt. Statt dessen hat sie auch Aufgaben übernommen, bei denen es auch auf nationaler Ebene zweifelhaft ist, ob sie überhaupt beim Staat angesiedelt sein sollten, und wenn doch, ob auf der zentralen Ebene. Die Verlagerung zur EG-Ebene hat die Kosten einer solchen Politik vermutlich verstärkt, weil dadurch der Politikwettbewerb ausgeschaltet worden ist und weil mit zunehmender Entfernung von der marktwidrigen Primärintervention die Transparenz über die zugrundeliegende Fehlsteuerung abnimmt.

---

93 Wie bei jeder Umverteilungspolitik ist freilich zu beachten, daß durch den Transfer an sich die Wachstumskräfte geschwächt werden: Mit steigender Umverteilungsmasse schwinden die Anreize für die Empfänger, sich selbst zu helfen, und bei den Zahlern, alle Wachstumspotentiale zu entfalten. Vgl. zum Komplex Umverteilung innerhalb der EG Krieger-Boden [1987, S. 96].

D. Die Erweiterung der Europäischen Gemeinschaft um die EFTA-Staaten

In diesem Kapitel sollen die wirtschaftlichen Auswirkungen einer Annäherung zwischen der EG einerseits und den EFTA-Ländern andererseits im Hinblick auf wichtige Felder der Wirtschaftspolitik im Gemeinschaftsrahmen dargestellt werden. Dabei werden insbesondere die Rückwirkungen einer weiteren räumlichen Integration Europas auf den Prozeß der vertieften funktionellen Integration in der EG analysiert.

Die Erweiterung der EG um die EFTA-Staaten wird sich in zwei Schritten vollziehen:

— Mit dem Vertrag zum Europäischen Wirtschaftsraum (EWR) werden wesentliche Teile des Binnenmarktprogramms auf die EFTA-Staaten ausgedehnt. Voraussichtlich Mitte des Jahres 1993[94] wird durch den EWR-Vertrag eine Freihandelszone geschaffen, in der die "vier Freiheiten" (Freiheit des Waren-, Personen-, Dienstleistungs- und Kapitalverkehrs) gelten und die EFTA-Staaten die gegenwärtigen (und künftigen) Wettbewerbsregeln und das Gesellschaftsrecht der EG anerkennen. Die Agrarpolitik ist nicht in den EWR-Vertrag aufgenommen worden, die Gemeinsame Außenhandelspolitik der EG bezieht die EFTA-Staaten ebenfalls nicht mit ein.

— Finnland, Österreich, Schweden, die Schweiz[95] und Norwegen haben formell um Beitritt zur Gemeinschaft nachgesucht. Lediglich Island wird wohl (zunächst) kein Beitrittsgesuch stellen. Der Beitritt könnte 1996 vollzogen sein [CEPR, 1992, S. 3]. Er würde grundsätzlich auf der Grundlage des Vertrages von Maastricht erfolgen, wobei offen ist, ob und in welchen Bereichen (unter Umständen befristete) Sonderregelungen für einzelne Staaten zugelassen werden.

Die Errichtung des EWR ist mithin nur eine Zwischenetappe auf dem Weg zur institutionellen Erweiterung der EG um die EFTA Länder.

Im folgenden werden Rückwirkungen der schrittweisen räumlichen Erweiterung auf die wichtigsten der in dieser Studie behandelten Politikbereiche be-

---

94 Nach dem schweizerischen "Nein" in der Volksabstimmung Anfang Dezember 1992 hat sich die ursprünglich für den 1.1.1993 angestrebte Verwirklichung des EWR verzögert (vgl. S. 1 f.).

95 In Liechtenstein wird die Frage eines Beitritts noch kontrovers diskutiert.

schrieben. Dabei erfolgt die Darstellung nicht getrennt nach EWR und Vollmitgliedschaft der EFTA-Staaten; vielmehr wird in den einzelnen Politikbereichen auf die jeweils relevante Option abgestellt.

I. Zu den einzelnen Politikbereichen

1. Geld- und Währungspolitik[96]

Die Teilnahme von EFTA-Staaten an der Währungsunion ist für sich genommen nicht mit der Mitgliedschaft in der EG verbunden, wie auch die Zugehörigkeit zum EWS keine stringente Bedingung dafür ist.

Von den volkswirtschaftlichen Grunddaten her dürfe es keine nennenswert größeren Probleme bereiten, die EFTA-Länder in die Währungsunion zu integrieren, als sie bei den EG-Ländern selbst bestehen; einige der EFTA-Länder haben gegenwärtig durchaus eine günstigere Position als manche der bisherigen Mitgliedsländer (vgl. Tabelle 1 auf S. 23). Es ist durchaus wahrscheinlich, daß zum Jahr 1997 eine Mehrheit der Mitgliedsländer in der vergrößerten Gemeinschaft alle Konvergenzkriterien erfüllen wird, während es zweifelhaft ist, daß dies ohne die EFTA-Länder der Fall wäre. Ein Beitritt der EFTA-Länder könnte mithin einen früheren Eintritt in die Stufe III auf dem Wege zur Einheitswährung nach sich ziehen. Dies wiederum mag durchaus auf die Bereitschaft der Mitgliedsländer zurückwirken, entweder auf einen schnellen Beitritt zu drängen — wie die Befürworter der Währungsunion —, oder ihn möglichst zu verzögern.

Für einen schnellen Beitritt — und damit für das Erreichen einer "kritischen Masse" für die Errichtung der Währungsunion — spricht, daß die Vorteile der Einheitswährung für die Wirtschaftssubjekte wohl früher anfallen und insgesamt größer sind, als wenn (zunächst) einige EG-Länder — gleichsam als Stabilitätsinsel — eine Währungsunion bilden. Aus der Sicht der EFTA-Länder hätte das Ziel "Europäische Währungsunion" durchaus positive Rückwirkungen, könnten sie daraus doch nach innen den Zwang zu einer stärker stabilitätsorientierten Geldpolitik als unabdingbar erscheinen lassen und durch die Selbstbindung die Glaubwürdigkeit einer solchen Politik erhöhen. Dies ist sicherlich für die skandinavischen EFTA-Länder von erheblicher Bedeutung.

---

96 Zur grundsätzlichen Problematik der EWU siehe Abschnitt C.I.

2. Finanzpolitik

In diesem Abschnitt steht zunächst die Frage im Vordergrund, wie die Haushalts- und Steuerpolitik der EG und der Mitgliedstaaten vom EWR-Abkommen beeinflußt wird und wie dies unter Effizienzgesichtspunkten zu bewerten ist. Die Haushalts- und Steuerpolitik wird nur in Teilbereichen berührt. Die im Herbst 1991 bestehenden EG-Umverteilungsmaßnahmen werden von den EFTA-Ländern mit dem Abkommen übernommen. Die EFTA-Länder beteiligen sich an den EG-Maßnahmen zur Verringerung des regionalen Wohlstandsgefälles. Dies geschieht durch die Errichtung eines "Kohäsionsfonds".[97] Die EFTA-Länder sollten Kredite über 1,5 Mrd. ECU für die ärmeren EG-Länder um 3 Prozentpunkte verbilligen. Darüber hinaus sollten sie — auf einen Zeitraum von fünf Jahren verteilt — 0,5 Mrd. ECU in den Fonds einzahlen; dieser Zuschuß sollte gemäß dem Anteil der einzelnen EFTA-Länder am Bruttosozialprodukt der EFTA-Länder insgesamt (im Durchschnitt der drei Vorjahre) aufgeteilt werden. Nachdem die Schweiz den EWR-Vertrag nicht ratifiziert hat, werden die Beiträge der übrigen EFTA-Staaten neu verhandelt (vgl. Fußnote 5 auf S. 2) Insgesamt beliefen sich die ursprünglich ausgehandelten Nettobelastungen der EFTA-Länder auf 145 Mill. ECU jährlich, das sind rd. 0,02 vH des BSP der EFTA-Länder [ibid.].

Weil im EWR-Abkommen eine Zollunion nicht vorgesehen ist, bleiben die Grenzkontrollen beim Warenverkehr bestehen. Wohl deshalb sind im Bereich der Steuerpolitik Harmonisierungsmaßnahmen nicht für erforderlich gehalten und nicht vereinbart worden; vielmehr läßt das EWR-Abkommen den Steuerbereich der EFTA-Staaten unangetastet. Dies schließt nicht aus, daß einzelne EFTA-Staaten erwägen, ihr Steuersystem autonom den Regelungen in den EG-Ländern anzupassen (Beispiel: Einführung der Mehrwertsteuer in der Schweiz).

Im EWR-Abkommen wird die währungspolitische Autonomie der EFTA-Länder nicht angetastet. Insofern sind — sonst (mit Einschränkungen) begründbare — Regelungen zur Harmonisierung der Finanzpolitik nicht Gegenstand des Abkommens; insbesondere gibt es im Abkommen keine Vorschriften zur Schaffung von Ausgabendisziplin bei den einzelnen nationalen Gebietskörperschaften.

Insgesamt behalten die EFTA-Länder ihre Gestaltungsmöglichkeiten in wesentlichen Bereichen der Wirtschaftspolitik, insbesondere in der Geld- und Finanzpolitik, aber auch in der Sozialpolitik. Aber die im Zeitablauf zunehmende

---

97 "Although the arguments of the negotiators were never made public, informal reports suggest that the EEA side-payment was primarily intended to compensate the Spanish fishing industry for the fact that the Agreement does not provide open access to the fishing grounds of certain EFTA-members" [CEPR, 1992, S. 47].

Bedeutung des EG-Gemeinschaftsrechts hätte in der Schweiz die föderative Struktur und auch die direkte Demokratie teilweise in Frage gestellt; nach dem Referendum wird es aber auf absehbare Zeit keine Änderungen geben. In den anderen EFTA-Ländern sind in dieser Hinsicht weniger gravierende Änderungen angelegt. (Begrenzte) Rückwirkungen auf die Finanzverfassung sind allemal zu erwarten.

Die im Bereich der Umverteilungspolitik mit dem EWR-Abkommen eintretende Quasi-Erweiterung der EG führt bei gegebenen distributiven Zielsetzungen dazu, daß die reichen unter den bisherigen Mitgliedsländern der EG entlastet werden. Tatsächlich wird aber — mindestens mittelfristig — die Umverteilungsmasse erhöht werden. Denn das Hinzukommen von neuen zahlungskräftigen Geberländern dürfte die Ausgabendisziplin auf EG-Ebene tendenziell schwächen. Daher wird die EG-Zuweisung der Bundesrepublik Deutschland wohl auch in Zukunft deutlich steigen.

Nach Etablierung des EWR ergeben sich für die nationale Politik wie für die EG-Politik zusätzliche Konsequenzen in dem Maße, in dem die bisherigen EFTA-Länder EG-Mitglieder werden und potentiell den Vereinbarungen von Maastricht unterliegen. Diese Konsequenzen sind jene, die in Abschnitt C.I.2 für das EG-Deepening im einzelnen beschrieben und bewertet worden sind.

Während die Transferzahlungen der EFTA-Länder im Zusammenhang mit dem EWR vergleichsweise gering sind, wird sich durch den Beitritt dieser Länder die Basis für die EG-Einkommen beträchtlich ausweiten. Das CEPR [1992, S. 49] schätzt, daß sich die Budgeteinnahmen der EG um rd. 14 vH durch den Beitritt der EFTA-Länder (ohne Island) erhöhen werden. Um die Größenordnung zu verdeutlichen: In dem (noch nicht verabschiedeten) "Delors-II-Budget" ist eine Erhöhung der EG-Einnahmen um knapp 30 Mrd. ECU vorgesehen; der Beitritt der vier EFTA-Länder würde zu Einnahmen in Höhe von rund einem Viertel dieser Steigerung führen. Da in diese Länder vergleichsweise wenig Mittel zurückfließen werden, bedeutet der Beitritt eine erhebliche Zunahme der Nettotransfers an die EG (Tabelle 7). Die Umverteilungsmasse — vor allem zugunsten der ärmeren Mitgliedsländer im Süden Europas — wird sich also durch den Beitritt nennenswert erhöhen.[98]

---

[98] Vgl. hierzu auch die folgenden Abschnitte über Regional- und Verkehrspolitik in diesem Kapitel.

Tabelle 7 — Geschätzte Beiträge und Bezüge der EFTA-Staaten bei einer potentiellen EG-Vollmitgliedschaft (Mill. ECU)

	Beiträge	Bezüge		Nettobeiträge
		Strukturfonds	EG-Agrarfonds	
Finnland	1110	40	809	261
Norwegen	1059	0	391	668
Österreich	1364	145	558	661
Schweden	1751	0	684	1067
Schweiz	1832	0	977	855
Insgesamt				3512

Quelle: CEPR [1992, S. 72].

3. Handelspolitik

Im Hinblick auf die handelspolitische Integration der EFTA-Mitglieder in die EG bestehen eher geringe Anpassungserfordernisse. "Die Importeure und Exporteure von Waren werden den Übergang von den Freihandelsverträgen zum EWR-Vertrag kaum spüren" [Senti, 1992, S. 29]. Der industrielle EFTA-EG-Handel ist schon seit den frühen siebziger Jahren frei von Zollbelastungen. Die Vorteile der Teilnahme am Binnenmarktprogramm, also des EWR, liegen also in erster Linie darin, daß nichttarifäre Handelshemmnisse abgebaut werden.[99] Der Gewinn daraus dürfte für die EFTA-Länder vergleichsweise höher sein als für die EG; das CEPR [1992, S. 11] schätzt diesen Effekt auf 0,2–0,5 vH des BSP der EFTA-Staaten. Darüber hinaus steht zu erwarten, daß die vertiefte Marktintegration einhergeht mit einem intensiveren Preiswettbewerb, der in den stark segmentierten Märkten der EFTA die Gewinnmargen senkt und die Ressourcenallokation verbessert.[100] Insgesamt dürften die EFTA-Länder aus

---

[99] "It is clear to the most casual observer that EFTA-EC trade is shacked by a list of trade-inhibiting barriers such as differing technical standards and regulations, preferential public procurement, administrative and frontier formalities, differences in VAT and excise duties, transport regulations, capital market controls and the implementation of EC law" [CEPR, 1992, S. 11].

[100] In besonders starkem Maße dürfte der in den meisten EFTA-Ländern hoch reglementierte Dienstleistungssektor, so z.B. bei Finanzdienstleistungen, unter Wettbewerbsdruck geraten mit der Folge von erheblichen Effizienzgewinnen. Doch auch im Güterbereich bestehen sowohl in der EG als auch in der EFTA erhebliche Preisunterschiede, die auf segmentierte Märkte hinweisen [vgl. hierzu Wieser, 1989; OECD, b].

ökonomischer Sicht aus dem EWR größere Vorteile ziehen als aus der Vollmitgliedschaft.

Der Übergang zur Vollmitgliedschaft dürfte sich im Handelsbereich eher problemlos vollziehen was den gemeinsamen Zolltarif anlangt, der durchschnittliche Zollsatz der EFTA-Länder ist mit rd. 3,0 vH etwas niedriger als der EG-Außenzoll (4,2 vH). Was jedoch stärker ins Gewicht fällt ist, daß die EFTA-Länder ihre Gütermärkte weit weniger durch nichttarifäre Handelshemmnisse schützen als die EG insgesamt; so liegt z.B. in Schweden der Marktanteil japanischer Produkte bei 20 vH, während er im Durchschnitt der EG-Länder 10 vH beträgt [Hamilton, 1991]. Auch gegenüber den osteuropäischen Ländern haben die meisten EFTA-Länder ein weniger restriktives Handelsregime als die EG, gleiches gilt gegenüber Entwicklungsländern (so hat beispielsweise Schweden das Welttextilabkommen gekündigt). Letztlich werden zwar die Beitrittsländer das handelspolitische Regime der EG übernehmen müssen, wichtig jedoch ist, daß die Gruppe der "Freihändler" im Rat durch die Vollmitgliedschaft in der EG tendenziell gestärkt werden könnte [ibid.].

4. Agrarpolitik

Vom EWR-Vertrag ist die Agrarpolitik ausgenommen. Sie ist daher erst bei einer Vollmitgliedschaft betroffen. Die Agrarpolitik der beitrittswilligen EFTA-Staaten ist, wie jene in der EG, durch eine hohe Eingriffsintensität gekennzeichnet. Das Schutzniveau für den Agrarsektor, gemessen an den von der OECD jährlich berechneten Subventionsäquivalenten, liegt noch höher als in der EG, wobei in Schweden 1991 eine deutliche Wende zum Abbau des Agrarschutzes eingeleitet wurde.[101] Die klassischen Gründe für den Schutz der Landwirtschaft — Versorgungssicherung und Einkommensstützung bei abnehmender Wettbewerbsfähigkeit — werden zunehmend durch andere Motive überlagert. Dazu zählt der Erhalt bestimmter Bewirtschaftungsformen aus ökologischen und touristischen Gründen (Österreich, Schweiz), aber auch die Aufrechterhaltung der Besiedelung in abgelegenen Landesteilen (Norwegen, Schweden). Bei einem EG-Beitritt werden sich diese Länder weitgehend dem agrarpolitischen Mitteleinsatz in der EG anzupassen haben. Das beinhaltet, daß der Schutz der Märkte in den beitrittswilligen Ländern abgebaut werden muß und in wichtigen Teilbereichen, wie bei Getreide und Ölsaaten, durch flächen-

---

[101] Im Jahr 1991 betrug das Subventionsäquivalent auf der Produzentenebene in der EG 49 vH, in Österreich 52 vH, Schweden 59 vH, Finnland 71 vH, Norwegen 77 vH, Schweiz 80 vH; die drei letztgenannten Länder lagen zusammen mit Japan in der Spitzengruppe der Agrarprotektionisten [OECD, a].

bezogene Ausgleichszahlungen ersetzt wird. Für die EG steigt durch die Ausweitung des Anwendungsgebietes für die Agrarpolitik die Notwendigkeit, die schon jetzt bestehenden Inkonsistenzen und Ineffizienzen abzubauen, die aus einer falschen oder unklaren Kompetenzzuordnung und dem generell hohen Schutzniveau resultieren. Dies gilt insbesondere für jenen Mitteleinsatz, der vorgeblich aus Motiven des Umwelt- und Landschaftsschutzes resultiert, letztendlich aber als Instrument zur Stützung der landwirtschaftlichen Einkommen eingesetzt wird. Dieser Bereich hat in den beitrittswilligen Ländern aufgrund der natürlichen Gegebenheiten eine herausragende Bedeutung.

5. Wettbewerbspolitik

Hier ist zunächst hervorzuheben, daß durch den EWR die Wettbewerbsintensität zunehmen wird, insbesondere in den EFTA-Staaten, für die sich die tatsächliche und potentielle Konkurrenzsituation erheblich verschärfen wird. Das CEPR [1992, S. 17] zumindest sieht Evidenz, daß die inländische Wettbewerbsintensität hier geringer ist als in den EG-Ländern. Darüber hinaus wird auch die Beihilfenaufsicht erhebliche Rückwirkungen auf viele Industrie- und Dienstleistungsbereiche in den EFTA-Ländern haben, in denen die staatliche Einflußnahme insgesamt wohl bedeutsamer ist als im Durchschnitt der EG-Länder. Die Kontrolle staatlicher Beihilfen, darunter auch solche mit regionaler Zweckbestimmung, wie sie im EWG-Vertrag in den Art. 92 ff. geregelt worden ist, ist durch den EWR-Vertrag in den Art. 62–64 auch für den gesamten Europäischen Wirtschaftsraum übernommen worden. Für Beihilfen im EG-Bereich bleibt die EG-Kommission, Generaldirektion Wettbewerb, zuständig. Beihilfen in EFTA-Staaten werden von einer EFTA-Überwachungsbehörde kontrolliert. Beide Gremien sollen zusammenarbeiten, um eine einheitliche Anwendung zu gewährleisten. In Streitfällen kommt ein Konsultationsverfahren in Gang. Bei fortdauernden Meinungsverschiedenheiten kann die Seite, die die andere einer Anwendung der Beihilfenkontrolle bezichtigt, die nicht dem Aufrechterhalten gleicher Wettbewerbsbedingungen entspricht, Gegenmaßnahmen ergreifen. Da es sich bei der Beihilfenaufsicht um EG-identisches Recht handelt, ist die letzte Instanz der Europäische Gerichtshof [Senti, 1992, S. 21 ff.]. Damit wird trotz der auf die Organe der beiden Zusammenschlüsse dezentralisierten Kontrollzuständigkeiten die Wettbewerbsaufsicht über die Beihilfen nach einheitlichen Regeln zentral wahrgenommen. In Anhang XV des EWR-Vertrages werden daher auch die Koordinierungsgrundsätze und Anwendungsmethoden der Art. 92 (3) lit a) und c) EWGV als Rechtsakte bezeichnet, die die Vertragsparteien gebührend zu berücksichtigen haben.

Was nun die Wettbewerbspolitik im engeren Sinne anbelangt, so wird schon durch den EWR-Vertrag die Wettbewerbspolitik der EG auf alle Bereiche ausgedehnt, die den Handel zwischen den Vertragsparteien berühren. Durch die Vollmitgliedschaft wird das Wettbewerbsrecht in den meisten EFTA-Ländern stringenter werden, vor allem in der Schweiz, die lediglich über ein sehr schwaches Kartellrecht verfügt. Wenn auch der EWR im Vergleich zur Vollmitgliedschaft die gewichtigsten ökonomischen Vorteile für die EFTA-Länder mit sich bringt [CEPR, 1992], dürfte allerdings der weitergehende Schritt zur Vollmitgliedschaft für diese Länder wichtig sein, um einer stringenteren Wettbewerbspolitik Glaubwürdigkeit und Unwiderruflichkeit zu geben.

6. Sektorale Struktur- und Industriepolitik

Aus ordnungspolitischer Sicht wäre wenig gewonnen, wenn die EG lediglich ihre bisherige, eher strukturkonservierende Politik durch eine Strukturpolitik zugunsten wachstumsstarker und technologieintensiver Industrien substituieren würde. Auf diese Weise würde gleichsam der Teufel mit Beelzebub ausgetrieben, denn auch in Zukunftsindustrien ist es zuallererst Aufgabe der Unternehmen, rentable Produktionsmöglichkeiten aufzuspüren und Gewinnchancen zu nutzen. Doch der neue Kurs in der sektoralen Strukturpolitik der EG dürfte auch noch aus anderen Gründen zu Problemen führen, und zwar aufgrund der Heterogenität der verschiedenen Mitgliedstaaten.

Bei der Forschungspolitik beispielsweise wird schon seit Jahren intensiv darüber diskutiert, nach welchen Kriterien die Haushaltsmittel der EG auf die einzelnen Länder aufgeteilt werden sollen. Auf der einen Seite wird argumentiert, die Forschungsgelder müßten vorrangig in die reichen Länder fließen, da dort das technologische Potential am höchsten und damit der Ertrag der Fördermittel am größten sei. Auf der anderen Seite wird darauf verwiesen, daß bei einer solchen Verteilung die auf Angleichung der wirtschaftlichen Entwicklungsniveaus abzielende Regionalpolitik konterkariert würde, da zum Aufholen der weniger entwickelten Länder auch der Ausbau ihres technologischen Potentials erforderlich sei. Dieser Zielkonflikt wird mit der bevorstehenden EFTA-Erweiterung der EG (und auch der sich längerfristig abzeichnenden Ost-Erweiterung) spürbar an Schärfe gewinnen. Dies ergibt sich schon daraus, daß einvernehmliche Konfliktlösungen generell um so schwieriger sind, je größer die Zahl der Beteiligten ist. Bei einer — wie auch immer gearteten — Integration mittel- und osteuropäischer Länder in die gemeinschaftliche Forschungspolitik dürften sich zusätzliche Schwierigkeiten aus den großen Unterschieden im wirtschaftlichen und technologischen Entwicklungsniveau dieser Länder gegenüber den bisherigen EG-Länder ergeben. Wie eine effiziente Technologiepolitik konkret auszugestalten ist, hängt auch vom Entwicklungsniveau eines Landes ab, beispielsweise davon, ob eine leistungsfähige Forschungsinfrastruktur bereits vorhanden ist oder erst noch geschaffen werden muß.

Ein Ausweg aus diesem Dilemma ist vermutlich nur möglich, wenn die EG zu flexibleren Formen der Forschungsförderung findet, bei denen die regionale Umverteilung von Haushaltsmitteln eher in den Hintergrund tritt. Modellcharakter für eine derartige Flexibilisierung könnten die Finanzierungsmodalitäten im Rahmen der EUREKA-Initative gewinnen: Bei EUREKA-Projekten wird von den jeweils beteiligten Ländern auf bilateraler Ebene entschieden, wie hoch die staatliche Förderung ausfallen soll, wobei auch innerhalb einzelner Projekte national unterschiedliche Sätze möglich sind. EUREKA ist damit nur das gemeinsame Dach, unter dem sich kooperationsbereite Unternehmen und Regierungen zusammenfinden. Wenn die EG, die der EUREKA-Initiative bislang eher reserviert gegenübergestanden hat, auf analoge Weise eine Vermittlerrolle übernehmen würde, könnte sie als Katalysator einer europaweiten technologischen Kooperation fungieren, ohne dabei mit ihren eigenen regionalpolitischen Zielen in Konflikt zu geraten. Überdies könnte auf diese Weise die Erfolgskontrolle der europäischen Technologiepolitik verbessert werden, da die nationalen Regierungen, die nach diesem Modell für die Finanzierung verantwortlich wären, aufgrund ihrer größeren Nähe zu den geförderten Projekten und Unternehmen zu einer effizienteren Überwachung der Mittelverwendung in der Lage wären.

Wenn sich die EG nicht zu einer derart grundlegenden Reform entschließen kann, wird die Forschungspolitik vermutlich in immer stärkerem Maße in den Verteilungskampf zwischen reicheren und ärmeren Mitgliedsländern hineingezogen werden. Ein ähnliches Konfliktpotential deutet sich im Bereich der Industriepolitik an, denn die als Zielobjekt auserkorenen Zukunftsindustrien sind ebenfalls in überdurchschnittlichem Maße in den reicheren Mitgliedsländern angesiedelt. Auf längere Sicht wird sich der inhärente Widerspruch zwischen EG-Erweiterung und Vertiefung der Integration nur lösen lassen, wenn die EG zu flexibleren Formen der Wirtschaftsförderung findet.

7. Regionalpolitik

Die *Beihilfenaufsicht* der EG-Kommission trägt — wie in Kapitel C dargelegt — als wettbewerbspolitische Aufgabe grundsätzlich den Charakter eines supranationalen öffentlichen Gutes. Gleichwohl erwies sich die Praxis der Kommission, das ursprüngliche Ziel des Verhinderns von Subventionswettläufen mehr und mehr hinter das Ziel der Kohäsion zurückzustellen, als ineffizient in bezug auf beide Ziele. Wenn nun mit den EFTA-Staaten relativ reiche Staaten den gleichen Kriterien für regionale Beihilfen genügen müssen wie die EG-Mitgliedstaaten, dürfte die Beihilfenkontrolle in diesen Ländern ähnlich restriktiv ausfallen wie in den wohlhabenderen EG-Mitgliedsländern. Die regionalen Disparitäten müssen in diesen Ländern aufgrund des höheren Einkommensniveaus stärker ausgeprägt sein, damit die regionalen Beihilfen als mit dem EWR-Vertrag konform angesehen werden. Auf die deutsche Regionalpolitik können sich Auswirkungen dann ergeben, wenn für die gemeinsame Beihilfenkontrolle im EWR ein EWR-Durchschnitt statt des bisherigen EG-Durchschnitts für die Korrektur der nationalen Schwellenwerte[102] verwendet wird.[103] Da dann relativ reiche Länder den Durchschnitt der Einkommen erhöhen und die EFTA-Staaten mit Ausnahme von Finnland zudem vergleichsweise niedrigere Arbeitslosenquoten aufweisen,[104] vermindern sich die Schwellenwerte für die Bundesrepublik, die Vergabe von regionalen Beihilfen würde erleichtert [Gräber, Spehl, 1992a, S. 61].

Unabhängig von diesen Veränderungen der Schwellenwerte bleibt der Zielkonflikt zwischen dem ursprünglichen Wettbewerbsziel und dem inzwischen überwiegenden Kohäsionsziel bestehen. Die öffentliche Aufgabe "Diskriminierungsverbot" hätte eine Reichweite, die den gesamten EWR-Raum umfaßt. Effizienzsteigernd wirkt auch, daß in zusätzlichen Ländern die Anreize zu einem Subventionswettlauf gemindert werden. Daß zugleich aber wegen der überlagerten Kohäsionszielsetzung die Vergabe regionaler Beihilfen in den bisherigen Mitgliedstaaten insgesamt relativ erleichtert wird, wirkt dem Effizienzzuwachs entgegen.

Die *aktive Regionalpolitik* der EG ist als eines der wesentlichen Instrumente der Gemeinschaft zur Umverteilung zwischen den Mitgliedstaaten auf der Ausgabenseite anzusehen. Sie hat sich mehr und mehr zu einem eigenständigen Instrument auf EG-Ebene entwickelt, insbesondere nach der Reform der Strukturfonds zum 1.1.1989. Von der aktiven Regionalpolitik über die Strukturfonds, vor allem über den EFRE, sind die EFTA-Staaten durch den EWR-Vertrag

---

102 Nach Art. 92 Abs. 3 lit. c) EWGV werden die nationalen Schwellenwerte des jeweiligen Pro-Kopf-Einkommens und der Arbeitslosenquote, von denen ab Regionalbeihilfen als mit dem Gemeinsamen Markt vereinbar gelten, anhand der Abweichungen der nationalen Werte vom EG-Durchschnitt korrigiert. Für relativ reiche Mitgliedstaaten verschärfen sich die Schwellenwerte, Regionen sind erst dann förderwürdig, wenn sie wesentlich weiter vom nationalen Durchschnitt abweichen als in ärmeren Mitgliedstaaten [Klodt, Stehn et al., 1992, S. 81 ff.].

103 Dies trifft in jedem Fall bei einem Beitritt der EFTA-Staaten zur EG zu.

104 1991 betrug die durchschnittliche Arbeitslosenquote in der EG 8,8 vH (mit einer Streubreite von 1,4 vH in Luxemburg und 4,3 vH in der Bundesrepublik — alte Bundesländer — bis zu 16,3 vH in Spanien). Demgegenüber betrugen die Arbeitslosenquoten in der EFTA zwischen 1,3 vH in der Schweiz und 7,6 vH in Finnland [vgl. OECD, c].

nicht direkt berührt; Mittel könnten sie erst bei einer Vollmitgliedschaft erhalten. Indirekt tragen die EFTA-Länder aber schon zu den Strukturfonds bei, weil sie an die EIB Mittel zur Kohäsion in der EG abführen. Bei einem möglichen Beitritt der EFTA-Länder wäre deren Zugriff auf Mittel der Strukturfonds wohl nur begrenzt. Ähnlich wie die alten Bundesländer hätten die EFTA-Staaten wohl kaum eine Möglichkeit, Mittel zu erhalten, die für Ziel 1 reserviert sind[105] und die für 1989–1993 fast zwei Drittel der Strukturfonds-Finanzausstattung ausmachen [Klodt, Stehn et al., 1992, S. 62, Tabelle 5]. Sie könnten lediglich Mittel für Ziel 2 und Ziel 5b (Förderung altindustrieller Regionen und des ländlichen Raums), die gut 16 vH der Mittel der Strukturfonds darstellen, beanspruchen. Die Konkurrenz um diese Mittel dürfte auch für die Bundesrepublik spürbar werden.

Als relativ wohlhabende Länder würden die EFTA-Länder in bezug auf die Strukturfonds wohl Nettozahler darstellen. Auch wenn sie das akzeptieren, wäre möglicherweise doch zu erwarten, daß sie eine Kompensation dafür fordern. Unter diesen Umständen dürften zwar die Kriterien für die Förderung nach Ziel 2 und Ziel 5b nicht heruntergeschraubt werden, weil in einem solchen Fall auch wieder viele Regionen in den alten Mitgliedsländern der EG förderwürdig wären. Ein Ausweg für die EG bestünde dann darin, neue Fonds zu schaffen, möglicherweise im Umweltbereich, der sowohl in den skandinavischen Ländern besondere Aufmerksamkeit genießt als auch in den Alpenländern mehr und mehr an Interesse gewinnt.[106] Mit einer solchen Erweiterung der Fördermöglichkeiten würden diese allerdings abermals undurchsichtiger und schwieriger zu verwalten werden. Angesichts der unsicheren Inzidenz würde sich abermals die Frage nach einer potentiellen Überlegenheit einer Finanzausgleichslösung zu geringeren Transaktionskosten stellen, etwa in Form von gestuften Rabatten bei den Beiträgen der Mitgliedstaaten zum EG-Budget.

8. Verkehrspolitik

Bei der Beurteilung der Verkehrspolitik muß man zwischen der Ordnungs- und der Infrastrukturpolitik unterscheiden.

---

105 Ziel 1 betrifft die Förderung von Regionen mit Entwicklungsrückstand, was nach den derzeit angewandten Kriterien bei einem BIP je Einwohner unter oder nahe bei 75 vH des EG-Durchschnitts angenommen wird.

106 Eine vergleichbare Ausweitung der Fördermöglichkeiten hat es bei jeder Erweiterung gegeben. Der EFRE diente ab 1975 der Kompensation u.a. von Großbritannien, und für Griechenland, Spanien und Portugal wurde das IMP aufgelegt. Auch der Kohäsionsfonds soll diesen Ländern Mittel zuführen.

a. Verkehrsordnungspolitik

Eine zentrale Kompetenz für die Verkehrsordnungspolitik innerhalb der EG wurde in Teil C bejaht, weil die Offenheit des Gemeinsamen Verkehrsmarktes komplementär zur Handelsfreiheit ist und mittels der EG-Politik die effizienzhemmenden Wirkungen nationaler Interessengruppen ausgeschaltet werden konnten. Mit der von der EG verfolgten Deregulierungspolitik im Rahmen des Binnenmarktprogramms wird die Offenheit der Transportmärkte gewährleistet.

Durch den EWR-Vertrag wird diese EG-Politik auf den Raum der EFTA-Staaten ausgedehnt:[107] Alle Vertragsparteien dürfen nicht gegen ausländische Transportunternehmen auf Schiene, Straße und Binnenwasserstraßen diskriminieren und müssen Transporte unabhängig von Ursprungs- und Zielort gleich behandeln [Senti, 1992, S. 12]. Damit werden praktisch die EG-Märkte auch für Anbieter aus den EFTA-Staaten geöffnet, die EFTA-Märkte für solche aus den Mitgliedstaaten.[108] Auch wenn die EFTA-Staaten hinsichtlich Landverkehrsaufkommen und Zahl der Anbieter im Vergleich zur EG als relativ klein gelten können und zumindest einige von ihnen in der Vergangenheit schon eine deutlich liberalere Verkehrspolitik betrieben haben als die großen zentraleuropäischen EG-Mitgliedstaaten,[109] ist auf einem gemeinsamen EG-EFTA-Transportmarkt insgesamt mit einer weiter nach unten gerichteten Tendenz der Preise für Transportleistungen zu rechnen. Die gesamtwirtschaftlichen Wohlfahrtsgewinne niedrigerer Transportkosten kommen allen Bürgern des EWR in Form niedrigerer Güterpreise, in denen mehr oder minder Transportleistungen als Vorleistung stecken, zugute. Die Reichweite der Offenheit der Verkehrsmärkte umfaßt damit den ganzen EWR. An der Überlegenheit der zentralen Regelung der Nichtdiskriminierung von Anbietern und Nachfragern ändert sich

---

[107] Daher ist es hinsichtlich der Verkehrsordnungspolitik nicht erforderlich, zwischen dem EWR und einer möglichen Vollmitgliedschaft der EFTA-Staaten zu unterscheiden.

[108] In der Schweiz bleibt allerdings die Obergrenze des höchstzulässigen Gesamtgewichts im Straßengüterverkehr von 28 t bestehen, wenn auch mit Ausnahme der im Transitabkommen ausgehandelten Ausnahmefahrten und der Leerfahrten [Senti, 1992, S. 13].

[109] Dabei ist anzumerken, daß beispielsweise der Straßengüterverkehr in der Schweiz — mit Ausnahme der niedrigeren Grenze des höchstzulässigen Gesamtgewichts von 28 t — als dereguliert gelten kann, objektive Zulassungsbeschränkungen und bindende Tarife wurden schon vor langer Zeit abgeschafft [Laaser, 1991, S. 194 ff.]. In Schweden ist etwa das Modell der Trennung von Fahrweg und Betrieb im Schienenverkehr verwirklicht, die als Voraussetzung für einen Wettbewerb auf dem Schienennetz gelten kann, den die EG mit ihrer Richtlinie 91/440 zumindest für den grenzüberschreitenden Verkehr durch Zugangsrechte für andere Bahnen in den nationalen Schienennetzen anstrebt.

durch die Ausweitung der deregulierten Rahmenbedingungen nichts, man kann sogar vermuten, daß die Einbeziehung der EFTA-Staaten die Effizienz erhöht.

Die Erweiterung des gemeinsamen Verkehrsmarktes macht auch aus der Sicht der Politischen Ökonomie Sinn. Die Deregulierungspolitik der EG hat — wie dargelegt — dazu geführt, daß der Einfluß nationaler Interessengruppen, die gegen eine Marktöffnung eingestellt waren, etwa der Berufsverbände im Straßengüterfernverkehr, insbesondere in der Bundesrepublik und in Frankreich gebrochen wurde [Laaser, 1991, S. 320 ff.]. Gleichwohl ist nicht auszuschließen, daß sich auch auf supranationaler Ebene wieder Interessenkoalitionen formieren. Entsprechende Tendenzen sind zu beobachten [Vaubel, 1992]. Unter diesen Umständen erhöht die Erweiterung die Kosten der Organisation der Interessengruppen auf zentraler Ebene. Die Interessen werden dadurch heterogener, der Anteil der Länder mit einer positiven Einstellung zur Offenheit der Märkte, wie etwa der skandinavischen Länder, steigt, und mit zunehmender Zahl an Beteiligten werden Kartellbestrebungen schwieriger zu organisieren. Insofern könnte die Erweiterung der EG um EFTA-Staaten entweder durch den EWR oder durch einen Beitritt die Liberalisierung der Verkehrsmärkte, wie sie im Gefolge des Binnenmarktprogramms stattgefunden hat, unterstützen.

b. Verkehrsinfrastrukturpolitik

Der EWR-Vertrag enthält zur Verkehrsinfrastrukturpolitik zunächst in Anhang XIII Nr. 5 [Rat, d, S. 574] die Bestimmung, daß das gemäß der Ratsentscheidung 78/174/EWG begründete Beratungsverfahren und der gemeinsame EG-Ausschuß für Fragen der Verkehrsinfrastruktur für den gesamten EWR-Raum zuständig sein soll. In dieser Verordnung werden zwar lediglich die Ziele der Infrastrukturpolitik festgelegt und die Hauptkriterien für die Bewertung der gemeinschaftlichen Bedeutung eines Vorhabens definiert [Kommission, f, S. 10]. Die Zuständigkeit der EG-Ebene für die Förderung transeuropäischer Netze — wie sie der Maastrichter Vertrag vorsieht — wird damit durch den EWR-Vertrag nicht automatisch auf den EFTA-Raum ausgedehnt. Dennoch könnte diese Bestimmung Bedeutung erlangen, wenn es um die Planung und Finanzierung der Alpentraversalen sowie der festen Ostseequerungen geht, zumal auch der Abschluß des EWR-Vertrages von der Einigung der EG mit der Schweiz und Österreich über die Modalitäten des Alpentransits abhing.

Weiterhin bestimmt der EWR-Vertrag in Protokoll 38, daß die EFTA-Länder einen Beitrag zur Kohäsion durch die Finanzierung von Infrastrukturprojekten und Umweltschutzmaßnahmen in den ärmsten EG-Ländern Portugal,

Spanien, Irland und Griechenland leisten.[110] Damit wird praktisch ihre Einbeziehung in den in Maastricht beschlossenen Kohäsionsfonds vollzogen.

Indirekt ist die Verkehrsinfrastrukturpolitik weiterhin dadurch betroffen, daß nach Art. 65 und Anhang XVI EWRV [Rat, d, S. 40 und 607 ff.] die Liberalisierung des öffentlichen Ausschreibungswesens, wie es das Binnenmarktprogramm vorsieht, auch auf den EFTA-Bereich ausgedehnt wird. Bei Ausschreibung in EG-Staaten genießen dann Bieter aus EFTA-Staaten gleiche Rechte wie solche aus EG-Mitgliedstaaten und umgekehrt.

Trotz der nicht vollständigen zentralen Kompetenz für transeuropäische Netze im gesamten EWR-Raum kann doch als Arbeitshypothese aufgestellt werden, daß die wesentlichen Auswirkungen einer Erweiterung der Gemeinschaft auf die Verkehrsinfrastrukturpolitik vom EWR-Vertrag ausgehen und nicht erst bei einer Vollmitgliedschaft der EFTA-Staaten eintreten werden.

Hinsichtlich der Beurteilung der zentralen Kompetenzen für die Infrastrukturpolitik, wie sie in Kapitel C erläutert wurden, ändert sich durch ein Hinzukommen der EFTA-Länder — sei es im Rahmen des EWR, sei es als Vollmitglieder — wenig. Die Aussage, daß zur Koordination von Schnittstellen Zweckverbände der unmittelbar Beteiligten ausreichen und die EG lediglich Regeln für die Einigung innerhalb solcher Zweckverbände bereitstellen muß, wird durch die Erweiterung um die EFTA-Staaten nicht berührt. Das gleiche gilt für die höheren Planungs- und Durchführungskosten, wenn zusätzlich zur Planung vor Ort die EG-Ebene bei der Auswahl der zu fördernden Projekte hinzugezogen werden muß. Man kann sogar im Gegenteil annehmen, daß die zusätzlichen Kosten der EG-Planungsaktivitäten um so höher sind, je größer das diesen unterliegende Gebiet ist. Denn um die Verwaltung der Fördermittel für die wichtigsten Projekte transeuropäischer Infrastruktur-Netzwerke auch nur einigermaßen im Griff zu behalten, müßte die Kommission ihre dafür zuständigen Verwaltungseinheiten entsprechend der räumlichen Erweiterung ebenfalls ausweiten. Daß der Einbezug von EFTA-Staaten Skalenerträge und Verbundvorteile mit sich bringt, kann man bei zentraler Wahrnehmung der Förderung wohl nicht hoffen. Denn die anstehenden Probleme unterscheiden sich ihrer Natur nach wesentlich: Der Bau leistungsfähiger Alpentraversalen stellt sich als ein Problem des Transitverkehrs zwischen EG-Staaten durch EFTA-Staaten dar. Hier dürfte es ganz wesentlich um die Forderung Österreichs und der Schweiz gehen, von den Lasten des Transitverkehrs befreit zu werden, der im

---

[110] Bei der Europäischen Investitionsbank soll ein Fonds von 800 Mill. ECU eingerichtet werden, den die EFTA-Staaten — abhängig vom Pro-Kopf-Einkommen — speisen sollen [Bruggmann, 1992]. Durch das "Nein" der Schweizer Bevölkerung in der Volksabstimmung zum EWR-Vertrag fällt allerdings der Schweizer Beitrag weg und wird von den anderen Staaten nur zum Teil ersetzt (vgl. Fußnote 5 auf S. 2).

Zuge der weiteren Marktintegration und der Liberalisierung der Transportmärkte weiter zunehmen wird [Lochte, 1991]. Die Infrastrukturprojekte der festen Ostseequerungen (von denen allerdings nur die Öresund-Brücke den EWR betrifft) stehen dagegen im Zeichen der Anbindung Skandinaviens in seiner geographischen Randlage innerhalb Europas. Die skandinavischen Länder mit ihrem vergleichsweise hohen Pro-Kopf-Einkommen zeigen sich als durchaus in der Lage, diese in ihrem Eigeninteresse liegenden Projekte eigenständig in Angriff zu nehmen, zum Teil unter Zuhilfenahme privater Investoren [Keuchel, 1991]. Die innerhalb der EG durch den Maastrichter Vertrag angestrebte Infrastrukturpolitik setzt dagegen auf die Anbindung verkehrsferner Gebiete in Mitgliedsländern mit unterdurchschnittlichem Pro-Kopf-Einkommen, stellt also eher auf den Umverteilungsaspekt ab.

Daß die EFTA-Staaten nun über die EIB gewissermaßen auch zum Kohäsionsfonds beitragen, dürfte zwar sowohl für die ausdrücklich angesprochenen Empfänger als auch für die Nettozahler in der bisherigen Gemeinschaft ein erfreulicher Aspekt des Widenings sein[111], zumal die EFTA-Staaten nicht als Empfänger aus diesem Fonds vorgesehen sind. Allerdings könnten die Alpenländer wiederum bei der Finanzierung der Alpentraversalen eine Mitfinanzierung der Projekte durch die EG-Länder, die von einem Abbau der bestehenden Engpässe profitieren würden, einfordern. Hierfür wären jedoch eher Straßennutzungsentgelte angebracht, wie sie auch für den Kanaltunnel vorgesehen sind.

Aus ökonomischer Sicht stellt sich weiterhin die Frage, ob die angestrebten Transfers von den vergleichsweise wohlhabenden EFTA-Ländern zu den ärmeren EG-Mitgliedstaaten auf diese Weise nicht durch zusätzliche Transaktionskosten bei der gebundenen Vergabe von Mitteln durch die EIB im Vergleich zu einem direkten Finanzausgleich an Wirksamkeit verlieren.

Wenn die nationalen Ausschreibungen von Infrastrukturprojekten auch für Anbieter aus EFTA-Staaten geöffnet werden müssen, ist dies zwar mit höheren Verwaltungskosten verbunden, weil (i) ein größerer Kreis von potentiellen Bietern informiert werden muß, (ii) die Solidität der Angebote kaum bekannter Bieter zu beurteilen ist und (iii) die Kontrolle der Projektdurchführung schwieriger sein könnte. Dabei ist aber zu beachten, daß dies alles schon für die offenen Ausschreibungen im EG-Binnenmarkt gilt; die Grenzkosten, zusätzlich Bieter aus EFTA-Staaten einzubeziehen, dürften nicht allzu hoch sein. Demgegenüber dürfte mit zunehmender Zahl potentieller Bieter die Gefahr abnehmen, daß sich Bieterkartelle bilden, was bei öffentlichen Ausschreibungen nie völlig auszuschließen ist. Mit der Zahl der Bieter nimmt dann auch die Chance zu,

---

[111] Die von der EFTA aufzubringenden Mittel machen allerdings nur 0,5 vH der von den EG-Mitgliedstaaten bereitzustellenden Mittel aus [vgl. Bruggmann, 1992].

daß sich im Wettbewerb das günstigste Angebot herausschälen kann. Zudem stehen mit den Alpenquerungen und den festen Ostseeübergängen Infrastruktur-Großprojekte an. Für derartige Projekte bedarf es häufig internationaler Konsortien mit einer spezifischen internen Arbeitsteilung. Bei einer großen Anzahl potentieller Teilnehmer an einer Ausschreibung ist es leichter möglich, daß sich solche Konsortien bilden, ohne daß damit zugleich der Wettbewerb von vornherein eingeschränkt wird. Insgesamt dürfte das Widening beim öffentlichen Auftragswesen im Verkehr zu einer höheren Effizienz der Infrastrukturpolitik führen.

9. Arbeitsmarkt- und Sozialpolitik

Vom EWR-Vertrag ist die Arbeitsmarkt- und Sozialpolitik nicht betroffen, sieht man einmal von der (wichtigen) Herstellung der Freizügigkeit[112,113] und der damit verbundenen gegenseitigen Anerkennung von Ausbildungsabschlüssen ab. Weitreichende sozialpolitische Vereinbarungen wie im Maastrichter Vertrag standen nicht zur Diskussion und sind nicht Gegenstand des EWR-Abkommens.

Durch den Beitritt der reichen EFTA-Länder dürften die Befürworter der Sozialcharta und des damit einhergehenden Aktionsprogramms tendenziell gestärkt werden: Insbesondere in Skandinavien, aber auch in Österreich, wird einem korporativistisch verfaßten Arbeitsmarkt eine hohe Priorität eingeräumt[114]. Auch sind in diesen Ländern die meisten der im Aktionsprogramm anvisierten Mindeststandards im Arbeits- und Sozialrecht unumstritten und in der Realität bei weitem übertroffen. Die Bereitschaft dürfte vergleichsweise hoch sein, den so verstandenen sozialpolitischen Fortschritt auch in den ärmeren Mitgliedsländern durchzusetzen und die dazu komplementären Transfers, die erforderlich werden, um die negativen Folgen dieser Interventionen zu kompensieren, anteilig mit zu tragen. Insofern ist zu vermuten, daß die Mehr-

---

[112] Nicht gelöst sind die Sozialversicherungsfragen. Die EG kennt kein supranational organisiertes Versorgungsnetz. Der EWR-Vertrag beschränkt sich auf die Koordination der Versorgungsansprüche der Wanderarbeiter/innen, um sicherzustellen, daß den Versicherten aus der Freizügigkeit keine Nachteile erwachsen. [Senti, 1992, S. 10].

[113] Die Schweiz hätte zur Neuausrichtung ihrer Fremdarbeiterpolitik eine Übergangsfrist von fünf Jahren eingeräumt bekommen. Für die Zeit ab 1998 hätte sich ihr Recht auf Schutzmaßnahmen aus Gründen der öffentlichen Ordnung, Sicherheit und Gesundheit beshränkt [Senti, 1992, S. 11].

[114] Ein Überblick über die Regulierungssysteme des Arbeitsmarktes in Österreich, Schweden und der Schweiz findet sich in Soltwedel et al. [1990].

zahl der neuen Mitglieder — und dies ist das normativ Bedenkliche — eine redistributive Verwendung der durch den Beitritt erhöhten EG-Budgetmittel befürworten dürfte. Allerdings mag es sein, daß die gegenwärtige wirtschaftliche Krise in Skandinavien Anlaß dazu geben könnte (oder sogar muß), über Umverteilungsziele bzw. die Ziel-Mittel Effizienz in diesem Bereich kritisch nachzudenken. Erste Schritte sind dazu z.B. in Schweden schon getan worden.

Die Schweiz mag durchaus eine andere Sichtweise in den Europäischen Rat einbringen. Ohnehin stärker auf ein dezentraleres Modell der kollektiven Lohnverhandlungen ausgerichtet, bei einer weniger umfassenden und stärker versicherungswirtschaftliche als umverteilungsorientierte Elemente beherzigenden Politik der sozialen Sicherung dürfte die Schweiz dem Protokoll zur Sozialpolitik eher kritisch gegenüberstehen.[115]

II. EG und EFTA — Komplexe Wirkungen auf die Vertiefung der Integration

Zum gegenwärtigen Zeitpunkt spricht sehr viel dafür, daß der EWR nur ein Zwischenstadium ist auf dem Wege der europäischen Integration: Die größten EFTA-Länder streben eine Vollmitgliedschaft an, und die EG-Staaten haben ein großes Interessen daran, daß die EFTA-Länder beitreten.

Durch den EWR-Vertrag partizipieren die EFTA-Staaten zu einem sehr großen Teil von dem wirtschaftlichen Stimulus, der vom Binnenmarktprogramm ausgeht. Der Gewinn an wirtschaftlicher Dynamik wird für sie beträchtlich sein (Tabelle 8), er wird nur unerheblich vermindert durch eher geringfügige Beiträge zum Kohäsionsfonds der Gemeinschaft.[116]

Die Vollmitgliedschaft der EFTA-Länder bedeutet zunächst einmal — und dies liegt natürlich im starken Interesse der EG-Staaten —, daß sie zu bedeutenden Nettozahlern werden. Die Traglast für die Umverteilungsziele der Gemeinschaft wird auf mehrere Schultern verteilt. Dies ist aus der Sicht der bisherigen Nettozahler erfreulich, birgt aber die Gefahr in sich, daß nunmehr auch Entscheidungen über zusätzliche Umverteilungsmaßnahmen mit leichterer

---

[115] Zur generellen Problematik der Harmonisierung von arbeits- und sozialrechtlichen Normen vgl. Abschnitt C.I.9.

[116] Die Vorteile aus dem EWR wurden offenbar für so gewichtig erachtet, daß der aus der Sicht der EFTA-Staaten "unglückliche Verlauf" der EWR-Verhandlungen (z.B. Zwang zur Übernahme von EG-Recht, Verpflichtung mit einer Stimme" zu sprechen, kein individuelles Vertragsrecht) hingenommen wurde [Senti, 1992, S. 32].

Hand vorgenommen werden. Zwar müssen die EFTA-Staaten mit dem Beitritt Souveränitätsverluste hinnehmen (z.B. in der Agrarpolitik, in der Handelspolitik), sie können aber — jeder für sich — durch ihre Stimme auf die Politik der EG Einfluß nehmen. Vor allem in den Politikbereichen, in denen Mehrheitsentscheidungen möglich sind und nicht Einstimmigkeit gefordert ist, können sie das Machtgleichgewicht beeinflussen [Hamilton, 1991]. Dies ist im einzelnen wohl kaum zu antizipieren, gleichwohl dürften folgende Vermutungen nicht unberechtigt sein:

— Die Mehrheit der Beitrittsländer ist deutlich weniger protektionistisch ausgerichtet als die EG in ihrer Gesamtheit und dürfte daher das Gewicht der "Freihändler" erhöhen.
— Die "Föderalisten" werden gestärkt. Sowohl die Schweiz wie auch Österreich sind Bundesstaaten; die anderen Beitrittsländer dürften darauf erpicht sein, ihre politischen und kulturellen Eigenheiten so weit es geht zu bewahren.[117]
— In allen Beitrittsländern (abgesehen von der Schweiz) haben Umverteilungsziele eine hohe politische Priorität. Dies dürfte die Umverteilungslobby in der EG tendenziell stärken.
— In allen Beitrittsländern haben Umweltziele eine deutlich höhere Priorität als in den meisten EG-Ländern. Dies dürfte die Umweltlobby stärken.

Tabelle 8 — Zur Auswirkung des EWR auf die EFTA-Staaten — Differenz der Entwicklung in Prozentpunkten gegenüber der Basisentwicklung von 1985

	Entwicklung in der EFTA	
	ohne EWR	mit EWR
Realeinkommensänderung		
in vH der Ausgaben für handelbare Güter	–0,40	2,90
in vH des BIP	–0,10	0,69
Kapitalerträge	–0,04	1,01
Löhne für qualifizierte Arbeit	–0,18	1,25

Quelle: CEPR [1992, S. 13].

[117] "The smaller a country is, the less interest it has in diluting itself into a larger political entity over which it will exercise very little control and inside which it will find it hard successfully to promote its idea" [CEPR, 1992, S. 53].

Selbst ein tentativer Saldo aus diesen Tendenzen dürfte schwer zu ziehen sein. Es erscheint jedoch nicht abwegig zu vermuten, daß durch den Beitritt jene Länder zahlreicher werden, denen die Beachtung des Subsidiaritätsprinzips, so wie es in dieser Studie interpretiert wird, wichtig ist. Dies könnte in manchen Politikbereichen dazu beitragen, daß Marktintegration und institutionelle Integration in größeren Einklang gebracht werden.

Die EFTA-Länder werden zwar aus dem Beitritt auch weitere ökonomische Vorteile ziehen; es ist jedoch ausgeschlossen, daß dies viel daran ändert, daß sie dann — wie erwähnt — Nettozahler bleiben. Bedenkt man, daß jede Erweiterung der EG damit verbunden war, daß neue Strukturfonds eingerichtet wurden, ist nicht von der Hand zu weisen, daß die EFTA-Staaten darauf drängen werden (nicht zuletzt aus innenpolitischen Gründen), daß sie ihre politische Prioritäten, z.B. im Umweltbereich, in einem neuen Fonds umsetzen. Angesichts der insgesamt beträchtlichen Entlastung der bisherigen Nettozahler in der EG dürfte ein solches Begehren durchaus erfolgreich sein.[118]

Abschließend sei darauf verwiesen, daß durch die Erweiterung selbst erhebliche Bürokratiekosten entstehen. "Many committees are already over-large and cumbersome, and extending them to allow for the national representation of new members would be the last straw" [CEPR, 1992, S. 110]. Dieses Problem würde zusätzlich akzentuiert, wenn es zu einer verstärkten Kompetenzverlagerung auf die supranationale Ebene käme. Das Prinzip der Subsidiarität und die Maßgabe, auf die Verhältnismäßigkeit der Mittel zu achten, impliziert natürlich auch, über Wege nachzudenken, wie die Effizienz der supranationalen Behörden selbst zu erhöhen ist.

---

[118] Ein Entgegenkommen der bisherigen Mitgliedstaaten vermutet auch das CEPR [1992, S. 108]: "Our judgement is that, with more to gain, the EC will actually be more conciliatory over membership conditions than it was over EEA terms".

E. Die Erweiterung der Europäischen Gemeinschaft um die mittel- und osteuropäischen Staaten

Die Frage nach einer vertieften marktmäßigen und institutionellen Integration der mittel- und osteuropäischen Länder in die Wirtschaft und die Institutionen Europas hat eine andere Qualität als die Erweiterung der Gemeinschaft um die EFTA-Staaten. So liegt das Pro-Kopf-Einkommen dieser Staaten — mit Ausnahme von Slowenien — unterhalb des Niveaus des ärmsten westeuropäischen Staates, Portugal (Tabelle 9); weder ist die Demokratie krisenfest gesichert[119] noch sind — vielleicht mit der Ausnahme von Ungarn und der Tschechischen und der Slowakischen Republik — wenigstens die Grundpflaster des marktwirtschaftlichen Systems stabilisiert [vgl. Heitger et al., 1992]. Damit sind Grundvoraussetzungen für einen möglichen Beitritt zur EG auf Jahre hinaus nicht erfüllt. Gleichwohl ist es unabdingbar, die zentral- und osteuropäischen Staaten in die europäischen Märkte zu integrieren, um dazu beizutragen, die Entwicklungsperspektiven in diesen Ländern zu festigen, weil politische und wirtschaftliche Instabilität auch Westeuropa beeinträchtigen würde, nicht zuletzt durch eine drastisch beschleunigte Zuwanderung.

In diesem Kapitel sollen die wirtschaftlichen Auswirkungen der Annäherung zwischen der EG einerseits und den osteuropäischen Ländern andererseits im Hinblick auf wichtige Felder der Wirtschaftspolitik abgegriffen werden. Dabei stehen die budgetären Belastungen, handelspolitische Probleme sowie Überlegungen zur Freizügigkeit der Arbeitskräfte und des Arbeits- und Sozialrechts[120] wie auch regional- und verkehrswirtschaftliche Fragen im Vordergrund. Eine besondere Bedeutung kommt dabei der Frage zu, ob eine schnelle Integration in die EG anzustreben ist und welches — aus wirtschaftlicher und politischer Sicht — sinnvolle Zwischenschritte sein können.

---

[119] In Griechenland lagen sieben Jahre zwischen der Wiedereinführung der Demokratie (1974) und dem EG-Beitritt, in Spanien (1977) neun und in Portugal (1974) zwölf [CEPR, 1992, S. 60].

[120] Wegen der Interdependenz der Aspekte von Güter- und Faktormobilität werden diese zusammenhängend in Abschnitt E.II behandelt.

Tabelle 9 — Pro-Kopf-Einkommen und Bevölkerung der europäischen Länder 1990

	Nominales BSP je Einwohner (US-$)	Bevölkerung (Mill.)
EG		
Belgien	15540	10,0
Bundesrepublik Deutschland	22320	79,5
Dänemark	22080	5,1
Frankreich	19490	56,4
Griechenland	5990	10,1
Italien	16830	57,7
Irland	9550	3,5
Luxemburg	28770	0,4
Niederlande	17320	14,9
Portugal	4900	10,4
Spanien	11020	39,0
Vereinigtes Königreich	16100	57,4
EG-12 insgesamt	17077	344,4
EFTA		
Finnland	26040	5,0
Island	20000	0,3
Norwegen	23120	4,2
Österreich	19060	7,7
Schweden	23660	8,6
Schweiz	32680	6,7
EFTA insgesamt	24692	32,5
Mittel- und osteuropäische Reformstaaten		
Albanien	500	3,3
Bulgarien	2250	8,8
Estland	2600	1,6
Kroatien	2900	4,7
Rest-Jugoslawien[a]	2850	17,1
Lettland	2800	2,7
Litauen	2400	3,7
Polen	1690	38,2
Rumänien	1640	23,2
Slowenien	5200	2,0
Tschechoslowakei	3140	15,7
Ungarn	2780	10,6

[a]Einschließlich Bosnien-Herzegowina und Mazedonien.

Quelle: World Bank [1992]; CEPR [1992].

I. Zu den einzelnen Politikbereichen

1. Haushalts- und Steuerpolitik

Bedingt durch den niedrigen Entwicklungsstand, hohe und langwährende Arbeitslosigkeit und dramatische Anpassungsprobleme vor allem im industriellen Bereich wären alle zentral- und osteuropäischen Staaten zum Bezug von strukturellen Hilfen und Agrarsubventionen berechtigt und würden für eine lange Zeit Nettoempfänger von Transferleistungen bleiben. Das CEPR [1992, S. 66 ff.] hat eine grobe Schätzung der Beiträge und Bezüge von fünf Ländern (Bulgarien, Rumänien, Polen, Tschechoslowakei und Ungarn) vorgelegt; auf der Grundlage des Produktionsniveaus von 1989 wird geschätzt, daß die Nettotransfers in diese Länder bei Anwendung der gegenwärtig gültigen Kriterien für die Strukturfonds und Agrarsubventionen knapp 13 Mrd. ECU betragen würden (Tabelle 10) — rund ein Fünftel des Gesamtbudgets der EG im Jahr 1992. Auch wenn sich das Einkommen und die landwirtschaftliche Produktion in den fünf Ländern im Vergleich zu dem Niveau von 1989 verdoppeln würden, würden sich die Nettotransfers nicht vermindern, im Gegenteil, sie würden auf über 14 Mrd. ECU ansteigen.[121] Dies macht deutlich, daß noch sehr viel Zeit verstreichen wird, bis diese Länder sich zu akzeptablen Kandidaten für einen EG-Beitritt entwickelt haben werden.[122]

Fraglich ist, ob Hilfe auf nationaler Basis oder über die EG geleistet werden sollte. EG-Hilfe wäre aus nationaler Sicht vorteilhaft, weil dann auch andere EG-Länder belastet werden. Dies erscheint zunächst auch insofern berechtigt, als ganz Europa durch eine größere Stabilität im Osten gewinnt und zudem humanitäre Ziele im Prinzip den gesamten Westen einbinden sollten. Bei gegebener Bereitschaft der bisherigen EG-Länder zu Umverteilung gibt es jedoch einen Konflikt zwischen dem Ziel, Hilfen für arme EG-Regionen zu gewähren, und dem Ziel, Transfers an Osteuropa zu zahlen. Das EWR-Abkommen führt zwar dazu, daß die Umverteilungsmasse leicht steigt; ob dadurch aber der Konflikt nachhaltig an Schärfe verliert, bleibt fraglich. Es ist daher wenig wahrscheinlich, daß es einem einzelnen Mitgliedstaat im politischen Prozeß gelingt,

---

[121] Vermutlich wären sie sogar noch höher, weil bei einer Übernahme der EG-Politik die Agrarproduktion zunächst sehr viel schneller als das Volkseinkommen steigen dürfte, was zu höheren Nettotransfers führen würde.

[122] "In essence an applicant that is (a) large in population, (b) low in per capita income and (c) unduly specialized in agriculture is likely to be eligible for more EC transfers than incumbents are prepared to finance; ... the only successful applicants whose per capita income was less than 80 % of the poorest incumbent, Ireland and Portugal, were both so small that the total transfer burden imposed on richer incumbents was relatively small" [CEPR, 1992, S. 59].

den eigenen Beitrag im Falle EG-weiter Hilfe sehr viel kleiner zu halten als bei nationaler Hilfe. Auch sind beträchtliche Verhandlungskosten zu erwarten, bis eine EG-Hilfe überhaupt zustande kommt. Schließlich ist bilaterale Hilfe im Zweifel gezielter und billiger möglich; die Analogie zur Frage nach der Zweckmäßigkeit von Nachbarschaftshilfe im Vergleich zu staatlicher Sozialpolitik liegt auf der Hand.

Tabelle 10 —Geschätzte Beiträge und Bezüge der mittel- und osteuropäischen Staaten bei einer potentiellen EG-Vollmitgliedschaft (Mill. ECU)

	Beiträge	Bezüge		Nettobeiträge
		Strukturfonds	Agrarfonds	
Bulgarien	263	1205	516	–1458
Polen	817	4600	1409	–5192
Rumänien	396	3190	809	–3603
Tschechoslowakei	617	1360	446	–1189
Ungarn	341	1255	544	–1458
Insgesamt				–12900
Zum Vergleich: Türkei				–8368

Quelle: CEPR [1992, S. 72].

Auch gilt es im Blick zu behalten, daß die Bundesrepublik allein schon wegen der geographischen Nähe bei weitem mehr als andere europäische Staaten von den kurz- bis mittelfristigen Problemen tangiert wird, aber auch stärker von der langfristigen Wachstumsbeschleunigung profitiert [Paqué, Soltwedel et al., 1993]. Es kann kaum ein Zweifel daran bestehen, daß Deutschland der wichtigste Handelspartner dieser Länder sein und den größten Teil der ausländischen Direktinvestitionen stellen wird. Und Deutschland wird vermutlich die erste Wahl für die Emigranten aus dem Osten sein. Von daher besteht aus Sicht der Bundesrepublik durchaus ein erhebliches Interesse daran, sich nicht an der möglicherweise geringen Zahlungsbereitschaft anderer europäischer Staaten zu orientieren.

2. Handelspolitik

a. *Handelspolitische Auswirkungen eines Assoziierungsabkommens mit den Staaten Mittel- und Osteuropas*

Erste Schritte in Richtung auf eine Assoziierung osteuropäischer Staaten mit der EG wurden mit der Unterzeichnung des Europa-Abkommens zwischen der (ehemaligen) CSFR[123], Polen und Ungarn einerseits und der EG andererseits am 16. Dezember 1991 unternommen.[124] Die Vertragsinhalte dürften den aktuellen Stand der politökonomischen Interessen in der EG widerspiegeln und können daher als Gradmesser dafür dienen, inwieweit die EG-Mitgliedstaaten bereit sind, die osteuropäischen Staaten zu integrieren.

Das Ausmaß der in den Europa-Abkommen vereinbarten Handelsliberalisierung variiert erheblich zwischen den einzelnen Wirtschaftszweigen.[125] Mit Ausnahme von Textilien und EGKS-Produkten fallen die Liberalisierungsschritte im Bereich der *Industriegüter* am größten aus. Hier hat sich die EG bereit erklärt, alle Zölle und nichttarifären Handelshemmnisse bis zum Ende des vierten Vertragsjahrs aufzuheben. Diese Bereitschaft überrascht nicht, da in diese Warengruppe überwiegend technologieintensive Kapital- und Zwischengüter fallen und die Mitgliedsländer der EG daher kaum eine nennenswerte Konkurrenz durch die Vertragspartner befürchten müssen. Darüber hinaus enthält der Vertrag eine "safeguard-clause", die es der EG ermöglicht, den Marktzugang zu verengen, wenn ein Industriezweig in eine strukturelle Krise gerät.

Im *Textilbereich* bieten die Europa-Abkommen den osteuropäischen Vertragspartnern kaum Vorteile gegenüber den Anbietern aus anderen Drittländern. Zwar baut die EG ihre Zölle für Textilprodukte aus den osteuropäischen Ländern bis zum Ende des siebten Vertragsjahrs ab, die handelspolitisch wirksameren Importquoten, die im Rahmen des bis Ende 1992 terminierten und vorerst weitergeltenden Welttextilabkommens festgelegt wurden, bleiben jedoch bestehen.

Tarifäre und nichttarifäre Handelshemmnisse für *Kohleprodukte* werden spätestens ein Jahr nach Inkrafttreten des Vertrags abgebaut. Ausnahmen gelten jedoch für die bedeutenden Kohleerzeugungsländer Deutschland und Spanien, die ihre Märkte erst nach einer vierjährigen Übergangsphase freigeben müssen. Im Stahlbereich, der für die osteuropäischen Vertragspartner von besonderer Bedeutung ist, sind die Vereinbarungen weniger konkret. Es ist lediglich festgelegt worden, daß dem sofortigen Abbau mengenmäßiger Beschränkungen der Vorzug gegenüber einem Abbau von Zöllen gegeben werden soll.

Auch die Liberalisierungsschritte im *Agrarbereich* sind als eher zaghaft einzustufen. Bei den Marktordnungsgütern beschränken sich die Liberalisierungsmaßnahmen überwiegend auf die Senkung der Abschöpfungssätze im Rahmen

---

[123] Zum Verfahren zur Anwendung der Europa-Abkommen auf die Tschechische und die Slowakische Republik siehe Fußnote 5 auf S. 2.

[124] Ein weiterer Schritt wurde kürzlich mit den Assoziierungsabkommen zwischen der EG und Rumänien sowie Bulgarien unternommen.

[125] Vgl. zum Inhalt und zu den Wirkungen der Europa-Abkommen mit der ehemaligen CSFR, Polen und Ungarn auch Langhammer [1992].

von Kontingenten. Für andere Güter, vor allem für einige Obst- und Gemüsearten, werden lediglich die Zollkontingente um maximal 40 vH ausgeweitet und die bestehenden Zölle halbiert.

Insgesamt wird deutlich, daß das Europa-Abkommen aufgrund seiner restriktiven Bestimmungen für den Export "sensibler" Güter in die EG nur geringfügig dazu beitragen kann, das Gelingen der Reformen in den begünstigten Ländern zu sichern.[126] Es ist daher angebracht, über die Ausgestaltung einer weitergehenden handelspolitischen Öffnung der EG nach Osten nachzudenken.

b. Handelspolitische Auswirkungen einer Zollunion mit den Staaten Mittel- und Osteuropas

Eine Ausweitung der Zollunion nach Osten würde es den Reformländern erleichtern, das Spezialisierungsmuster ihrer Produktionsstruktur nach den bestehenden komparativen Kostenvorteilen auszurichten. Eine Teilnahme an der europäischen Zollunion würde ihnen darüber hinaus eine Erwartungssicherheit geben, da die ihnen eingeräumten Rechte vor dem Europäischen Gerichtshof einklagbar wären und nicht mehr wie etwa im Europa-Abkommen durch die Berufung auf "safeguard-clauses" ausgehöhlt werden könnten. Wie groß die Wohlfahrtsgewinne aus einer völligen Handelsfreiheit für die mittel- und osteuropäischen Länder wären und in welchen Sektoren sie überwiegend auftreten würden, liegt jedoch weit im spekulativen Bereich. Ökonomische Interessengruppen innerhalb der EG sehen eine vollständige Liberalisierung als ein Nullsummenspiel an: Den Gewinnen im Osten würden entsprechende Wohlfahrtsverluste im Westen gegenüberstehen. Ob diese Vermutung zutrifft und welche Marktpotentiale den Reformländern durch eine Teilnahme an der Zollunion eröffnet würden, läßt sich — zumindest tendenziell — aus der Handelsliberalisierung im Rahmen der Organisation für Europäische Wirtschaftliche Zusammenarbeit (OEEC) in den Nachkriegsjahren abschätzen. Auch hier ging es — wie

---

[126] Zwar bezweifelt das CEPR [1992, S. 78 f.], daß die Öffnung der Märkte nach Osten in erster Linie die "sensiblen Produkte" (aus der Sicht der EG) berühren wird. Auf der Grundlage der branchenmäßigen Struktur des Ost-West-Handels im Jahr 1990 zeigen sie, daß sensible Produkte — wie Nahrungsmittel, Eisen- und Stahl, Textil und Bekleidung — nur ein Drittel der Gesamtexporte in die EG ausmachten. Betrachtet man die Veränderung der Exporte von 1988 bis 1990, sind 27 vH der Exportsteigerung auf diese Gütergruppen zurückzuführen. Freilich räumt das CEPR ein, daß diese Zuwachsraten gerade wegen der restriktiven Handelspolitik der EG künstlich gedrückt sind. Vermutlich sind die Rückwirkungen der geringen Konzessionsbereitschaft der EG bei sensiblen Produkten auf die Exportchancen der mittel- und osteuropäischern Länder deutlich negativer als es in den Zahlen des CEPR zum Ausdruck kommt.

bei der anstehenden Erweiterung der europäischen Integration nach Osten — vorrangig um den Abbau nichttarifärer Handelshemmnisse.

Für eine Abschätzung der handelsschaffenden Wirkungen der OEEC-Liberalisierungsmaßnahmen lassen sich die zur Messung der statischen Wohlfahrtseffekte der europäischen Integration von Balassa [1967], Kreinin [1969] und Truman [1969] entwickelten Importwachstumsmodelle nutzen und entsprechend der hier interessierenden Fragestellung anpassen.

Die mit Hilfe des im Anhang 2 abgeleiteten Importwachstumsmodells berechneten handelsschaffenden Wirkungen der OEEC-Liberalisierungsmaßnahmen (Tabelle 11) verdeutlichen, daß ein Abbau von Handelsschranken erhebliche Marktpotentiale für alle Mitglieder des "Liberalisierungsklubs" freigelegt hat. Das Marktpotential hat sich in den Untersuchungsländern, mit Ausnahme des Vereinigten Königreichs, annähernd verdoppelt; von einem Nullsummenspiel kann daher nicht die Rede sein. Auch die einschlägigen Untersuchungen der statischen Wohlfahrtseffekte der bisherigen Integrationsschritte in Europa, die vor allem auf eine Reduzierung der tarifären Handelshemmnisse abzielten, belegen, daß eine Liberalisierung des Handels die Einkommenschancen im gesamten Integrationsraum wesentlich erhöht. Die im Rahmen unterschiedlicher Modelle durchgeführten Analysen kommen übereinstimmend zu dem Ergebnis, daß die Handelsschaffung und damit die Wohlfahrtserhöhung eines jeden Integrationsschrittes wesentlich höher ausfiel als die wohlfahrtsmindern-

Tabelle 11 —Handelsschaffende Wirkung der Handelsliberalisierung im Rahmen der OEEC nach ausgewählten Ländern 1948–1957[a]

	Handelsschaffung (Mill. US-$)	Liberalisierungsbedingtes Importwachstum[b] (vH)
Bundesrepublik Deutschland[c]	2.878	138
Frankreich	2.598	78
Vereinigtes Königreich	1.823	25
Niederlande	1.319	82
Belgien/Luxemburg	1.474	76
Italien	2.165	152
Schweiz	986	88

[a]Schätzungen mit Hilfe eines Importwachstumsmodells. — [b]In vH des Importwerts des Basisjahrs 1947. — [c]Basisjahr: 1950.

Quelle: IMF [1992]; UN [a;b]; eigene Berechnungen im Rahmen des Importwachstumsmodells (vgl. Anhang 2).

de Handelsumlenkung (Tabelle 12). Angesicht der erzielbaren Wohlfahrtsgewinne sollte die EG die Erweiterung der Zollunion nach Osten als eine vordringliche Aufgabe ansehen und möglichst kurzfristig verwirklichen.

Tabelle 12 —Ex-post-Ansätze zur Bestimmung der statischen Wohlfahrtswirkungen von Zollsenkungen im Rahmen der europäischen Integration

Autor	Methode	Integrationsraum	Untersuchungszeitraum	Netto-Handelsschaffung		Kommentar
				Alle Güter[a]	Industrieerzeugnisse[a]	
Balassa [1967]	korrigiertes Importwachstum	EG	1965	—	1,9	Annahmen: Einkommenselastizität und relative Preise vor und nach Integration konstant
Kreinin [1969]	multiple Importnachfrageregression	EG	1962–1965	0,02-0,07	—	erklärende Variable: Realeinkommen, relative Preise; insignifikante Ergebnisse für relative Preise, da zu wenige Beobachtungen; Schätzung vor Ende des Integrationsprozesses
Truman [1969]	Importanteil-Ansatz (multiple Regression)	EG	1968	—	9,2	erklärende Variable: Realeinkommen, relative Preise, Zollsatzanpassungen; zu kurze Zeitreihe (6 Freiheitsgrade); keine Korrektur der Importanteile
Truman [1969]	Importanteile am Konsum	EG	1958 1960	—	6,7 3,1	keine Korrektur der Importanteile
EFTA-Sekretariat [1972]	Importanteile am Konsum	EG EFTA	1965-1967 1965-1967	— —	1,7-2,3 0,7-1,3	einfache, lineare Trendfortschreibung ohne Korrektur der Importanteile
Kreinin [1972]	durch Kontrollgruppe korrigiertes Importwachstum	EG	1969	—	7,2-20,5 je nach Kontrollgruppenauswahl	Kontrolländer: USA, UK, Japan. Bei Verwendung der USA als Kontrolland Korrektur des Importwachstums um Wachstums- und Preisdifferenzen zwischen USA und EG
Prewo [1974]	Importansatz	EG	1970	19,8	18,0	keine Korrektur der Importanteile
Balassa [1975]	korrigiertes Importwachstum	EG	1970	11,3	11,4	Fortschreibung von Balassa [1967]
Resnick, Truman [1975]	Importanteil-Ansatz	EG und EFTA	1968	—	1,8	schrittweise Messung der hypothetischen Importanteile bei Nicht-Integration
Truman [1975]	Importanteil-Ansatz	EG und EFTA	1968	—	3,0	siehe Truman [1969]: Importanteile am Konsum
Kreinin [1980]	durch Kontrollgruppe korrigiertes Importwachstum; Importanteil am Konsum	EG und EFTA	1977/1978	—	28,0	Berechnung des handelschaffenden Effektes der 1977 vollzogenen Integration von EG und EFTA; Korrektur von Wachstumsdifferenzen zwischen EG/EFTA und Kontrolland

[a]In Mrd. US-$.

Wang und Winters [1991] haben modellhaft untersucht, wie sich der Handel der mittel- und osteuropäischen Staaten darstellte, wären sie voll in die Weltwirtschaft integriert.[127] Eine solche Simulation zeigt, daß der zusätzliche Handel (gegenüber dem tatsächlichen Handelsvolumen) im Jahr 1985 beträchtlich wäre (CEPR [1992, S. 79 f.] sowie Tabelle 13):

(i) Im Jahr 1985 beliefen sich die Exporte der EG (12) und der EFTA auf 753 Mrd. US-$; die zusätzlichen knapp 44 Mrd. US-$ machen rd. 6 vH der Exporte von EG und EFTA zusammen aus. Auf Deutschland entfallen rd. 25 vH dieser Zunahme. Daraus folgt, daß die Märkte der mittel- und osteuropäischen Länder gesamtwirtschaftlich durchaus bedeutsam sind, wenn der Anpassungsprozeß vollzogen ist.

Tabelle 13 —Die potentielle Handelausweitung zwischen mittel- und osteuropäischen Ländern und EG/EFTA auf der Basis von 1985[a]

	Bulgarien	Polen	Rumänien	Tschecho-slowakei	Ungarn	Insgesamt
Importe						
EG (12)	1,3	11,9	5,0	14,0	5,1	37,4
	(95)	(572)	(599)	(855)	(293)	(486)
EFTA	0,3	2,5	1,4	1,9	0,2	6,3
	(81)	(447)	(810)	(357)	(26)	(253)
Exporte						
EG (12)	2,1	10,2	2,7	13,7	5,2	33,8
	(527)	(406)	(102)	(894)	(391)	(404)
EFTA	0,5	1,9	1,0	1,6	0,2	5,2
	(887)	(282)	325)	(269)	(23)	(219)

[a]Differenz zum tatsächlichen Handel (1985) in Mrd. US-$ (vH).

Quelle: Wang und Winters [1991, Tabellen 3 u. 4], zitiert nach CEPR [1992, S. 80].

[127] Wang und Winters benutzen dafür ein Gravitationsmodell, das bilaterale Handelsströme auf der Grundlage von Einkommen, Bevölkerung, Entfernungen und Präferenzabkommen erklärt. Das Modell ist auf der Basis von Marktwirtschaften geschätzt worden und es wird dazu benutzt, um vorherzusagen, welcher Handel der mittel- und osteuropäischen Länder sich auf der Grundlage der Zahlen für 1985 einstellen würde, wenn sie ein ähnliches Muster aufweisen würden; als Vergleichsjahr haben Wang und Winters das Jahr 1985 gewählt.

(ii) Der prozentuale Anstieg für die EG ist höher als für die EFTA-Länder (insgesamt fast doppelt so hoch), weil diese sich — auch wegen ihrer Neutralitätspolitik — schon früher den Ländern im Osten geöffnet haben.
(iii) Der Export der mittel- und osteuropäischen Staaten in die EG und die EFTA wird um 39 Mrd. US-$ zunehmen und sich damit verfünffachen.
(iv) Die starke Zunahme im Warenaustausch würde implizieren, daß sich diese Länder selbst erheblich öffnen würden.
(v) Die tatsächlichen Anteile der Handelsverflechtungen im Jahr 1985 enthielten eine bedeutende Intra-RGW-Komponente, die nunmehr in sich zusammengebrochen ist; das Ausmaß der Offenheit in den Handelsbeziehungen dürfte daher noch weitaus höher sein, als diese Zahlen suggerieren.

Da die westlichen Exportzuwächse in einer solchen Größenordnung von den Handelspartnern im Osten auch bezahlt werden müssen, müssen auch die Exporte in die Gegenrichtung außerordentlich stark zunehmen; denn durch eine stärkere Verschuldung allein ließe sich die Handelsausweitung nicht im entferntesten finanzieren. Die Quintessenz dieser Simulationen ist, "that the opening of the East could provide export market opportunities to Western economies on a scale and speed unprecedented in modern history. The bulk of the benefits will fall to the EC (17) as the natural trading partners for Eastern Europe. Again, it is important to stress that if either side is to realize the gains, the West must open its markets to Eastern products" [CEPR, 1992, S. 81].

c. *Osteuropa und die Uruguay-Runde des GATT*

Aus der Sicht der Reformländer in Mittel- und Osteuropa beinhaltet die Agenda der Uruguay-Runde vor allem zwei wichtige Diskussionspunkte [vgl. Langhammer, 1991; Klose, 1992]: die Liberalisierung des Handels mit Agrargütern und die Revision des Welttextilabkommens. Im Hinblick auf den Textil- und Bekleidungssektor wurde angestrebt, die bestehenden Restriktionen in einer längerfristigen Übergangsphase abzubauen. Die EG und die Vereinigten Staaten befürworteten einen Zeitraum von 10–15 Jahren, während die betroffenen Entwicklungs- und Schwellenländer die Übergangsphase auf 6–7 Jahre beschränken wollten. Strittig war insbesondere auch die Ausgestaltung des Liberalisierungspfades. Die Vereinigten Staaten schlugen für die mit strikten Länderquoten belegten Gütergruppen vor, die bilateralen Länderquoten jährlich abzubauen und in einen periodisch auszuweitenden "Globalkorb" zu integrieren. Um das in diesem Globalkorb garantierte Liefervolumen hätte es dann einen Wettbewerb zwischen allen Anbietern gegeben. Ein solches Vorgehen hätte auch den mittel- und osteuropäischen Ländern die Möglichkeit eröffnet, gemäß ihren komparativen Vorteilen Teile des Globalkorbs für sich in Anspruch zu nehmen. Die EG beharrte jedoch auf den bilateralen Länderquoten als Ausgangspunkt für die Liberalisierung und knüpfte eigene Zugeständnisse an die Verhandlungserfolge in anderen Bereichen der Uruguay-Runde wie etwa dem Subventionsabbau und den Anti-Dumping-Regeln.

Da über die strittigen Punkte keine Einigung erzielt werden konnte, wurde das Mitte 1991 ausgelaufene Welttextilabkommen letztlich bis Ende 1992 verlängert. Es ist daher zur Zeit nicht abschätzbar, welche Schritte der Liberalisierungsfahrplan in diesem Bereich enthalten wird und welche Auswirkungen er auf die handelspolitische Integration mittel- und osteuropäischer Länder haben wird.

3. Agrarpolitik

Nach der Assoziierung Polens, Ungarns, der Tschechoslowakei und Rumäniens wird auch eine Vollmitgliedschaft dieser und anderer Staaten, wie z.B. Bulgariens und der Baltischen Staaten in der EG diskutiert. Für die Beurteilung einer Ausweitung der derzeitigen EG-Agrarpolitik auf diese Länder sind einige grundlegende Strukturmerkmale von Bedeutung. So liegt das Pro-Kopf-Einkommen bei etwa einem Zehntel desjenigen in der EG, die Ausstattung mit Landwirtschaftsfläche je Kopf der Bevölkerung ist — abgesehen von der Tschechischen und der Slowakischen Republik — deutlich reichlicher, und außerdem ist die Ausnutzung des natürlichen Produktionspotentials im allgemeinen geringer als in der EG [Schrader, 1992]. Eine Übertragung der EG-Agrarpolitik hätte zunächst zur Folge, daß in den osteuropäischen Ländern das Schutzniveau für die seit 1990 weitgehend liberalisierten Agrarmärkte, insbesondere aber für die Produzenten in diesen Ländern, drastisch steigen würde. Auch wenn der Produktionsanstieg durch Produktionsquoten — wie in der EG — teilweise eingedämmt würde, wäre mit einer kräftigen Produktionserweiterung zu rechnen. Dies hätte — wegen der intersektoralen Verzerrung im Schutzniveau — nicht nur schwerwiegende Allokationsverluste in diesen Ländern zur Folge, sondern würde auch die Ausgaben des EG-Garantiefonds sprunghaft steigen lassen. Verteilungspolitisch dürfte der starke Anstieg der Nahrungsmittelpreise in diesen Ländern kaum durchsetzbar sein. Auf EG-Ebene würde eine — an anderer Stelle beschriebene — systembedingte massive Umverteilung bewerkstelligt. Die "reichen" Mitgliedsländer mit relativ geringem landwirtschaftlichen Produktionspotential je Kopf der Bevölkerung hätten infolge des EG-Einnahmesystems und der Zahlungsverpflichtung der EG über den Garantiefonds umfangreiche Transfers zu leisten, deren Empfänger zunächst die Bauern in diesen "armen" Ländern, letztendlich aber vor allem die Bodeneigentümer wären. Die begonnene Reform der EG-Agrarpolitik mit der partiellen Substitution von Preisgarantien durch direkte, flächenbezogene Zahlungen erhöht die Transparenz dieses Mechanismus. Auch wenn Transferzahlungen an diese Länder in der nahen Zukunft in gewissem Umfang unvermeidlich erscheinen, wäre diese Form der Reallokation von finanziellen Ressourcen sicherlich der falsche Weg.

Unabhängig von der Mitgliedschaft dieser Länder in der EG wäre in jedem Fall ein Abbau des EG-Agrarschutzes und eine Öffnung der Grenzen für Agrarprodukte eine wichtige Maßnahme zur Selbsthilfe, da dann die komparativen Vorteile dieser Länder in der Agrarproduktion zum Tragen kommen könnten [Schrader, 1992]. Die 1991 abgeschlossenen Assoziierungsabkommen mit Polen, Ungarn und der Tschechoslowakei sind aufgrund der äußerst geringen Konzessionen im Agrarbereich nicht einmal als ein erster Schritt in diese Richtung anzusehen [Langhammer, 1992; Tangermann, 1992].

4. Regionalpolitik

Eine Aufnahme der mittel- und osteuropäischen Staaten in die EG hätte zur Folge, daß sie in den Umverteilungsmechanismus der aktiven EG-Regionalpolitik aufgenommen würden. Ähnlich wie im Falle des Kohäsionsfonds für Verkehrsinfrastruktur- und Umweltschutz-Projekte würde sich bei der aktiven Regionalpolitik über die Strukturfonds die Verteilungsfrage stellen. Die bisherigen Nutznießer wären vermutlich kaum bereit, zugunsten der ehemaligen sozialistischen Staaten auf eine Unterstützung aus den Strukturfonds zu verzichten. Gerade im regionalpolitischen Bereich würde eine Aufnahme osteuropäischer Länder die Verteilungsrelationen völlig auf den Kopf stellen, weil selbst die fortgeschrittensten Regionen der Reformstaaten bei den gültigen Kriterien der Strukturfonds — und zwar bei allen drei regionalpolitisch relevanten Zielen 1, 2 und 5b — als anspruchsberechtigt gelten können. Auch im regionalpolitischen Bereich wäre daher eher mit einer Einführung neuer Fonds für die Osteuropa-Hilfe zu rechnen, die aber möglicherweise in das Konzept der Strukturfonds — vielleicht unter Definition eines neuen Ziels — integriert würden. Daß die EG ihre Maßnahmen gern bündelt und koordiniert, hat schon die Reform der Strukturfonds zum 1.1.1989 gezeigt. Für die Nettozahler unter den Mitgliedsländern dürfte die finanzielle Belastung steigen, soweit nicht die EG-Maßnahmen bisher auf nationaler Basis durchgeführte Leistungen ersetzen.

Tabelle 14 zeigt beispielhaft an einer groben und tentativen Modellrechnung, wie der Anteil der Bevölkerung in Ziel-1-Regionen bei unterschiedlichen

Tabelle 14 —Modellrechnung zum Anteil der Bevölkerung in Ziel-1-Regionen bei mehreren hypothetischen Erweiterungsoptionen der Gemeinschaft sowie potentielle finanzielle Belastungen bei der Ziel-1-Förderung 1997

	Bevölkerungszahl 1990			Finanzielle Belastung gemäß Delors-II-Paket 1997
	insgesamt	in Ziel-1-Regionen		
	Mill.	Mill.[a]	vH[a]	Mrd. ECU in Preisen von 1992[b]
EG-12 ohne neue Bundesländer	328,0	68,2	20,8[c]	14,9
EG-12 mit neuen Bundesländern	344,2	84,3	25,5	18,4
EFTA	32,1	0,0	0,0	0,0
EG-12 und EFTA	376,2	84,3	22,4	18,4
Polen	38,4	38,4	100,0	2,8
Ungarn	10,6	10,6	100,0	0,8
Tschechoslowakei	15,7	15,7	100,0	1,1
1991 Assoziierte	64,6	64,6	100,0	4,7
EG-18 und 1991 Assoziierte	440,9	148,9	33,8	23,1
Estland	1,6	1,6	100,0	0,1
Lettland	2,7	2,7	100,0	0,2
Litauen	3,7	3,7	100,0	0,3
Baltische Staaten	7,9	7,9	100,0	0,6
EG-21 und Baltische Staaten	448,8	156,8	35,0	23,6
Bulgarien	9,0	9,0	100,0	0,7
Kroatien	4,7	4,7	100,0	0,3
Rumänien	23,3	23,3	100,0	1,7
Slowenien	2,0	2,0	100,0	0,1
Südosteuropäische Staaten	39,0	39,0	100,0	2,8
EG-24 und südosteuropäische Staaten	487,8	195,8	40,1	26,5
Albanien	3,2	3,2	100,0	0,2
Rest-Jugoslawien[d]	17,1	17,1	100,0	1,2
Übrige südosteuropäische Staaten	20,4	20,4	100,0	1,5
Europa insgesamt	508,1	216,2	42,5	28,0

[a]Unter der Annahme, daß die EFTA-Staaten ähnlich wie die Bundesrepublik Deutschland für die alten Bundesländer keine Ziel-1-Mittel erhalten und daß die Reformstaaten mit dem ganzen Staatsgebiet Ziel-1-Regionen darstellen. — [b]Unter der Annahme, daß wegen des Kaufkraftunterschieds in den Reformstaaten nur ein Drittel des Mittelaufwandes pro Kopf der bisherigen Mitgliedstaaten erforderlich ist. — [c]Errechnet anhand der Bevölkerungszahlen von 1988. — [d]Einschließlich Bosnien-Herzegowina und Mazedonien.

Quelle: Kommission [h; m]; Franzmeyer et al. [1991]; Mitteilung des Hanse-Office, Brüssel; eigene Berechnungen und Schätzungen.

Erweiterungsoptionen von jetzt knapp 21 vH steigen würde: mit der Ausnahme der Staaten, die 1991 ein Assoziierungsabkommen abgeschlossen haben, auf über ein Drittel, einschließlich der baltischen Staaten auf 35 vH und mit den südosteuropäischen Staaten auf weit über 40 vH. Selbst wenn man diese Staaten nur mit Beträgen fördern würde, die pro Kopf (wegen der größeren Kaufkraft) einem Drittel der Ausgaben in den bisherigen Mitgliedstaaten entsprächen, würden die jährlichen Ausgaben für Ziel 1 von den im Delors-II-Paket projektierten 18,4 vH Mrd. ECU (in Preisen von 1982) auf 28 Mrd. ECU steigen. Bei den anderen Zielen der Strukturfonds wären ähnliche Entwicklungen zu erwarten. Dabei ist noch nicht berücksichtigt, daß der Mittelaufwand für den Ausbau der Infrastruktur in diesen Ländern um ein Vielfaches über diesen Beträgen liegen wird. Auf den Einsatz privaten Kapitals auch im Infrastrukturbereich wird man daher nicht verzichten können.

Auch die Beihilfenaufsicht in ihrer gegenwärtigen Form würde durch eine Aufnahme von Reformstaaten in Schwierigkeiten kommen. Zum einen wären die jetzigen Mitgliedstaaten bei den derzeit angewandten Koordinierungsgrundsätzen insofern direkt betroffen, als die Aufnahme vergleichsweise armer Länder zu einer Verschärfung der nationalen Schwellenwerte für die Vereinbarkeit von regionalen Beihilfen mit den Regeln des Gemeinsamen Marktes führen würde [Gräber, Spehl, 1992a, S. 61]. Für die reicheren Mitgliedstaaten könnte das im Prinzip bedeuten, daß die Möglichkeiten, regionale Beihilfen vergeben zu können, stark eingeschränkt würden. Zum anderen würde die EG mit dem bei der Beihilfenkontrolle derzeit verfolgten Kohäsionsziel, das vor dem wettbewerbspolitischen Ziel des Verhinderns von Subventionswettläufen Vorrang genießt, bei einer Aufnahme der Reformländer Probleme bekommen. Denn Osteuropa wird, wenn es die Folgen des planwirtschaftlichen Wirtschaftssystems für die Kapitalausstattung und das Anreizsystem bewältigen will, noch für lange Jahre in erheblichem Maße von westlichen Transferleistungen abhängen.[128] Vermutlich werden diese Leistungen vielfach in Form von Investitionsanreizen gewährt werden. Damit würde die EG aber vor dem Dilemma stehen, daß sie angesichts des Entwicklungsrückstands in diesen Ländern bei praktisch allen dort gewährten Subventionen kaum umhinkommt, diese Leistungen zuzulassen, damit aber zugleich die Ungleichbehandlung bei der Beihilfenaufsicht verschärfen würde. Daher würde auch die Beihilfenaufsicht, so wie sie derzeit praktiziert wird, bei einer Erweiterung der EG um mittel- und osteuropäische Reformstaaten schwieriger werden.

---

[128] Ein Dilemma besteht hierbei insofern, als auch die Transfers selbst, wenn sie zur Dauereinrichtung werden, dem Anreizsystem in diesen Ländern nicht förderlich sind.

5. Verkehrspolitik

a. Verkehrsordnungspolitik

Eine räumliche Integration Osteuropas in den Gemeinsamen Verkehrsmarkt wäre wie im Fall des Europäischen Wirtschaftsraums bereits auf einer Stufe vor einer Vollmitgliedschaft der Reformstaaten Mittel- und Osteuropas zu verwirklichen, nämlich bei einer Ausdehnung des Binnenmarktes auf diese Länder. In dem Maße, in dem der marktwirtschaftliche Transformationsprozeß in den mittel- und osteuropäischen Reformstaaten Fortschritte macht, dürfte das Handelsvolumen mit den östlichen Nachbarn stark zunehmen und damit auch das Verkehrsaufkommen. Die Bundesrepublik als mitteleuropäisches Transitland dürfte von diesen zusätzlichen Ost-West-Strömen in besonderem Maße betroffen sein. Das würde heißen, daß eine Integration mit Osteuropa nachhaltige Rückwirkungen auf die Verkehrsmärkte und die Auslastung der Verkehrsinfrastruktur in der Bundesrepublik hätte.

Inwieweit sich der Wettbewerbsdruck auf den Verkehrsmärkten durch das Auftreten zusätzlicher Anbieter aus diesen Staaten erhöhen würde, dürfte vor allem eine Frage der Zeit sein. Denn die Privatisierungsbemühungen und damit der Aufbau eines leistungsfähigen privaten Transportgewerbes sind in den einzelnen Ländern unterschiedlich weit vorangeschritten [vgl. hierzu Heitger et al., 1992; Schrader, Laaser, 1992]. Kurzfristig würde sich der Wettbewerbsdruck bei den verschiedenen Verkehrsträgern wohl nur unwesentlich verstärken, mittelfristig könnte sich das allerdings ändern, weil der Aufbau von Transportunternehmen (mit Ausnahme der Eisenbahn, solange Netzträgerschaft und Betrieb integriert sind) mit vergleichsweise wenig verlorenen Investitionskosten verbunden ist und daher für zahlreiche neue Unternehmen der Anreiz bestehen könnte, den Marktzutritt zu wagen. Im Straßengüterverkehr würde es außer vom zu erwartenden Transportvolumen im grenzüberschreitenden Verkehr vor allem von der letztlich auch innerhalb der EG (12) noch offenen Kabotageregelung abhängen, inwieweit seitens osteuropäischer Transporteure ein Druck auf die Transportpreise ausgeübt wird. Im Busverkehr hängt dies von der Regelung des grenzüberschreitenden Linienverkehrs und im Luftverkehr ähnlich wie im Straßengüterverkehr von der Entwicklung des internationalen Verkehrs in diese Länder und der Regelung der Kabotagefrage ("8. Freiheit") ab.

Aus wettbewerbspolitischer Sicht hätte dieser zusätzliche Konkurrenzdruck durch Anbieter aus den Reformstaaten ähnlich wie im Falle des gemeinsamen EWR-Verkehrsmarktes positive weil limitierende Auswirkungen auf die Transportpreise und würde die handelspolitische Integration fördern. Problematisch könnte in diesem Zusammenhang allerdings das vermutlich niedrigere Sicherheitsniveau von Transportunternehmen aus den ehemals sozialistischen Staaten sein. Anders als im Falle der EFTA, bei denen ein Grundkonsens über die Anforderungen an die Sicherheit im Straßen-, Schienen-, Luft- und Binnenschiffsverkehr mit den EG-Mitgliedsländern vorausgesetzt werden kann, könnte die Anwendung des Ursprungslandsprinzips bei Sicherheitsbestimmungen der mittel- und osteuropäischen Reformstaaten Sicherheitsrisiken bergen. Unfälle und Stauungen aufgrund von Sicherheitsmängeln sind mit hohen sozialen Kosten verbunden. Diese lassen sich im allgemeinen vermeiden (und damit das Ursprungslandprinzip auch für solche Regeln anwenden), wenn wirksame Haftungsregeln etabliert sind. Diese sind in der Gemeinschaft zwar vorhanden, es dürfte bei potentiellen Verursachern aus den ehemals sozialistischen Ländern aber durchweg an Haftungskapital mangeln mit der Folge, daß die Anreize zu sicherheitsfördernden Maßnahmen bei diesen Transportunternehmen nicht hinreichend gegeben wären. Ein Marktzutritt wäre daher an die überprüfbare Einhaltung von Mindest-Sicherheitsnormen zu binden. Dabei wäre freilich darauf zu achten, daß es auf das Ergebnis, also eine möglichst geringe Unfallhäufigkeit, nicht aber auf die Aufwendungen dazu an sich ankäme. Das Setzen von Mindeststandards hinsichtlich des Sicherheitsniveaus durch die EG wäre in diesem Fall wohl unumgänglich; dies sollte aber nicht dazu führen, die Kosten für Sicherheitsmaßnahmen zu harmonisieren.

Die zu erwartende Zunahme des Verkehrsvolumens in der Bundesrepublik aufgrund einer Liberalisierung des Handels mit den mittel- und osteuropäischen Reformländern stellt noch weitere Anforderungen an die Verkehrspolitik, und zwar an die Ordnungs- und an die Infrastrukturpolitik gleichermaßen. Denn mit der zunehmenden Knappheit an Infrastrukturkapazitäten stellt sich die Frage, ob nicht für die Leistungen der Infrastruktur ein Preis erhoben werden sollte, Verkehrswege also zumindest dort, wo Stauungen häufig sind und die Leistung "freie Fahrt" zum knappen Gut geworden ist, nur noch gegen die Zahlung eines Entgelts zu benutzen wären.[129] Dieses Entgelt wäre aber nicht als Pauschalabgabe, sondern als nutzungsabhängige Zahlung zu konzipieren, die eine Preisdifferenzierung entsprechend den Regeln der Spitzenlastpreisbildung erlaubt. Um Diskriminierungen ausländischer Mitbenutzer möglichst zu vermeiden, wäre bei der Definition der Rahmenbedingungen und Regeln solcher Verkehrswegeabgaben eine EG-Kompetenz effizient, wenn auch die tatsächlichen Entgelte den entsprechenden lokalen räumlichen und zeitlichen Belastungen entsprechen

---

129 Im Eisenbahnwesen geht die EG mit der Richtlinie 440/91 bereits diesen Weg, indem sie die Trennung von Fahrweg und Betrieb bei den europäischen Eisenbahnen empfiehlt. Dadurch soll anderen Bahnen die Mitbenutzung nationaler Eisenbahnnetze gegen Entgelt zumindest im grenzüberschreitenden Verkehr ermöglicht werden.

müßten.[130] Diese Problematik dürfte mit einer handelspolitischen Öffnung der EG nach Osten verstärkt in den Vordergrund rücken.

b. Verkehrsinfrastrukturpolitik

Die bisher von der EG durch den Vertrag von Maastricht anvisierte Infrastrukturpolitik — die Mitverantwortung für die Planung der transeuropäischen Netze und die Finanzierung von Infrastrukturprojekten in weniger wohlhabenden Mitgliedstaaten — würde für die osteuropäischen Länder wohl erst bei der angestrebten Vollmitgliedschaft relevant werden. Allerdings liegt es bereits vorher nahe, wenn seitens der westlichen Staaten der Transformationsprozeß unterstützt werden soll, finanzielle und planerische Hilfen für den Aufbau der maroden Verkehrsinfrastruktur zu leisten.

Angesichts des großen Rückstands der mittel- und osteuropäischen Reformstaaten bei der Ausstattung mit komplementärer Infrastruktur[131] würde sich — wollte man diese Staaten in die installierten Umverteilungsmechanismen einbeziehen — die Verteilungsfrage verschärft stellen. Auch ohne eine detaillierte Rechnung des damit im Zusammenhang stehenden Mittelbedarfs dürfte die These vertretbar sein, daß selbst bei einer nennenswerten Aufstockung des Kohäsionsfonds alle finanziellen Mittel aus diesen nur noch in die mittel- und osteuropäischen Reformstaaten fließen würden. Daher würden die jetzt durch den geplanten Kohäsionsfonds begünstigten Länder einer Einbeziehung der mittel- und osteuropäischen Länder in diesen Umverteilungsmechanismus starken Widerstand entgegensetzen. Eher akzeptabel wäre vermutlich wieder die Einrichtung neuer Fonds, allerdings nur dann, wenn die bisherigen Nettozahler der EG sowie der wohlhabenden Staaten der EFTA die Hauptlast der Finanzierung tragen.[132] Die Aufnahme von mittel- und osteuropäischen Reformstaaten in die EG würde daher formal mit einem finanziellen Mehraufwand für wohlhabende Mitgliedstaaten verbunden sein. Dem wären allerdings die Mittel gegenzurechnen, die unabhängig von den Verteilungsmechanismen der EG ohnehin schon aus den Mitgliedstaaten nach Osteuropa fließen.

Was die Planung transeuropäischer Netze angeht, gilt allerdings auch für Osteuropa nichts anderes als für die EG der Zwölf: Da eine Anbindung an die wirtschaftlichen Zentren im Westen im Eigeninteresse der Reformstaaten liegt

---

130 Entsprechendes gilt für Umweltabgaben, die die vom Verkehrswesen verursachten Umweltbelastungen internalisieren sollen [vgl. Paqué, Soltwedel et al., 1993].

131 Vgl. Heitger et al. [1992]; Heitger et al. [in Vorbereitung].

132 Die Situation Spaniens, Portugals, Griechenlands und Irlands ist derjenigen der Empfänger-Länder im deutschen horizontalen Länderfinanausgleich vergleichbar, die bei einer Einbeziehung der neuen Bundesländer nach 1995 zu Nettozahlern werden.

und man dort die Verhältnisse vor Ort am besten kennt, würde es das Subsidiaritätsprinzip nahelegen, Planungsaktivitäten in diesen Ländern zu belassen und lediglich von Fall zu Fall Zweckverbände mit den angrenzenden EG-Mitgliedstaaten zur Durchführung spezieller Infrastrukturprojekte zu gründen. Dabei liegt es im Interesse der daran beteiligten Mitgliedstaaten, den osteuropäischen Ländern bei der Planung und Durchführung der Projekte Informationen und Hilfestellung bei modernen Methoden zukommen zu lassen. Auch insofern wäre eine EG-Kompetenz nicht zwingend notwendig.

II. Die Vertiefung der Gemeinschaftsbeziehungen als Hindernis für eine Vollmitgliedschaft Mittel- und Osteuropas in der EG

Bei einer Vollmitgliedschaft der mittel- und osteuropäischen Staaten in der EG würden nicht nur die Handelsschranken auf beiden Seiten völlig fallen, sondern auch die Freizügigkeit der Arbeitskräfte, die Niederlassungsfreiheit sowie die Freiheit des Zahlungs- und Kapitalverkehrs würden für den gesamten erweiterten Binnenmarkt gelten. Darüber hinaus müßten sich die neuen Mitgliedstaaten verpflichten, die auf der Gipfelkonferenz in Maastricht beschlossenen Maßnahmen zur Vertiefung der Gemeinschaftsbeziehungen mitzutragen.

Das Binnenmarktprogramm gewinnt seine Bedeutung für die Integration mittel- und osteuropäischer Länder in die EG aus der Harmonisierung bzw. gegenseitigen Anerkennung von Normen und Standards. Nachdem der Versuch der EG-Kommission, eine weitgehende Harmonisierung technischer Richtlinien durchzusetzen, zumindest teilweise gescheitert ist, wird in weiten Bereichen dem Ursprungslandprinzip Vorrang eingeräumt. Die gegenseitige Anerkennung von Normen und Standards im Falle einer Vollmitgliedschaft mittel- und osteuropäischer Länder in der EG wäre eine wesentliche Voraussetzung für die Integration der Reformländer. Denn der Abbau tarifärer und nichttarifärer Handelsschranken an der Ostgrenze der Gemeinschaft würde durch eine Harmonisierung technischer Normen konterkariert werden. Nun ist es aber sehr unwahrscheinlich, daß die EG der Zwölf in der Tat bereit wäre, den neuen Mitgliedern so weitreichende Präferenzen einzuräumen. Zum einen wird bereits bei der Schaffung eines westeuropäischen Wirtschaftsraums Wert auf eine Angleichung gesundheits- und umweltpolitischer Normen auf recht hohem Niveau gelegt, das von den Reformländern im Osten Europas — wenn überhaupt — nur unter Verlust der preislichen Wettbewerbsfähigkeit erklommen werden kann.

Zum anderen ist zu erwarten, daß der Widerstand gegen eine weitgehende Einführung des Ursprungslandprinzips, der vor allem von den reicheren Ländern Westeuropas im Zuge der Integrationsbestrebungen geleistet wurde, bei einer Ausweitung der Präferenzen nach Osten erheblich zunehmen würde. Es ist nicht ausgeschlossen, daß es unter diesen Bedingungen bei einer Vollmitgliedschaft Osteuropas in der EG zu Neuverhandlungen des Binnenmarktprogramms kommen würde, mit dem Ziel, die Harmonisierungsbemühungen zu intensivieren.

Auch die mit einer Vollmitgliedschaft Mittel- und Osteuropas verbundene Freizügigkeit der Arbeitskräfte wirft erhebliche Probleme auf. Einerseits erlaubt die Freizügigkeit der Produktionsfaktoren, daß Arbeit, Kapital und technisches Wissen dorthin wandern können, wo aufgrund der spezifischen Standortbedingungen ihr Preis, ihre Wertgrenzproduktivität und damit ihr Beitrag zur Wertschöpfung am höchsten sind. Erträge für Zuwanderungsregionen entstehen auch, wenn für die inländische Produktion komplementäre Faktoren einwandern. Andererseits kann vor allem die Mobilität des Faktors Arbeit soziale Kosten auslösen, die die betroffenen Regionen dazu veranlassen, Wanderungsbewegungen zu beschränken. Für Zuwanderungsregionen ist insbesondere von Bedeutung, daß unter der Bedingung exzessiver Wanderungsbewegungen potentielle Einwanderer die Überfüllungskosten, die sie den Bewohnern einer Gebietskörperschaft aufbürden, nur zu einem Teil selbst zu tragen haben. Denn bei steuerfinanzierten öffentlichen Leistungen wird in der Regel jeder Bewohner einer Region mit den Durchschnittskosten der staatlichen Güter und Dienstleistungen belastet. Übersteigen jedoch die Grenzkosten einer Zuwanderung die durchschnittlichen Überfüllungskosten, so spiegelt der "Preis", der Einwanderern auferlegt wird, nicht die gesamten sozialen Kosten öffentlicher Leistungen wider. Dies gilt vor allem im Hinblick auf negative externe Effekte, die infolge einer exzessiven Zuwanderung in Form von Wohnungsnot, Verkehrsstaus und einer ansteigenden Umweltbelastung auftreten.[133] Auch den Entleerungsregionen entstehen unter diesen Bedingungen soziale Kosten, da die dort bereitgestellten Kapazitäten öffentlicher Leistungen nur noch unzureichend ausgelastet werden. Eine Verkehrsinfrastruktur oder ein Schulsystem beispielsweise, die

---

133 In vielen Fällen werden die erwähnten Fehlentwicklungen letztlich nicht durch Immigration ausgelöst, auch wenn sie problemverschärfend wirkt. Viele überkommene, gemeinhin akzeptierte Politikansätze sind jedoch fehlkonzipiert in dem Sinne, daß sie Kosten eher externalisieren als internalisieren und ihre Ziele — wenn überhaupt — zu außerordentlich hohen Kosten erreichen. Sie geben also ohnehin Anlaß, über den effizienten Mitteleinsatz im öffentlichen Sektor nachzudenken, um die Belastung der Steuerzahler zu senken. Der durch Einwanderung verschärfte Problemdruck sollte daher in eine Reform der Wohnungsbaupolitik, der Verkehrspolitik, der Regionalpolitik umgesetzt werden, bevor mit zum Teil vordergründiger Absicht die Grenzen undurchlässiger gemacht werden [Soltwedel, 1992, S. 87].

auf eine bestimmte Bevölkerungszahl zugeschnitten sind, lassen sich nicht kurzfristig an die verringerten Bedürfnisse einer durch Abwanderung geschrumpften Bevölkerung anpassen. Probleme entstehen auch, wenn für die Produktion komplementäre hochqualifizierte Arbeitskräfte abwandern und aufgrund dieses "brain drain" der Zufluß an (Sach-)Kapital aus hochentwickelten Regionen versiegt.

Aus diesem Blickwinkel ist zu befürchten, daß exzessive Wanderungsbewegungen die politische Stabilität in der erweiterten Gemeinschaft gefährden. Rückwirkungen auf die Bereitschaft Westeuropas, seine Märkte nach Osten zu öffnen, können unter diesen (politökonomischen) Bedingungen nicht ausgeschlossen werden. Es erscheint daher, zumindest für eine Übergangszeit, nicht angeraten, die für einen Binnenmarkt charakteristische Freizügigkeit der Arbeitskräfte auch den Arbeitnehmern im Osten Europas zu gewähren.[134]

Gegen eine Vollmitgliedschaft mittel- und osteuropäischer Länder sprechen auch die Beschlüsse des Gipfels von Maastricht, mit denen eine Vertiefung der Gemeinschaftsbeziehungen angestrebt wird. Bedeutende handelspolitische Konsequenzen gehen vor allem von den Vereinbarungen zur Gemeinsamen Sozialpolitik und zur Schaffung einer europäischen Währungsunion aus.

Die Beschlüsse zur Vereinheitlichung der Sozialpolitik in der EG fallen zwar insgesamt recht vage aus, geben jedoch der EG-Kommission weitreichende Kompetenzen, Mindeststandards einzuführen und durchzusetzen. Macht die EG-Kommission von diesen erweiterten Kompetenzen Gebrauch, so hätte dies erhebliche Auswirkungen für die handelspolitische Wettbewerbsfähigkeit der südeuropäischen Mitgliedsländer und der Neumitglieder im Osten Europas. Es ist nicht auszuschließen, daß die Angleichung sozialer Normen in der EG die Vorteile, die den osteuropäischen Staaten bei einer Vollmitgliedschaft durch den umfassenden Abbau tarifärer und nichttarifärer Handelshemmnisse entstehen würden, mehr als kompensieren. In diesem Fall wäre aus Sicht der Reformländer eine Zollunion der Vollmitgliedschaft vorzuziehen.

Ähnliche Wirkungen wie eine Vereinheitlichung der Sozialpolitik hat die geplante Schaffung einer europäischen Währungsunion. Während in einem System flexibler Wechselkurse Anpassungsschocks im Zuge einer strukturellen Umgestaltung der Wirtschaft durch eine Abwertung der Währung zumindest teilweise absorbiert werden können, ist unter den Bedingungen einer einheitlichen, europaweiten Währung die Lohnpolitik als Schockabsorber gefordert. Die Erfahrungen, die mit dem Festkurssystem von Bretton Woods, aber auch

---

[134] In diesem Zusammenhang ist es wichtig, nochmals die zentrale Bedeutung eines liberalen Handelsregimes der EG gegenüber den mittel- und osteuropäischen Ländern für den Entwicklungsprozeß dieser Staaten — also die Zunahme von Produktion und Arbeitskräftenachfrage — und damit den Auswanderungsdruck hervorzuheben.

mit dem Europäischen Währungssystem gemacht wurden, zeigen, daß selbst unter Anpassungsdruck die Flexibilität der Löhne nach unten äußerst gering ist. Eine Vollmitgliedschaft osteuropäischer Staaten in der EG würde mittelfristig auch eine Teilnahme an der europäischen Währungsunion bedingen. Die deutsche Währungsunion verdeutlicht aber, daß aufgrund des starken Produktivitätsgefälles zwischen "alten" und "neuen" Mitgliedern eine einheitliche Währung eher eine Behinderung als eine Unterstützung marktwirtschaftlicher Reformen darstellt.

Auch für die Länder Westeuropas ergäben sich bei einer Teilnahme Osteuropas an der Währungsunion erhebliche Probleme. Aufgrund des Fehlens einer politischen Union fällt auch bei einer einheitlichen Währung die Kompetenz für die Fiskalpolitik den einzelnen Mitgliedsländern der EG zu. Unterstellt man, daß eine zukünftige europäische Zentralbank eine streng am Geldwert orientierte Politik verfolgt, so sind die Grenzen einer einzelstaatlichen Fiskalpolitik allerdings sehr eng gezogen, da in diesem Fall die einzelnen Mitgliedsländer gezwungen wären, entstehende Budgetdefizite durch die Ausgabe von Staatsschuldtiteln zu finanzieren. Aufgrund der integrierten Finanzmärkte innerhalb der EG führt eine Politik der Staatsverschuldung nicht nur im expansiven Mitgliedsland, sondern in der gesamten Gemeinschaft zu einer Erhöhung der Finanzierungskosten für Investoren und damit zu einer Behinderung des wirtschaftlichen Wachstums. Strenge Budgetdisziplin ist in den Reformstaaten wohl eher nicht zu erwarten — so steht zu befürchten, daß dort der öffentliche Konsum über Gebühr ausgedehnt wird. Die ohnehin auf eher tönernen Füßen stehende Geldwertstabilität in einer europäischen Währungsunion würde auf diese Weise zunehmend gefährdet (vgl. Abschnitt C.I.2).

Insgesamt gesehen erscheint daher eine Vollmitgliedschaft Mittel- und Osteuropas in der EG kaum angeraten. Eine erstbeste Strategie dürfte vielmehr die Erweiterung der Zollunion nach Osten im Rahmen einer EG-Integrationspolitik mit "zwei Geschwindigkeiten" darstellen. Dies impliziert die Zweiteilung des europäischen Wirtschaftsraums in eine "Polit-EG" und eine "Handels-EG"[135]. Während sich die "Handels-EG" ausschließlich auf einen Abbau der tarifären und nichttarifären Handelshemmnisse zu konzentrieren hätte, könnte die "Polit-EG" weitergehende Integrationsziele wie etwa die Währungsunion anstreben. Alle Länder (inklusive der EFTA-Mitglieder), die bereit sind, die jeweiligen Klubregeln anzuerkennen, könnten dann nach Maßgabe ihres ökonomischen Entwicklungsniveaus entscheiden, ob sie über die handelspolitische Integration hinausgehende ökonomische und politische Integrationsschritte unternehmen wollen.

---

135 Vgl. zu den Vorteilen einer EG-Integrationspolitik mit unterschiedlichen Geschwindigkeiten auch Stehn [1990].

F. Schlußfolgerungen zur Gestaltung der europäischen Integration

Die Maßnahmen zur Vertiefung und Erweiterung der europäischen Integration sind im Hinblick auf ihre Wirkungen auf die gesamtwirtschaftliche Effizienz analysiert worden. Sie ist das Ziel rationaler Wirtschaftspolitik allgemein,[136] und sie ist auch eines der zentralen Ziele der europäischen Integration, wie sie in Art. 2 des EWG-Vertrages festgelegt sind. Insofern muß sich auch die Wirtschaftspolitik in der Gemeinschaft — der Gemeinschaft selbst wie der Mitgliedstaaten — an der gesamtwirtschaftlichen Effizienz messen lassen. Aus diesem Blickwinkel ist auch darüber zu urteilen, wo die Trennungslinie zwischen staatlichem Handeln und privater wirtschaftlicher Aktivität verläuft, und auch das staatliche Handeln selbst steht unter dem Postulat der wirtschaftlichen Rationalität. Das Subsidiaritätsprinzip setzt dieses Postulat um in Regeln für die Arbeitsteilung zwischen verschiedenen administrativen Ebenen. Aus der Forderung nach Effizienz des staatlichen Handelns ergibt sich eine ökonomisch begründete Grundsatzposition zugunsten einer dezentralen Aufgabenwahrnehmung, die mit einer Kongruenz von Zahlern, Nutzern und Entscheidern verbunden sein muß. Dies dürfte in der Regel der Fall sein, es sei denn, es handelt sich um räumliche Spillover-Effekte oder die Bereitstellung notwendiger öffentlicher Güter, die die gesamte Gemeinschaft umfassen.

Es wurde gezeigt, daß die Kompetenzregelungen, die bisher in der EG galten oder durch den Vertrag von Maastricht neu formuliert worden sind, häufig deutlich von einer effizienten Arbeitsteilung abweichen. Gerechtfertigt erscheint eine zentrale Kompetenz im Bereich der Ordnungspolitik zur Garantie der Offenheit der Märkte und der Nichtdiskriminierung sowie der Beihilfenkontrolle. Auch in der Währungsordnung und in der Geldpolitik lassen sich theoretisch zentrale Kompetenzen begründen; für eine wirtschaftliche Integra-

---

136 Dies läßt sich auf die einfache Formel bringen: "Was ökonomisch falsch ist, kann nicht politisch richtig sein" [Barbier, 1992]. In sehr stringenter Form hat diesen Gedanken schon Ludwig von Mises [1926, S. 614] in seiner Interventionismuskritik ausgedrückt: Nichts könne für die Erkenntnis der Richtigkeit einer volkswirtschaftlichen Maßnahme weniger wichtig sein als ihre Rechtfertigung oder Verwerfung durch irgendeine juristische Theorie. Ganz bedeutungslos sei es, ob dieses oder jenes den Bestimmungen irgendeines Gesetzes oder irgendeiner Verfassungsurkunde entspricht. "Wenn menschliche Satzung sich als zweckwidrig erweist, dann muß sie geändert werden; niemand kann es daher in der Erörterung der Zweckmäßigkeit einer Politik als Argument gelten lassen, daß sie gesetz-, rechts- oder verfassungswidrig sei".

tion Europas sind sie jedoch weder eine notwendige noch eine hinreichende Bedingung. Es ist im Gegenteil sogar zu befürchten, daß der eingeschlagene Weg zur europäischen Währungsunion die gesamtwirtschaftliche Effizienz beeinträchtigt. Überzentralisierung herrscht oder droht in der sektoralen und regionalen Strukturpolitik, der Technologiepolitik, der Arbeitsmarkt- und Sozialpolitik und der Verkehrsinfrastrukturpolitik.

Der Vertrag von Maastricht trägt der Universalität des Subsidiaritätsprinzips nicht Rechnung, da er es nicht durchgängig auf jedes staatliche Handlungsfeld anwendet, sondern es auf die Bereiche einschränkt, in denen die EG nicht bereits die ausschließliche Kompetenz durch eines der europäischen Vertragswerke erhalten hat. Es hat also nur eine ergänzende Rolle erhalten, nämlich in den Bereichen der konkurrierenden Gesetzgebung zwischen der EG und den Mitgliedsländern. Es liegt jedoch in der Natur des Postulats der ökonomischen Rationalität, daß sie die Zuweisung *aller* Aufgaben mit einschließt. Es wäre also auch zu prüfen, ob in den Bereichen alleiniger Zuständigkeit der EG ein Handeln der Gemeinschaft überhaupt ökonomisch begründet ist. Diese Beweislast gilt auch und insbesondere für Zuweisungen auf der Grundlage des Art. 235 EGV, der in der Vergangenheit eine Art Generalklausel darstellte, mit der die Mitgliedstaaten zahlreiche neue Kompetenzen der EG begründet haben.

Eine wichtige Schlußfolgerung aus der in dieser Studie vorgetragenen Argumentation besteht also darin, daß die Verankerung des Prinzips der Subsidiarität nicht vollständig ist. Es ist nicht sichergestellt, daß jegliches staatliche Handeln der Prüfung entsprechend dem Postulat der ökonomischen Rationalität unterworfen wird. Um abweichende Meinungen hinreichend zu berücksichtigen, sollten nicht nur stringente Abstimmungsregeln gelten, sondern es sollte — entsprechend der Überlegungen von Hirschman zu "voice and exit" — auch ausgeschlossen sein, daß man mit dem Beitritt der Gemeinschaft auf Gedeih und Verderb angehört. "In eine Verfassung für Europa gehören, damit das Subsidiaritätsprinzip eine kräftige Stütze erhält, außer eindeutigen Regeln für den Beitritt auch Regeln für den Austritt. Unwiderruflich darf die Zugehörigkeit nicht sein; sonst hätten Dezentralisierung und Vielfalt in Europa wenig Chancen" [Giersch, 1991].[137]

Auch wenn die Kompetenzen entsprechend dem Subsidiaritätsprinzip zugeordnet worden wären, wäre damit nur eine notwendige, aber keine hinreichende Bedingung für eine rationale Wirtschaftspolitik erfüllt; es gilt generell, marktwidrige Eingriffe — wie zum Beispiel durch die Markt- und Preispolitik bei der Gemeinsamen Agrarpolitik und durch protektionistische Maßnahmen nach Art. 115 EGV bei der Handelspolitik — zu vermeiden, um nicht Gefahr zu laufen, effizienzmindernde Interventionsspiralen auszulösen. Durch das Einfügen des

---

[137] Vgl. hierzu auch Buchanan [1990] sowie Bernholz [1992]).

Grundsatzes der offenen Marktwirtschaft bei freiem Wettbewerb in Art. 102a EGV haben die Mitgliedsländer dieses Prinzip nachdrücklich herausgehoben. Die Möglichkeit, daß diese Norm jedoch weitgehend eine Leerformel bleibt, ist nicht von der Hand zu weisen, schon deswegen nicht, weil Umverteilungszielsetzungen durch den Vertrag von Maastricht ausgeweitet worden sind. Auch Umverteilungsmaßnahmen erfordern eine klare Zieldefinition und unterliegen in ihrer Ausgestaltung dem Wirtschaftlichkeitsprinzip. Es sind häufig gerade unklare Zielvorstellungen und die Vernachlässigung des Wirtschaftlichkeitsprinzips bei der Wahl der Instrumente, um diesen Zielen näher zu kommen, die Interventionsspiralen auslösen. Bei der Gestaltung der europäischen Integration ist daher immer wieder zu prüfen, auf welcher Ebene Entscheidungen für Umverteilungsmaßnahmen gefällt werden und welche Instrumente dafür eingesetzt werden. Auch hier gilt das Subsidiaritätsprinzip analog: Eine Zentralisierung von Kompetenzen zur Umverteilung impliziert, daß entweder der Kreis der potentiellen Zahler oder der potentiellen Nutznießer zunimmt. Zentral verfolgte Umverteilungsziele haben es daher schwerer, akzeptiert zu werden; sie führen häufig dazu, daß die Zahlungsbereitschaft überstrapaziert wird und negative Anreizwirkungen ausgelöst werden.

Dies ist von Bedeutung vor dem Hintergrund der anstehenden Erweiterungen der EG: Überzentralisierung der Kompetenzen — nicht zuletzt wegen verteilungspolitischer Zielsetzungen — geht einher mit zusätzlichen Kosten der Wirtschaftspolitik. Probleme hinsichtlich der Vereinbarkeit von Vertiefung und Erweiterung sind in all jenen Bereichen zu erwarten, in denen die Gemeinschaftsebene prozeßpolitische Zuständigkeiten an sich gezogen hat, ohne daß dafür eine ökonomische Notwendigkeit bestand. Hieraus wird häufig die Schlußfolgerung gezogen, daß die Vertiefung und die Erweiterung, die politische Union und die wirtschaftliche Integration gerade Osteuropas, einen Gegensatz darstellen. Dem ist entgegenzuhalten, daß das Konzept des institutionellen Wettbewerbs der nationalen Regelungen eine Vielfalt institutioneller Bedingungen und damit auch eine institutionelle Offenheit der Europäischen Gemeinschaft erlaubt [Siebert, 1992b, S. 72]. Es sind gerade die ineffizienten Instrumente der internen Umverteilungspolitik (in der Landwirtschaft, in der sektoralen und regionalen Strukturpolitik), die ein Nebeneinander der institutionellen Integration und der Marktintegration so schwierig machen. Die Gemeinschaft hat jedoch letztlich keine Wahl, sie muß die internen Umverteilungsziele niedriger hängen und sich dem Osten stärker öffnen: Tut sie es nicht, gerät der Transformationsprozeß in den mittel- und osteuropäischen Staaten in Gefahr zu stagnieren, und damit steigt das Risiko exzessiver Zuwanderungen mit vermutlich schwerwiegenden wirtschaftlichen und politischen Folgen, sowohl in West- als auch in Mittel- und Osteuropa, vor allem aber in der Bundesrepublik. Die durchgreifende und irreversible handelspolitische Osterweiterung ist daher nicht nur ökonomisch vorteilhaft, sondern zwingend geboten [Siebert, 1991; 1992b; CEPR, 1992].

Die Schlußfolgerungen für die weitere Gestaltung der europäischen Integration lassen sich zusammenfassend folgendermaßen formulieren: Das Subsidiaritätsprinzip legt eine sehr viel dezentralere Kompetenzverteilung in Europa nahe; dies schließt eine Prüfung der Bereiche mit ausschließlicher EG-Kompetenz mit ein. Hinsichtlich der Länder Ost- und Mitteleuropas sollte die Marktintegration im Vordergrund stehen. Bei einer institutionellen Vertiefung der Gemeinschaft sollte der "Club-Charakter" gegenüber der Einheitlichkeit im Vordergrund stehen; das bedeutet, eine größere Vielfalt der Regelungen — ein Europa der vielen Geschwindigkeiten — zu akzeptieren, denn dies steht eher im Einklang mit dem Postulat der ökonomischen Rationalität als erzwungener Gleichschritt. Europa würde zu einem vielfältigen Club ohne restriktive Zulassungsbeschränkung mit unterschiedlichen Rechten und entsprechenden Pflichten. Alle Länder (inklusive der EFTA-Mitglieder), die bereit sind, die jeweiligen Klubregeln anzuerkennen, könnten dann nach Maßgabe ihres ökonomischen Entwicklungsstandes und den Präferenzen ihrer Bevölkerung entscheiden, ob sie über die handelspolitische Integration hinausgehende ökonomische und politische Integrationsschritte unternehmen wollen.

Anhang 1: Stationen der bisherigen europäischen Integration

Ausgangspunkt der europäischen Integrationsbemühungen nach dem 2. Weltkrieg war die Gründung der Europäischen Gemeinschaft für Kohle und Stahl (EGKS) im Jahre 1951. Dieser Zusammenschluß bedeutete eine supranationale Organisation des europäischen Kohle- und Stahlmarktes und war erstmals mit einer Übertragung nationaler Hoheitsrechte an eine zwischenstaatliche europäische Institution verbunden. Sechs Jahre später folgte dem EGKS-Vertrag die Unterzeichnung der "Römischen Verträge", des EWG-Vertrags und des EURATOM-Vertrags im Jahre 1957, die zum 1. Januar 1958 in Kraft traten. Die Römischen Verträge dokumentierten den Willen der Gründungsmitglieder Belgien, Niederlande, Luxemburg, Frankreich, Italien und der Bundesrepublik Deutschland, durch den Zusammenschluß ihrer Märkte und die schrittweise Annäherung ihrer Wirtschaftspolitik zur Hebung des Lebensstandards im Gemeinschaftsraum beizutragen, wie es Artikel 2 des EWG-Vertrags deutlich macht. Ziel des EWG-Vertrags war es, Hemmnisse für eine Marktintegration im Sinne einer Verschmelzung der Wirtschaften der Mitgliedsländer zu beseitigen. Bis 1970 sollte ein Gemeinsamer Markt errichtet werden, in dem der Verkehr mit Waren, Dienstleistungen, Personen und Kapital frei sein und für Unternehmen und Personen Niederlassungsfreiheit gelten sollte.[138]

Durch den EWG-Vertrag wurden den zu schaffenden gemeinschaftlichen Organen sowohl Einflußrechte auf die Wirtschaftspolitik der Mitgliedstaaten als auch Kompetenzen für eigenständige wirtschaftspolitische Aktivitäten eingeräumt. *Einflußrechte* betrafen das Verbot steuerlicher Diskriminierung (Art. 95–99 EWGV), die Abstimmung der Konjunktur-, Währungs- und Wechselkurspolitik (Art. 103–109 EWGV), den Erlaß von Richtlinien zur Angleichung von Rechtsvorschriften (Art. 100-102 EWGV) und die Kontrolle nationaler Beihilfen (Art. 92–94 EWGV). *Eigenständige Kompetenzen* für die Gemeinschaftsorgane sah der EWGV für die Gemeinsame Handelspolitik (Art. 9–37, 110–116 EWGV), die Gemeinsame Agrarpolitik (Art. 38–47 EWGV), die Gemeinsame Verkehrspolitik (Art. 74–84 EWGV), die Gemeinsame Wettbewerbspolitik (Art. 85–90 EWGV), die Errichtung eines Europäischen Sozialfonds (Art. 123–128 EWGV) und den Aufbau einer Europäischen Investitionsbank (Art. 129–130 EWGV) vor. Der EWG-Vertrag enthielt damit eine Reihe von Absichtserklärungen, nationale wirtschaftspolitische Kompetenzen an die supranationale Ebene abzutreten und war — zusammen mit EGKS- und EU-

---

[138] Der EURATOM-Vertrag sollte der gemeinsamen Förderung der Kernenergie dienen, der in die Römischen Verträge integrierte EGKS-Vertrag eine gemeinsame Kohle- und Stahlpolitik ermöglichen.

RATOM-Vertrag — die erste Stufe einer institutionellen Integration europäischer Staaten [Klodt, Stehn et al., 1992, S. 1 f.].

Den Absichtserklärungen folgten nicht in jedem Bereich auch sofort Taten. Die Gemeinsame Agrarpolitik wurde bereits in den frühen sechziger Jahren in Angriff genommen, bis zu Beginn der siebziger Jahre war sie weit fortgeschritten. Im Bereich der Gemeinsamen Handelspolitik wurde nur die Abschaffung der tarifären Handelshemmnisse verwirklicht, dies allerdings schon Mitte 1968, also mehr als ein Jahr früher als vorgesehen. Zu diesem Zeitpunkt waren die Zölle im Warenverkehr zwischen den Mitgliedstaaten abgeschafft und solche im Handel mit Drittländern durch den gemeinsamen Außenzolltarif harmonisiert. Nichttarifäre Handelshemmnisse bestanden freilich fort, nicht nur gegenüber Drittländern, sondern auch innerhalb der Gemeinschaft; die Freiheit des Personen- und Kapitalverkehrs sowie die Niederlassungsfreiheit ließen weiter auf sich warten. Praktisch überhaupt keine Fortschritte gab es innerhalb der vorgesehenen Fristen bei der Gemeinsamen Verkehrspolitik, obwohl diese mit einem eigenen Titel im EWG-Vertrag formal ein ähnliches Gewicht erhielt wie die Agrarpolitik [Glismann, Horn, 1990, S. 49].

Der Stand der institutionellen Integration der EG änderte sich im Zeitraum von Ende der sechziger bis Mitte der achtziger Jahre kaum. Statt dessen war diese Phase durch eine räumliche Erweiterung der Gemeinschaft gekennzeichnet: 1973 traten das Vereinigte Königreich, Irland und Dänemark der Gemeinschaft bei, 1981 wurde Griechenland aufgenommen, 1986 schließlich kamen Spanien und Portugal als neue Mitgliedstaaten hinzu. Ebenfalls in diese Phase der Erweiterung bei gleichzeitigem Stillstand der institutionellen Integration fallen die Abkommen über den freien Warenhandel mit den EFTA-Staaten von 1972 und die Präferenzabkommen mit Entwicklungsländern [ibid., S. 48].

Der nächste Schritt betraf wiederum die institutionelle Integration der EG zwischen den Mitgliedstaaten; er wird durch das 1985 vorgestellte Weißbuch der EG-Kommission zur Verwirklichung des Binnenmarktes und die Verabschiedung der EEA im Jahre 1986 markiert, die sowohl das Programm zur Vollendung des Binnenmarktes bis zum 1.1.1993 auf eine rechtliche Basis stellte als auch den EG-Organen in einer Reihe von weiteren Bereichen wirtschaftspolitische Kompetenzen brachte. Das Binnenmarktprogramm stellt einen deutlichen Fortschritt in Richtung auf die Verwirklichung der im EWG-Vertrag anvisierten Freiheiten dar. Es sollte durch die Abschaffung der Grenzkontrollen sowie von nichttarifären Handelshemmnissen, die Deregulierung wichtiger Dienstleistungsmärkte durch freien Marktzugang von Unternehmen aus anderen EG-Staaten und die Öffnung nationaler öffentlicher Ausschreibungen die Defizite bei der Verwirklichung des Gemeinsamen Marktes schließen. Insofern ist das Binnenmarktprogramm für sich genommen auch als ein weiterer Schritt der Marktintegration anzusehen.

Allerdings enthält die EEA neben dem Binnenmarktprogramm als begleitende Maßnahmen auch Kompetenzverlagerungen zur EG-Ebene, die im Widerspruch zu einer konsequenten Verwirklichung eines freien Gemeinsamen Marktes stehen können. Im Bereich der indirekten Steuern (Art. 99 EWGV), der Rechts- und Verwaltungsvorschriften (Art. 100 a und b EWGV), der Sozialpolitik (Art. 118a und b EWGV) sowie der Kohäsion (Angleichung der Pro-Kopf-Einkommen, Art. 130a–130e EWGV) wurde der EG eine *Harmonisierungskompetenz* erteilt. In den Dienst des Kohäsionsziels wurde vor allem die EG-Regionalpolitik über den Europäischen Fonds für regionale Entwicklung (EFRE) gestellt. *Eigene Kompetenzen* erhielt die Gemeinschaft in den Bereichen der Forschungs- und Technologiepolitik (Art. 130f–130q EWGV) sowie der Umweltpolitik (Art. 130r–130t EWGV).[139]

Eine Vertiefung der Integration war mit der EEA im übrigen dadurch verbunden, daß in einer ganzen Reihe von Fällen das Einstimmigkeitsprinzip im Ministerrat durch das Prinzip der qualifizierten Mehrheit ersetzt wurde [ibid., S. 50 ff.]. Dadurch wurde die Gemeinschaftspolitik in zahlreichen Bereichen vereinfacht, weil sie nicht in jedem Fall auf Kompensationswünsche von Mitgliedstaaten, die sich durch eine Entscheidung benachteiligt fühlen, eingehen mußte. Die Rolle der Mitgliedstaaten ist dadurch geschwächt worden, daß nun ein Teil von ihnen (insbesondere eine Koalition der "großen Mitglieder") ausreichte, um Entscheidungen im Rat zu treffen.

Die dritte Stufe der institutionellen Integration im Rahmen der EG wird durch den Vertrag über die Europäische Union markiert, den die Mitgliedstaaten am 7. Februar 1992 in Maastricht unterzeichnet haben, der allerdings erst in Kraft treten wird, wenn alle Mitgliedstaaten ihn ratifiziert haben. Zentrales Anliegen des Maastrichter Vertrags ist die Schaffung einer Wirtschafts- und Währungsunion, mit der die nationalen Währungen schrittweise durch die Europäische Währungseinheit ECU ersetzt werden sollen. Mit dem Vertrag von Maastricht haben die Mitgliedstaaten weiterhin vereinbart, ihre Wirtschaftspolitik als eine Angelegenheit von gemeinsamem Interesse zu betrachten und sie zu koordinieren (Art. 103 EGV). Die Geld- und Währungspolitik wird dabei ausdrücklich vergemeinschaftet (Art. 105–109m EGV), während der Gemeinschaft in den anderen Bereichen Koordinierungskompetenzen übertragen worden sind. Dazu gehören ein Mandat für industriepolitische Maßnahmen zur Be-

---

[139] In mehreren Fällen wurden durch die EEA lediglich schon länger verfolgte Gemeinschaftspolitiken nachträglich sanktioniert: Erste Ansätze für eine gemeinschaftliche Umwelt- sowie Forschungs- und Technologiepolitik etwa wurden Anfang der siebziger Jahre unternommen, und der EFRE wurde 1975 eingerichtet, um sowohl dem neu beigetretenen Vereinigten Königreich als auch Italien, die bei der Gemeinsamen Agrarpolitik in eine Nettozahlerposition geraten waren, einen finanziellen Ausgleich zu schaffen [Klodt, Stehn et al., 1992, S. 3 u. 55].

schleunigung des Strukturwandels und zur Verbesserung der Wettbewerbsfähigkeit der europäischen Industrie (Art. 130 EGV), für eine stärker auf marktnahe Projekte ausgerichtete Forschungsförderung durch die Gemeinschaft (Art. 130f Abs. 1 EGV i.V.m. Art. 130 EGV), für ein Rahmenprogramm für die Umweltpolitik (neuer Art. 130s EGV), für eine flankierende Berufsbildungspolitik (Art. 126 und 127 EGV) sowie weitergehende Kompetenzen in der Gemeinsamen Handelspolitik gegenüber Drittländern (Art. 113 EGV). Im Bereich der Verkehrs-, Kommunikations- und Versorgungsinfrastruktur wurden der EG Kompetenzen für die Aufstellung von Infrastrukturplänen für transeuropäische Netzwerke sowie zur Mitfinanzierung entsprechender Projekte zuerkannt; dazu soll ein Kohäsionsfonds eingerichtet werden, mit dem Infrastruktur- und Umweltprojekte in Mitgliedstaaten finanziert werden können, in denen das Pro-Kopf-Einkommen unter 90 vH des Gemeinschaftsdurchschnitts liegt. Im Bereich der Sozialpolitik wurden die Zuständigkeiten der EG — allerdings ohne die Zustimmung des Vereinigten Königreichs, für das diese Regelungen nicht gelten — ebenfalls erweitert, indem die Gemeinschaft die Tätigkeit der Mitgliedstaaten durch den Erlaß von Mindestbedingungen im Bereich des Gesundheitsschutzes, der Sicherheit der Arbeitnehmer und der Arbeitsbedingungen unterstützt.

Anhang 2: Ein Konzept zur Messung handelspolitischer Integrationswirkungen

Die Wirkung handelspolitischer Liberalisierungsmaßnahmen lassen sich im Rahmen eines ex-post-Importwachstumsmodells messen. Um das Ausmaß der auf die ökonomische Integration zurückzuführenden Handelsausweitung zu bestimmen, ist eine Schätzung des hypothetischen Gesamtimports eines jeden Untersuchungslandes zum Nach-Integrationszeitpunkt t_2 für den Fall der Nicht-Integration durchzuführen. Der handelsschaffende Effekt ergibt sich dann als

$$HS = {}_{t_2}MI - {}_{t_2}MN \qquad \text{mit}$$

${}_{t_2}MI$: gemessener (tatsächlicher) Gesamtimport nach vollzogener Integration zum Zeitpunkt t_2

${}_{t_2}MN$: geschätzter Gesamtimport bei Nicht-Integration zum Zeitpunkt t_2.

Im Rahmen dieses ex-post-Importwachstumsmodells kann der Gesamtimport in einem Basisjahr der Vorintegrationsphase als Ausgangspunkt zur Schätzung des hypothetischen Importwachstums verwendet und mit Hilfe des inländischen Importwachstums in der Vorintegrationsphase oder des Importwachstums eines Kontrollandes, das nicht Mitglied des Integrationsraumes ist, korrigiert werden. Im folgenden wird ein Kontrolland-Ansatz verwendet, da aufgrund kriegsbedingter Verzerrungen Vergleiche mit der Vorintegrationsphase kaum aussagekräftige Ergebnisse erlauben. Es ist daher sinnvoll, die Gesamtimporte eines jeden Untersuchungslandes im Basisjahr mit Hilfe des Importwachstums eines Kontrollandes in der Nach-Integrationsphase zu korrigieren und so die handelsschaffenden Wirkungen der OEEC-Liberalisierungsmaßnahmen abzuschätzen. Die Handelsschaffung eines jeden Untersuchungslandes ergibt sich dann als

$$HS = {}_{t_2}M_u - \left({}_{t_1}M_u \, \frac{{}_{t_1t_2}\hat{M}_k}{100} + {}_{t_1}M_u \right) \qquad \text{mit}$$

u: Untersuchungsland u

k: Kontrolland k

${}_{t_1t_2}\hat{M}_k$: Importwachstum im Kontrolland k zwischen Basisjahr t_1 und Nach-Integrationsjahr t_2.

Dieser Ansatz setzt voraus, daß das Importwachstum des Kontrollandes während der Nach-Integrationsphase identisch mit dem hypothetischen Importwachstum der Untersuchungsländer im Falle der Nicht-Integration ist. Es werden somit ein identisches Einkommenswachstum, identische Inflationsraten und feste Wechselkurse in den Kontroll- und Untersuchungsländern während der Nach-Integrationsphase unterstellt. Diese recht heroischen Annahmen können durch eine Anpassung des Importwachstums des Kontrollandes an die ökonomische Entwicklung in den jeweiligen Untersuchungsländern vermieden werden. Fällt das Einkommenswachstum in den integrierten Ländern höher aus als im Kontrolland, so werden die handelsschaffenden Wirkungen der Integration überschätzt. Diese Verzerrung kann korrigiert werden, indem die Gesamtimporte des Kontrollandes zum Zeitpunkt t_2 gemäß der Wachstumsdifferenz der Einkommen zwischen den Vergleichsländern erhöht oder vermindert werden. Über die Höhe der Anpassung gibt die zu schätzende Einkommenselastizität der Importnachfrage des Kontrollandes Auskunft. Schätzt man darüber hinaus die Preis-Substitionselastizität im Kontrolland k, so können auch die aus unterschiedlichen Preisentwicklungen und differierenden effektiven Wechselkursänderungen resultierenden Auswirkungen auf das Importwachstum erfaßt und die gemessene Handelsschaffung korrigiert werden. Das Importwachstum im Kontrolland stellt dann ein Maß für das "Normalmuster" der Handelsentwicklung im jeweiligen Untersuchungsland dar. Formal berechnet sich die Handelsschaffung im Rahmen dieses Importwachstumsmodells wie folgt:

$$HS_u = {}_{t_2}M_u - \left[\frac{{}_{t_2}M_k \dfrac{a_k\left(\hat{Y}_u - \hat{Y}_k\right) + b_k\left[\left(\hat{P}_u - \hat{P}_k\right) + \left({}_{eff}\hat{W}_u - {}_{eff}\hat{W}_k\right)\right]}{100} + {}_{t_2}M_k - {}_{t_1}M_k}{{}_{t_1}M_k} {}_{t_1}M_u + {}_{t_1}Mu \right]$$

mit

$\hat{Y}$:	Wachstum des Bruttosozialprodukts zu konstanten Preisen im Integrationszeitraum
$\hat{P}$:	Veränderung des relativen Importpreises im Integrationszeitraum
${}_{eff}\hat{W}$:	Veränderung des effektiven Wechselkurses im Integrationszeitraum
a_k:	Einkommenselastizität der Importnachfrage im Kontrolland k.
b_k:	Preis-Substitionselastizität der Importnachfrage im Kontroliand k.

Das abgeleitete Modell läßt sich auf die Liberalisierungsmaßnahmen der ersten Nachkriegsdekade anwenden. Der Abbau nichttarifärer Handelshemmnisse im Rahmen der OEEC vollzog sich im wesentlichen zwischen 1948 und 1957, so daß sich in diesem Zeitraum eine spürbare Handelsausweitung zwischen den Mitgliedsländern feststellen lassen müßte. Als Kontrolland zur Bestimmung des “Normalmusters” bietet sich Kanada an, das erst 1961 der OECD, der Nachfolgerin der OEEC, beitrat. Die für die Berechnung der handelsschaffenden Wirkung der Liberalisierungsmaßnahmen notwendigen Einkommens- und Preis-Substitionselastizitäten der Importnachfrage Kanadas wurden mit Hilfe der folgenden Schätzgleichung für den Zeitraum 1948–1963 bestimmt:[140]

$$\log M = -2,89 + 1,65 \log Y - 1,82 \log P$$

$$(-9,79\ ^*)(28,08\ ^*)\quad(-4,84\ ^*)$$

$\bar{R}^2 = 0,986$
$F^* = 533,11$
$DW = 2,34$

mit
M: realer Importwert
Y: reales Bruttosozialprodukt
P: relativer Importpreis
* statistisch signifikant auf einem Niveau von 1 vH.

Die geschätzten Einkommens- und Preis-Substitionselastizitäten weichen leicht von den Elastizitäten ab, die Houthakker und Magee [1969] für den Zeitraum 1951–1966 ermittelten. Sie schätzten eine Einkommenselastizität der kanadischen Importnachfrage von 1,20 und eine Preis-Substitionselastizität von –1,46. Die hier berechneten Elastizitäten entsprechen aber weitestgehend den theoretischen Erwartungen.

---

140 Datenquellen siehe Tabelle 11.

Literaturverzeichnis

ADDISON, John T., W. Stanley SIEBERT [1992a], The E.C. Social Charter: Research Developments and the Maastricht Summit. Westfälische Wilhelms-Universität Münster, Volkswirtschaftliche Diskussionsbeiträge, 157, Münster 1992.

—, — [1992b], The Social Charter: Whatever Next? Westfälische Wilhelms-Universität Münster, Volkswirtschaftliche Diskussionsbeiträge, 158, Münster 1992.

AGRA-EUROPE [a], Unabhängiger Europäischer Presse- und Informationsdienst für Agrarpolitik und Agrarwirtschaft, Subsidiarität und Agrarpolitik. Nr. 25/89 v. 19.06.1989, Dokumentation.

— [b], Nr. 29/92 v. 13.07.1992, Markt und Meinung, S. 1–11.

— [c], Subsidiarität und Agrarpolitik. Nr. 39/92 v. 21.09.1992.

— [d], Subsidiarität nach Brüssler Lesart. Nr. 46/92 v. 9.11.1992, Sonderbeilage.

— [e], Nr. 6/93 v. 8.02.1993, Europa-Nachrichten, S. 14–15.

ALLAIS, Maurice, "Soll der Vertrag von Maastricht ratifiziert werden?". Übersetzung eines Artikels in Le Figaro, Paris, 29 avril 1992. In: DEUTSCHE BUNDESBANK (Hrsg.), Auszüge aus Presseartikeln, 35, Frankfurt/M., 13. Mai 1992, S. 8–11.

AMTSBLATT DER EUROPÄISCHEN GEMEINSCHAFTEN (ABl.), Rechtsvorschriften, Nr. L 21/1991. Luxemburg 1991.

BALASSA, Bela, "Trade Creation and Trade Diversion in the European Common Market". The Economic Journal, Vol. 77, 1967, S. 1–21.

—,"Trade Creation and Trade Diversion in the European Market: An Appraisal of the Evidence". In: Bela BALASSA (Ed.), European Economic Integration. Amsterdam 1975, S. 79–118.

BARBIER, Hans D., "Was wird aus Europa? Der Irrtum von Maastricht. Was ökonomisch falsch ist, kann politisch nicht richtig sein". Frankfurter Allgemeine Zeitung v. 31. Juli 1992.

BASEDOW, Jürgen, "Einleitung: Verkehrsrecht und Verkehrspolitik als europäische Aufgabe". In: Jürgen BASEDOW (Hrsg.), Europäische Verkehrspolitik. Max-Planck-Institut für ausländisches und internationales Privatrecht, Studien zum ausländischen und internationalen Privatrecht, 16, Tübingen 1987, S. 1–28.

BERNHOLZ, Peter, "Constitutional Aspects of the European Integration". In: Silvio BORNER, Herbert GRUBEL (Eds.), The European Community after 1992 — Perspectives from the Outside. Houndmills 1992, S. 45–60.

BIEHL, Dieter, "Umrisse einer EG-Finanzverfassung aus föderalistischer Perspektive". In: Ernst-Joachim MESTMÄCKER, Hans MÖLLER, Hans-Peter SCHWARZ (Hrsg.), Eine Ordnungspolitik für Europa. Festschrift für Hans von der Groeben zu seinem 80. Geburtstag. Baden-Baden 1987, S. 51–67.

—, Verfassungsprobleme einer europäischen Regionalpolitik aus ökonomischer Sicht. Erweitertes Thesenpapier, November 1989, Frankfurt/M. 1989.

BLETSCHACHER, Georg, Henning KLODT, Strategische Handels- und Industriepolitik. Theoretische Grundlagen, Branchenanalysen und wettbewerbspolitische Implikationen. Kieler Studien, 244, Tübingen 1992.

BÖHNING, W.R., The Migration of Workers in the United Kingdom and the European Community. London 1972.

BOSS, Alfred, "Steuerharmonisierung und Realisierung des EG-Binnenmarktes". Wirtschaftsdienst, Vol. 69, 1989, S. 249–251.

BOTHE, Adrian, "Regionalpolitik und Marktwirtschaft". Die Weltwirtschaft, 1987, H. 1, S. 116–128.

BRUGGMANN, "Der EFTA-Beitrag zur Kohäsion in der EG". Neue Zürcher Zeitung v. 21.10.1992.

BUCHANAN, James M., "Europe's Constitutional Opportunity". In: INSTITUTE OF ECONOMIC AFFAIRS, Europe's Constitutional Future. IEA Readings, 33, London 1990, S. 1–20.

—, Richard E. WAGNER, "An Efficiency Basis for Federal Fiscal Equalization". In: Julius MARGOLIS (Ed.), The Analysis of Public Output. New York 1970, S. 139–162.

BUNDESMINISTERIUM DER FINANZEN (BMF), Finanzbericht 1993. Bonn 1992.

BUSCH, Berthold, Die Verkehrspolitik der EG unter dem Einfluß der Binnenmarktvollendung. Institut der deutschen Wirtschaft Köln, Beiträge zur Wirtschafts- und Sozialpolitik, 188, Köln 1991.

BUTTON, Kenneth, "Das integrierte europäische Verkehrskonzept". In: Kenneth BUTTON (Hrsg.), Europäische Verkehrspolitik — Wege in die Zukunft. Gütersloh 1992, S. 27–82.

CENTRE FOR ECONOMIC POLICY RESEARCH (CEPR), Is Bigger Better? The Economics of EC Enlargement. Monitoring European Integration, 3, London 1992.

DÄUBLER, Wolfgang, Sozialstaat EG? Die andere Dimension des Binnenmarktes. Gütersloh 1989.

DEFFAA, Walter, "Der EG-Haushalt 1992 — eine solide Grundlage für die EG-Finanzen?". Wirtschaftsdienst, Vol. 72, 1992, S. 85–92.

DELORS, Jaques, Vorwort zu: Europa '92, Der Vorteil des Binnenmarktes. Baden-Baden 1988, S. 9 (Cecchini-Report).

DEREGULIERUNGSKOMMISSION, Marktöffnung und Wettbewerb. Stuttgart 1991.

DICKE, Hugo, "Europa '92: Unzeitgemäßes Integrationskonzept?". Aussenpolitik, 2. Quartal 1991, S. 161–170.

—, "Europa 1992: Von der Gemeinschaft der Zwölf zu einer Assoziation der Vielen?". In: Bert RÜRUP, Ulrich STEGER (Hrsg.), Arbeit 2000: soziale, ökonomische und politische Trends für Unternehmen. Haniel-Stiftung, Bd. 1, Frankfurt/M. 1992, S. 19–35.

—, Jürgen STEHN, "Bestimmungsgründe der deutschen Entwicklungspolitik". Die Weltwirtschaft, 1987, H. 1, S. 172–182.

—, Adrian BOTHE, Hans BÖHME, Ernst Jürgen HORN, Harmen LEHMENT, Eckhard KANTHACK, Henning SICHELSCHMIDT, Joachim ZIETZ, EG-Politik auf dem Prüfstand. Kieler Studien, 209, Tübingen 1987.

EFTA-Sekretariat, The Trade Effects of EFTA and the EEC 1959–1967. Genf 1972.

ENGELS, Wolfram, Ernst HELMSTÄDTER, Hans Otto LENEL, Roland VAUBEL, Hans WILLGERODT, "Die Sozialcharta ist ein Irrweg". Frankfurter Allgemeine Zeitung v. 2.12.1989, S. 15.

ERDMENGER, Jürgen, "Die gemeinsame Binnenverkehrspolitik der EG nach dem Gerichtshofurteil vom 22. Mai 1985". In: Jürgen BASEDOW (Hrsg.), Europäische Verkehrspolitik. Max-Planck-Institut für ausländisches und internationales Privatrecht, Studien zum ausländischen und internationalen Privatrecht, 16, Tübingen 1987, S. 83–108.

ESER, Thiemo W., "Die Kontrolle regionaler Beihilfen im Rahmen der Wettbewerbspolitik der Europäischen Gemeinschaften". Raumforschung und Raumordnung, Vol. 47, 1989, S. 202–216.

FELDSTEIN, Martin, "Wirtschaftliche und politische Aspekte der Europäischen Währungsunion". In: DEUTSCHE BUNDESBANK (Hrsg.), Auszüge aus Presseartikeln, 6, 23. Januar 1992, S. 11–17.

—, Paul KRUGMANN, "International Trade Effects of Value-Added Taxation". In: Assaf RAZIN, Joel SLEMROD (Eds.), Taxation in the Global Economy. Chikago 1990, S. 263–278.

FRANZMEYER, Fritz, Peter HRUBESCH, Bernhard SEIDEL, Christian WEISE, unter Mitarbeit von Inge SCHWEIGER, Die regionalen Auswirkungen der Gemeinschaftspolitiken. Europäisches Parlament, Generaldirektion Wissenschaft, Sammlung Wissenschaft und Dokumentation, Reihe Regionalpolitik und Verkehr, 17, Luxemburg 1991.

GIERSCH, Herbert, Der EG-Binnenmarkt als Chance und Risiko. Institut für Weltwirtschaft, Kieler Diskussionsbeiträge, 147, Dezember 1988.

—, "Anmerkungen zum weltwirtschaftlichen Denkansatz". Weltwirtschaftlihes Archiv, Vol. 125, 1989, S. 1–16.

—, "Große Chancen für kleine Länder". Frankfurter Allgemeine Zeitung v. 28.12.1991.

GLISMANN, Hans H., Ernst-Jürgen HORN, "The Single European Market: From the Customs Union to the Integrated Market". In: John LONGAIR (Ed.), Regional Integration in the World Economy: Europe and North America. Joint Canada–Germany Symposium Kiel, Federal Republic of Germany, 1.–2. March 1990, The Conference Board of Canada, Report 64–90, Ottawa November 1990, S. 45–55.

GRABITZ, Eberhard, Institutionelle Anpassung der EG. Referat vor dem XXV. FIW-Symposium vom 5.–7. März 1992 in Innsbruck, Manuskript, Berlin 1992.

GRÄBER, Heinrich, Harald SPEHL [1992a], "Die Beihilfenkontrolle der EG-Kommission und ihre Bedeutung für die nationale Fördergebietsabgrenzung". In: AKADEMIE FÜR RAUMFORSCHUNG UND LANDESPLANUNG (Hrsg.), Regionale Wirtschaftspolitik auf dem Wege zur europäischen Integration. Forschungs- und Sitzungsberichte, 187, Hannover 1992, S. 51–69.

—, — [1992b], "Die Fördergebietsabgrenzung der Gemeinschaftsaufgabe vor dem Hintergrund der Regional- und Wettbewerbspolitik der Europäischen Gemeinschaft". In: AKADEMIE FÜR RAUMFORSCHUNG UND LANDESPLANUNG (Hrsg.), Regionale Wirtschaftspolitik auf dem Wege zur europäischen Integration. Forschungs- und Sitzungsberichte, 187, Hannover 1992, S. 28–35.

GRIMM, Dieter, "Subsidiarität ist nur ein Wort". Frankfurter Allgemeine Zeitung v. 17.09.1992.

HAMILTON, Carl B., The Nordic EFTA Countries' Options: Seeking Community Membership or a Permanent EEA-Accord. CEPR Discussion Papers, 524, London 1991.

HANDELSBLATT [a], "EG / Die Kommission registriert in der Gemeinschaft ein starkes Beihilfengefälle. Welche Kriterien für den Kohäsionsfonds?". 3.08.1992.

— [b], "Auch ohne Maastricht braucht die EG eine bessere finanzielle Ausstattung". 4.06.1992.

HEITGER, Bernhard, Klaus SCHRADER, Eckhardt BODE, Die Länder Mittel- und Osteuropas als Unternehmensstandort. Kieler Studien, 250, Tübingen 1992.

—, Claus-Friedrich LAASER, Klaus SCHRADER, Die Nachfolgestaaten der Sowjetunion als Unternehmensstandort. Kieler Studien, Tübingen, in Vorbereitung.

HIRSCHMAN, Albert O., Exit, Voice, and Loyalty. Responses to Decline in Firms, Organizations, and States. Cambridge, Mass., 1970.

HORN, Ernst-Jürgen, Karl-Heinz PAQUE, Frank D. WEISS, The Competition Distortion Effects of Aid to Capital Intensive Industries. Report for the Commission of the European Communities. Institut für Weltwirtschaft, Kiel, Dezember 1991, unveröff. Manuskript.

HOUTHAKKER, Hendrik S., Stephen P. MAGEE, "Income and Price Elasticities in World Trade". Review of Economics and Statistics, Vol. 51, 1969, S. 111–125.

INTERNATIONAL MONETARY FUND (IMF), International Financial Statistics, Computer Data Tapes. Washington, September 1992.

ISSING, Otmar, "Disziplinierung der Finanzpolitik in der Europäischen Wirtschaftsunion?". In: DEUTSCHE BUNDESBANK (Hrsg.), Auszüge aus Presseartikeln, 21, Frankfurt/M., 18. März 1992, S. 1–6.

JANNOTT, Dirk, Die Reichweite der Dienstleistungsfreiheit im Güterkraftverkehr der EG. Das Ende nationaler Verkehrsordnungen. Nomos Universitätsschriften Recht, 48, Baden-Baden 1991.

JOSLING, Tim, Stefan TANGERMANN, MacSharry or Dunkel, Which Plan Reforms the CAP? International Agricultural Trade Research Consortium, Working Paper 92–10, Stanford, Juli 1992.

KEUCHEL, Stephan, "Die Anbindung europäischer Drittländer an die Verkehrsmärkte der Gemeinschaft: Skandinavien". In: Hellmuth St. SEIDENFUS (Hrsg.), Die Anbindung europäischer Drittländer an die Verkehrsmärkte der Gemeinschaft. Beiträge aus dem Institut für Verkehrswissenschaft an der Universität Münster, 125, Göttingen 1991, S. 31–110.

KLODT, Henning, "Europäische Industriepolitik nach Maastricht". Die Weltwirtschaft, 1992, H. 3, S. 263–273.

—, Martin HOFFMEYER, Christiane KRIEGER-BODEN, Rüdiger SOLTWEDEL, Forschungspolitik unter EG-Kontrolle. Kieler Studien, 220, Tübingen 1988.

—, Jürgen STEHN, Claus-Friedrich LAASER, Rainer MAURER, Axel D. NEU, Rüdiger SOLTWEDEL, Die Strukturpolitik der EG. Kieler Studien, 249, Tübingen 1992.

KLOSE, Ulrich, "Osteuropa und die Uruguay-Runde des GATT". IPW-Berichte, 314, 1992, S. 56–63.

KOESTER, Ulrich, "Implications for the Reform of the CAP". In: Horst SIEBERT (Ed.), The Completion of the Internal Market. Symposium 1989, Tübingen 1990, S. 126–146.

KOMMISSION DER EUROPÄISCHEN GEMEINSCHAFTEN (Kommission) [a], Wettbewerbsregeln der EWG und der EGKS für staatliche Beihilfen. Luxemburg 1987.

— [b], Mitteilung der Kommission über ihr Aktionsprogramm zur Anwendung der Gemeinschaftscharta der sozialen Grundrechte. Luxemburg, 29.11.1989.

— [c], Committee for the Study of Economic and Monetary Union, Report on Economic and Monetary Union in the European Community. Europe-Documents, 1550/1551, Luxemburg 1989 (Delors-Report).

— [d], Beschäftigung in Europa. Luxemburg 1990.

— [e], Die Landwirtschaft und die Reform der Strukturfonds. Luxemburg 1990.

— [f], Stichwort Europa. Die europäische Verkehrspolitik in der Perspektive 1992. Luxemburg, August 1990.

— [g], "Kontrolle von Unternehmenszusammenschlüssen im Gemeinschaftsrecht". Bulletin der EG, Beilage 2/90, Luxemburg 1990.

— [h], 14. Jahresbericht des EFRE. Luxemburg 1990.

—, [i], "Industriepolitik in einem offenen und wettbewerbsorientierten Umfeld: Ansätze für ein Gemeinschaftskonzept". Bulletin der Europäischen Gemeinschaften, Beilage 3/91, Luxemburg 1991, S. 7–25.

— [j], Die Forschung nach Maastricht: Bilanz und Strategie. Mitteilung der Kommission an den Rat und das Europäische Parlament, SEK (92) 682 endg., Luxemburg 1992.

— [k], "Von der Einheitlichen Akte zu der Zeit nach Maastricht: Ausreichende Mittel für unsere ehrgeizigen Ziele". Bulletin der Europäischen Gemeinschaften, Beilage 1/92, Luxemburg 1992, S. 15–41 (Delors II).

— [l], Vorschlag für einen Beschluß des Rates über das 4. gemeinschaftliche Rahmenprogramm im Bereich der Forschung und technologischen Entwicklung (1994–1998), Luxemburg, September 1992.

— [m], EG-Nachrichten Nr. 3 v. 24. Februar 1992.

KRAUSE-JUNK, Gerold, "Die europäische Mehrwertsteuer und das Ursprungslandprinzip". Finanzarchiv, N.F., Vol. 49, 1991/92, S. 141–153.

KREININ, Mordechai E., "Trade Creation and Trade Diversion by the EEC and EFTA". Economia Internationale, Vol. 22, 1969, S. 273–280.

—, "Effects of the EEC on Import of Manufactures". The Economic Journal, Vol. 82, 1972, S. 897–920.

—, "Static Effects of EC Enlargement on Trade Flows in Manufactured Products". Kyklos, Vol. 33, 1980, S. 60–71.

KRIEGER-BODEN, Christiane, "Zur Regionalpolitik der Europäischen Gemeinschaft". Die Weltwirtschaft, 1987, H. 1, S. 82–96.

KRONBERGER KREIS, Einheit und Vielfalt in Europa. Für weniger Harmonisierung und Zentralisierung. Frankfurt/M. 1992.

KYDLAND, Finn, Edward PRESCOTT, "Rules Rather than Discretion: The Inconsistency of Optimal Plans". The Journal of Political Economy, Vol. 85, 1977, S. 473–491.

LAASER, Claus-Friedrich, Wettbewerb im Verkehrswesen. Kieler Studien, 236, Tübingen 1991.

—, Klaus SCHRADER, "Zur Reintegration der baltischen Staaten in die Weltwirtschaft". Die Weltwirtschaft,1992, H. 2, S.189–211.

LAL, Deepak, Resurrection of the Pauper-labour Argument. Thames Essays, 28, Trade Policy Research Centre, London 1981.

LAMMERS, Konrad, "Mehr regionalpolitische Kompetenzen für die EG im Europäischen Binnenmarkt?". In: AKADEMIE FÜR RAUMFORSCHUNG UND LANDESPLANUNG (Hrsg.), Regionale Wirtschaftspolitik auf dem Wege zur europäischen Integration. Forschungs- und Sitzungsberichte, 187, Hannover 1992, S. 70–82.

LANGE, Peter, "The Politics of the Social Dimension". In: Alberta M. SHRAGIA (Ed.), Europolitics. The Brookings Institution, 1992, S. 225–256.

LANGHAMMER, Rolf J., Nachsitzen in der Uruguay-Runde: Zu viele Streitpunkte — zu wenig Ergebnisse. Institut für Weltwirtschaft, Kieler Diskussionsbeiträge, 170, Juli 1991.

—, Die Assoziierungsabkommen mit der CSFR, Polen und Ungarn: wegweisend oder abweisend? Institut für Weltwirtschaft. Kieler Diskussionsbeiträge, 182, März 1992.

LEHMENT, Harmen, “Freely Flexible Exchange Rates or a Common Currency?”. In: Pascal SALIN (Ed.), Currency Competition and Monetary Union. The Hague 1984, S. 247–262.

—, Joachim SCHEIDE, “Die Europäische Wirtschafts- und Währungsunion: Probleme des Übergangs”. Die Weltwirtschaft, 1992, H. 1, S. 50–67.

LOCHTE, Heinrich-Gerhard, “Die Anbindung europäischer Drittländer an die Verkehrsmärkte der Gemeinschaft: Alpenländer”. In: Hellmuth St. SEIDENFUS (Hrsg.), Die Anbindung europäischer Drittländer an die Verkehrsmärkte der Gemeinschaft. Beiträge aus dem Institut für Verkehrswissenschaft an der Universität Münster, 125, Göttingen 1991, S. 151–323.

MANEGOLD, Dirk, “Die landwirtschaftlichen Märkte an der Jahreswende 1992/93. — Aspekte gemeinsamer Agrarpolitik”. Agrarwirtschaft, Vol. 42, 1993, H. 1, S. 1–18.

MISES, Ludwig von, “Interventionismus”. Archiv für Sozialwissenschaft und Sozialpolitik, Vol. 56, 1926, S. 610–653.

MONOPOLKOMMISSION, Konzeption einer europäischen Fusionskontrolle. Sondergutachten der Monopolkommission gemäß § 24b Abs. 5 Satz 4 GWB. Baden-Baden 1989.

—, Wettbewerbspolitik oder Industriepolitik. Hauptgutachten 1990/91. Baden-Baden 1992.

MÜNCH, Rainer, Norbert WALTER, “Anforderungen an eine europäische Verkehrspolitik”. In: Kenneth BUTTON (Ed.), Europäische Verkehrspolitik — Wege in die Zukunft. Gütersloh 1992, S. 123–136.

NEU, Axel D., Die künftige Rolle der Steinkohle in der Energieversorgung. Institut für Weltwirtschaft, Kieler Diskussionsbeiträge, 70, August 1980.

—, “Subventionen im deutschen Steinkohlebergbau”. Zeitschrift für Energiewirtschaft, Vol. 11, 1987, S. 159–174.

NEUE ZÜRCHER ZEITUNG (NZZ) [a], “Echter Durchbruch bei den EWR-Verhandlungen”. Fernausgabe Nr. 246, 24.10.1991, S. 13.

— [b], “Binnenmarktähnliche Verhältnisse vom Nordkap bis Sizilien”. Fernausgabe Nr. 249, 27./28.10.1991, S. 13–14.

NEVEN, Damien J., “EEC Integration towards 1992: Some Distributional Aspects”. Economic Policy, Vol. 5, April 1990, S. 13–62.

OATES, Wallace E., Fiscal Federalism. New York 1972.

ORGANISATION FOR ECONOMIC CO-OPERATION AND DEVELOPMENT (OECD) [a], Agricultural Policies, Markets and Trends. Paris 1991.

— [b], Economic Surveys, Finland. Paris 1991.

— [c], Economic Outlook, 51, Paris, Juni 1992.

— [d], International Trade Statistics Data Tapes. Paris, versch. Jgg.

OTT, Günter, Internationale Verteilungswirkungen im Finanzausgleich der Europäischen Gemeinschaften. Finanzwissenschaftliche Schriften, 34, Frankfurt/M. 1987.

PAQUE, Karl-Heinz, Philanthrophie und Steuerpolitik. Eine ökonomische Analyse der Förderung privater Wohltätigkeit. Kieler Studien, 203, Tübingen 1986.

—, "Die soziale Dimension des EG-Binnenmarktes — Theorie, Bestandsaufnahme und Kritik". Die Weltwirtschaft, 1989, H. 1, S. 112–123.

—, "Politische Arbeitslose". Wirtschaftswoche, Vol. 44, 1990, Nr. 48, S. 103–104.

—, Rüdiger SOLTWEDEL et al., Challenges Ahead: Long-Term Perspectives of the German Economy. Institut für Weltwirtschaft, Kieler Diskussionsbeiträge, 202/203, März 1993.

PAULY, Mark V., "Optimality, 'Public' Goods, and Local Governments: A General Theoretical Analysis". The Journal of Political Economy, Vol. 78, 1970, S. 572–585.

—, "Income Redistribution as a Local Public Good". Journal of Public Economics, Vol. 2, 1973, S. 35–58.

PECK, Merton J., "Industrial Organisation and the Gains from Europe 1992", Brookings Papers on Economic Activity, 1989, S. 277–299.

PENNINX, Rinus, Philip J. MUUS, "Nach 1992 Migration ohne Grenzen? Die Lektionen der Vergangenheit und ein Ausblick auf die Zukunft". Zeitschrift für Bevölkerungswissenschaft, Vol. 17, 1991, S. 191–207.

PREWO, Wilfried E., "Integration and Export Performance in the European Economic Community". Weltwirtschaftliches Archiv, Vol. 110, 1974, S. 1–37.

RAT DER EUROPÄISCHEN GEMEINSCHAFTEN [a], Vertrag zur Gründung der Europäischen Wirtschaftsgemeinschaft vom 25. März 1957. Abgedruckt in: Beck Texte, Europa-Recht, 2. Aufl., München 1972, S. 20–93.

— [b], Die Einheitliche Europäische Akte und der Schlußakte beigefügte Erklärungen vom 17. und 28. Februar 1986. Abgedruckt in: Europa-Recht (EuR), 1986, H. 2, S. 175–198.

— [c], Vertrag über die Europäische Union. Luxemburg 1992 (Vertrag von Maastricht).

— [d], Abkommen über den Europäischen Wirtschaftsraum. Luxemburg 1992 (EWR-Vertrag).

RECKTENWALD, Horst-Claus, “Staatswirtschaft in analytischer Sicht”. In: Karl-Dieter GRÜSKE (Hrsg.), Markt und Staat. Fundamente einer freiheitlichen Ordnung. Ausgewählte Beiträge. Göttingen 1980, S. 172–191.

RESNICK, Stephen A., Edwin M. TRUMAN, “An Empirical Examination of Bilateral Trade in Western Europe”. In: Bela BALASSA (Ed.), European Economic Integration. Amsterdam 1975, S. 41–78.

RIST, Manfred, “EG und Subsidiarität auf Kollisionskurs? Suche nach sachgerechter Verteilung der Zuständigkeiten”. Neue Zürcher Zeitung v. 26./27. Juli 1992.

ROSENSCHON, Astrid, Zum staatlichen Ausgabe- und Einnahmesystem in der Bundesrepublik Deutschland — Privatisierungen und steuerpolitischer Wettbewerb geboten. Institut für Weltwirtschaft, Kieler Arbeitspapiere, 482, August 1991.

ROUNDTABLE OF EUROPEAN INDUSTRIALISTS (REI), Missing Links. Roundtable of European Industrialists, Paris 1984.

SALIN, Pascal, Comment on Vito Tanzi and A. Lans Bovenberg, “Is There a Need for Harmonizing Capital Income Taxes Within EC Countries?”. In: Horst SIEBERT (Ed.), Reforming Capital Income Taxation. Tübingen 1990, S. 198–205.

SCHEELE, Martin, Die Politische Ökonomie landwirtschaftlicher Einkommenspolitik im Rahmen der Agrarsozialpolitik in der Bundesrepublik Deutschland. Kiel 1990.

SCHEELE, Martin, "Die Harmonisierung der landwirtschaftlich relevanten Umwelt und Naturschutzpolitik — ökonomische Implikationen und politische Handlungsspielräume". Schriften der Gesellschaft für Wirtschafts- und Sozialwissenschaften des Landbaues e.V., 27, 1991, S. 451–460.

SCHERPENBERG, Jens van, Ordnungspolitik im EG-Binnenmarkt: Auftrag für die politische Union. Baden-Baden 1992.

SCHMIEDING, Holger, Maastricht: A Dead End of European Integration? Institut für Weltwirtschaft, Kieler Diskussionsbeiträge, 192, Oktober 1992.

SCHRADER, Jörg-Volker, EG-Gipfelbeschlüsse zur Agrar- und Haushaltspolitik: Schritte in die falsche Richtung. Kieler Diskussionsbeiträge, 143, September 1988.

—, "EC-Agricultural and Regional Policy — Consistent Interventions of Cumulative Inconsistencies?". Intereconomics, Vol. 24, Juli/August 1989, S. 167–173.

—, Anpassungsprozesse in der ostdeutschen Landwirtschaft — Analyse und Bewertung. Institut für Weltwirtschaft, Kieler Diskussionsbeiträge, 171/172, August 1991.

—, Strategien für die Agrarpolitik einzelner Länder Mittel- und Osteuropas unter Berücksichtigung der Ressourcenausstattung und internationaler Verträge. Referat vor der 33. Jahrestagung der Gesellschaft für Wirtschafts- und Sozialwissenschaften des Landbaues e.V. vom 30. September bis 2. Oktober 1992 in Rostock.

SCHRADER, Klaus, Claus-Friedrich LAASER, Kompromisse statt Marktwirtschaft — Reformdefizite in der Russischen Föderation, der Ukraine, Weißrußland und den baltischen Staaten. Institut für Weltwirtschaft, Kieler Diskussionsbeiträge, 186/187, Juni 1992.

SCOTT, Anthony, "A Note on Grants in Federal Countries". Economica, Vol. 17, 1950, S. 208–217.

SEIDENFUS, Hellmuth St., "Der Europäische Binnenmarkt im Verkehr — marktordnungspolitische und infrastrukturelle Schranken für Drittländer?". In: Hellmuth St. SEIDENFUS (Hrsg.), Die Anbindung europäischer Drittländer an die Verkehrsmärkte der Gemeinschaft. Beiträge aus dem Institut für Verkehrswissenschaft an der Universität Münster, 125, Göttingen 1991, S. 7–30.

SENTI, Richard, EWR-Vertrag: Entstehung — Inhalt — offene Fragen. Institut für Wirtschaftsforschung, Eidgenössische Technische Hochschule Zürich, Arbeitspapiere, Juni 1992.

SIEBERT, Horst (Ed.), The Completion of the Internal Market. Symposium 1989, Tübingen 1990.

—, The New Economic Landscape in Europe. Oxford 1991.

— [1992a], "Bedingungen für eine stabile europäische Währung". Die Weltwirtschaft, 1992, H. 1, S. 40–49.

— [1992b], "Die Integration Osteuropas in die Weltwirtschaft", In: Erhard KANTZENBACH (Hrsg.), Die wirtschaftliche Neuordnung Europas. Erfahrungen und Perspektiven. Schriften des Vereins für Socialpolitik, N.F., Bd. 218, 1992, S. 55–77.

—, Michael J. KOOP, "Institutional Competition. A Concept for Europe?". Aussenwirtschaft, Vol. 45, 1990, S. 439–462.

SIEVERT, Olaf, "Geld, das man nicht selbst herstellen kann". Frankfurter Allgemeine Zeitung v. 26.09.1992, S. 13.

SOLTWEDEL, Rüdiger, "Europa unter Einwanderungsdruck". In: Kurt R. LEUBE (Hrsg.), Liberale Marktwirtschaft. Aufsätze Friedrich A. von Hayek zum Gedenken. Wien 1992, S. 76–90.

—, Adrian BOTHE, Reinhard HILGART, Christiane KRIEGER-BODEN, Konrad LAMMERS, Subventionssysteme und Wettbewerbsbedingungen in der EG. Theoretische Analysen und Fallbeispiele. Institut für Weltwirtschaft, Kieler Sonderpublikationen, 1988.

—,—, Martin HOFFMEYER, Claus-Friedrich LAASER, Konrad LAMMERS, Monika MERZ, Dieter REUTER, Regulierungen auf dem Arbeitsmarkt der Bundesrepublik. Kieler Studien, 233, Tübingen 1990.

SPIEKERMANN, Bernd, "Regionale Wirtschaftspolitik in der Bundesrepublik unter EG-Rahmenbedingungen". In: AKADEMIE FÜR RAUMFORSCHUNG UND LANDESPLANUNG (Hrsg.), Regionale Wirtschaftspolitik auf dem Wege zur europäischen Integration. Forschungs- und Sitzungsberichte, 187, Hannover 1992, S. 36–43.

—, Viktor Freiherr von MALCHUS, August ORTMEYER, Franz SCHUSTER, Josef OLBRICH, Europäische Regionalpolitik. Empfehlungen zur Weiterentwicklung. Konrad-Adenauer-Stiftung e.V., Institut für Kommunalwissenschaften, Köln 1988.

STAHL, Heinz-Michael, Regionalpolitische Implikationen einer EWG-Währungsunion. Kieler Studien, 125, Tübingen 1974.

STATISTISCHES BUNDESAMT, Statistisches Jahrbuch 1992 für das Ausland. Wiesbaden 1992.

STEHN, Jürgen, "Wirtschaftshilfen an die DDR: Vorrang für die Handelspolitik!". Wirtschaftsdienst, Vol. 70, 1990, S. 85–89.

—, "Umsatzbesteuerung im EG-Binnenmarkt: Von der Mehrwertsteuer zur Verkaufssteuer?". Die Weltwirtschaft, 1992, H. 3, S. 274–294.

STEINKÜHLER, Franz, "Arbeitnehmer sollen für den Abbau von Sozialleistungen weichgeklopft werden". Handelsblatt v. 27.07.1988.

SUNTUM, Ulrich van, "Regionalpolitik in der Marktwirtschaft — Fremdkörper oder notwendige Ergänzung?". Jahrbuch für Regionalwissenschaft, Vol. 5, Göttingen 1984, S. 110–128.

TANGERMANN, Stefan, Integration der Landwirtschaft Osteuropas in den europäischen Markt und in den Weltmarkt. Referat vor der 33. Jahrestagung der Gesellschaft für Wirtschafts- und Sozialwissenschaften des Landbaues e.V. vom 30. September bis 2. Oktober 1992 in Rostock.

TRAPP, Peter, Joachim SCHEIDE, "Erfordert eine europäische Währungsunion die Harmonisierung der Finanzpolitik?". In: Jürgen SIEBKE (Hrsg.), Monetäre Konfliktfelder der Weltwirtschaft. Schriften des Vereins für Socialpolitik, N.F., Bd. 210, S. 429–446.

TRUMAN, Edwin M., "The European Economic Community: Trade Creation and Trade Diversion". Yale Economic Essays, Vol. 9, 1969, S. 201–257.

—, "The Effects of European Economic Integration on the Production and Trade of Manufactured Goods". In: Bela BALASSA (Ed.), European Economic Integration. Amsterdam 1975, S. 3–40.

UNITED NATIONS (UN) [a], Statistical Yearbook. New York, versch. Jgg.

— [b], Yearbook of International Trade Statistics. New York, versch. Jgg.

VAUBEL, Roland, Strategies for Currency Unification: The Economics of Currency Competition and the Case for a European Parallel Currency. Kieler Studien, 156, Tübingen 1978.

VAUBEL, Roland, "Sozialpolitik für mündige Bürger". In: Roland VAUBEL, Hans D. BARBIER (Hrsg.), Handbuch Marktwirtschaft. Pfullingen 1986, S. 67–73.

—, "Die politische Ökonomie der wirtschaftspolitischen Zentralisierung in der Europäischen Gemeinschaft". Jahrbuch für Politische Ökonomie, Bd. 11, 1992, S. 30–65.

—, "Perspektiven der Europäischen Integration. Die Politische Ökonomie der Vertiefung und Erweiterung". In: Horst SIEBERT (Hrsg.), Die zweifache Integration: Deutschland und Europa. Tübingen 1993.

VEREINIGTE WIRTSCHAFTSDIENSTE GmbH (Hrsg.), VWD-Osteuropa mit GUS-Staaten. Eschborn 1992, versch. Ausg.

THE WALL STREET JOURNAL EUROPE, "EC, EFTA Agree to Compromise on Trade Zone". Brüssel, 26./27. Februar 1993.

WANG, Z. K., L. Alan WINTERS, The Trading Potential of Eastern Europe. CEPR Discussion Papers, 610, London 1991.

WANIEK, Roland W., Die Regionalpolitik der Europäischen Gemeinschaft — eine kritische Bestandsaufnahme. Ruhr-Forschungsinstitut für Innovations- und Strukturpolitik e.V., Bochum 1992.

WEISS, Frank D., Bernhard HEITGER, Karl Heinz JÜTTEMEIER, Grant KIRKPATRICK, Gernot KLEPPER, Trade Policy in West Germany. Kieler Studien, 217, Tübingen 1988.

WEIZSÄCKER, Carl C. v., Effizienz und Gerechtigkeit. Diskussionspapiere des Volkswirtschaftlichen Instituts der Universität Bern, Abt. Angewandte Mikroökonomie, 9, Bern 1983.

WESSELS, Wolfgang, "Deepening and/or Widening — Debate on the Shape of EC-Europe in the Nineties". Aussenwirtschaft, Vol. 46, 1991, S. 157–169.

WIESER, Thomas, Price Differentials in the European Economic Space (EES). EFTA Occasional Papers, 29, Genf 1989.

WILKE, Marc, Helen WALLACE, Subsidiarity: Approaches to Power-sharing in the European Community. The Royal Institute of International Affairs, RIIA Discussion Papers, 27, London 1990.